New
OPIc

Oral Proficiency Interview computer

중국어
첫걸음

New OPIc 중국어 첫걸음

1판 1쇄 발행 2011. 6. 30.
2판 1쇄 발행 2019. 12. 31.

저자 정지모
기획 멀티캠퍼스 외국어연구소

펴낸이 박민우
기획팀 송인성, 김선명, 박종인
편집팀 박우진, 김영주, 김정아, 최미라, 전혜련
관리팀 임선희, 정철호, 김성언, 권주련
펴낸곳 멀티캠퍼스 하우
주소 서울시 중랑구 망우로68길 48
전화 (02)922-7090
팩스 (02)922-7092
홈페이지 http://www.hawoo.co.kr
e-mail hawoo@hawoo.co.kr
등록번호 제2014-18호

값 20,000원
ISBN 979-11-87549-14-7 13720

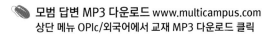 모범 답변 MP3 다운로드 www.multicampus.com
상단 메뉴 OPIc/외국어에서 교재 MP3 다운로드 클릭

New
OPIc

Oral Proficiency Interview computer

중국어
첫걸음

정지모 저

multicampus

머리말

大家好! OPIc에 대해 잘 알고 계신가요? 외국어를 배울 때 가장 중요한 것은 바로 말하기! OPIc (Oral Proficiency Interview-computer)은 외국어로 의사소통을 얼마나 잘할 수 있는가를 평가하는 외국어 말하기 능력 측정 시험입니다. 현재 OPIc영어, 중국어, 러시아어, 스페인어 평가가 진행되고 있는데, 드디어 여러분께 OPIc중국어를 소개하게 되었습니다. OPIc중국어 시험이 생소할 수도 있지만 지금 알려드리는 사항을 주의해서 시험에 임하면 좋은 성과를 얻으실 수 있으리라 확신합니다.

1. 차분한 마음

OPIc은 여러분이 사전조사에서 선택한 문제들을 근거로 진행되지만 어떤 예상치 못한 가정 상황이 나올 수도 있습니다. 이때 당황스러워서 [next] 버튼을 눌러버리거나 我不知道(나는 모릅니다) 하면 안 됩니다. 如果 … 的话(만일 ~라면) 이런 거 배웠잖아요. 가정 용법! 어떤 문제는 역할극 즉, 여러분이 직접 상황에 맞게 연기를 해야 할 때도 있답니다. 이럴 때 당황하지 말고 주연배우가 되어 연기할 수 있는 대응력을 키우셔야 합니다.

2. 충분한 준비

당연히 충분한 시험 준비가 필요합니다. 그래도 막상 시험을 치르게 되면 당황해서 아무 생각 없이 무조건 말을 시작하는 경우가 있습니다. 이러면 고득점을 얻기 어렵습니다. 문장 간의 일관성이 떨어지고 나중에는 말을 끝내기도 힘들어집니다. 그렇기 때문에 평소에 취미, 관심 분야, 직업, 가족과 관련된 내용들을 중국어로 만드는 연습을 꾸준히 하셔야 합니다.

3. 완성된 문장

문제에 답변할 때 "아, 이건 내가 잘 아는 문제구나"라고 생각하고 바로 이야기를 시작했다가는 문장을 완성하지 못하고 중간에 말이 끊기는 경우도 있습니다. 반드시 문장을 끝까지 완성하셔야 하며 내용도 완전해야 합니다. 모든 언어는 단어-구-문장으로 확장된다는 것이 기본임을 기억하세요.

4. 정확한 표현

왜 중국어가 다른 외국어보다 힘들까요? 한자, 발음, 성조로 이루어진 복잡한 구성 때문이지요. 처음 중국어를 배우려면 한자도 공부해야지, 발음도 연습해야지, 거기에 정확한 성조까지! 참 힘들었던 기억나시죠? 그래도 그만큼 매력적인 언어가 중국어입니다. 정확한 발음과 성조를 구사하려면 읽는 연습을 꾸준히 해야 합니다. 또 하나! 정확한 어법을 사용하는 것도 중요하지요. 중국어의 기본 어순뿐만 아니라 전치사구, 조사, 보어 등의 정확한 위치에 주의하시길 바랍니다.

5. 일관된 태도

OPIc중국어는 다양한 문제가 출제되지만 여러분에게 사건의 원인과 결과 혹은 이유를 설명하라거나 의견을 묻는 문제들이 출제되기도 합니다. 이때는 반드시 자신의 입장을 정확히 표현해야 합니다. 답변의 초반과 후반의 의견이 다르거나 이럴 수도 있고 저럴 수도 있다는 식의 애매한 태도는 채점자에게 혼란을 줄 수 있습니다. 일관된 태도와 의견을 뒷받침할 만한 근거들을 제시해주어야 정확한 내용을 표현할 수 있습니다.

6. 생동감 있고 가벼운 어투

OPIc중국어 시험은 말하기 시험입니다. 그러므로 너무 심각한 어투나 전문적이고 어렵게 말하기보다는 평이하면서도 가볍고 생동감 있는 어투가 좋습니다. 밝게! 힘차게! 생동감 있게! 마치 친구나 가까운 사람과 대화하듯이 편안한 마음으로 시험에 임하시기 바랍니다.

그럼, 마지막으로 공부를 시작하기 전에 여러분이 가져야 할 마음가짐을 점검해보겠습니다.

첫째, 아이로 돌아갑시다. 아이들의 가장 강력한 무기는 바로 모방이죠. 머릿속에 다른 것을 집어넣지 말고 학습한 내용과 예문들이 나에게 필요하다 싶으면 바로바로 입력하세요.

둘째, 무한반복의 매력에 빠져보세요. 모든 외국어가 마찬가지겠지만 공부할 때 단어만 수백 번 외워도 막상 말하려고 하면 머릿속에 단어만 둥둥 떠다닙니다. 따라서 단어가 아니라 한 문장 한 문장 뜻을 이해하고 외우는 것이 좋습니다.

그리고 자신있고 정확한 어투로 대답하는 연습을 하셔야 합니다.

옛날 공자(孔子)님이 논어(論語)에서 이렇게 말씀하셨습니다.
知之者不如好之者, 好之者不如乐之者!
"아는 사람을 좋아하는 사람만 못하고, 좋아하는 사람은 즐기는 사람만 못하다."

우리도 OPIc중국어 공부! 즐기면서 시작해볼까요? 大家! 准备好了吗?(여러분! 준비 되셨나요?) 那, 就开始了!(그럼, 바로 시작합니다!) 出发!(출발!)

정지모

목차

OPIc 평가란?

OPIc이란?

OPIc(Oral Proficiency Interview-computer)은 면대면 외국어 인터뷰인 OPI와 최대한 가깝게 만든 iBT 기반의 외국어 말하기 평가로서, 외국어 전문 교육 연구 단체인 ACTFL(American Council on the Teaching of Foreign Languages)에서 개발한 공신력 있는 말하기 평가입니다. OPIc은 단순히 문법이나 어휘 등을 얼마나 많이 알고 있는가보다는 실제 상황에서 얼마나 효과적이고 적절하게 언어를 구사하는지를 측정하는 객관적인 평가로, 국내에서는 2007년 시작되어 현재 약 1,700여 개 기업 및 기관에서 OPIc을 채용과 인사고과 등에 활발하게 활용하고 있습니다. 현재 OPIc은 영어뿐만 아니라 중국어, 일본어, 러시아어, 스페인어, 한국어 그리고 최근 추가된 베트남어까지 총 7개의 언어 평가를 제공함으로써 다양한 언어를 동일한 기준으로 평가할 수 있는 유일한 외국어 말하기 평가로 자리매김하였습니다.

OPIc 진행과정

ORIENTATION(20분)

1 **Background Survey**
인터뷰 문항을 위한 사전 설문

2 **Self Assessment**
시험의 난이도 결정을 위한 자가 평가

3 **Overview of OPIc**
화면 구성, 문항 청취 및 답변 방법 안내

4 **Sample Question**
실제 답변 방법 연습

시험시간(40분)

1 **1st Session**
– 개인 맞춤형 문항   – 질문 청취 2회
– 문항별 답변 시간 제한 無   – 약 7문항 출제

2 **난이도 재조정**
– Self Assessment(2차 시험 난이도 선택)
– 쉬운 질문 / 비슷한 질문 / 어려운 질문 中 선택

3 **2nd Session**
– 개인 맞춤형 문항   – 질문 청취 2회
– 문항별 답변 시간 제한 無   – 약 5~8문항 출제

OPIc 등급

OPIc의 등급은 크게 세 가지, 작게는 일곱 가지로 세분화됩니다.

- Novice: '초보자'라는 뜻으로 OPIc에서는 '초급' 단계입니다.
- Intermediate: '중간'이라는 뜻으로 OPIc에서는 '중급' 단계입니다.
- Advanced: '고급의'라는 뜻으로 OPIc에서는 가장 높은 '고급' 단계입니다.

이 세 가지의 등급을 세분화해서 다음과 같이 구분하게 됩니다.

- Novice Low, Novice Mid, Novice High
- Intermediate Low, Intermediate Mid(1~3), Intermediate High
- Advanced Low

OPIc의 모체인 OPI에서는 Advanced도 Low, Mid, High로 구분되지만, 컴퓨터로 시험을 보는 OPIc에서는
Advanced Low라는 등급 하나만 부여됩니다.

AL	Advanced LOW	사건을 서술할 때 일괄적으로 동사 시제를 관리하고, 사람과 사물을 묘사할 때 다양한 형용사를 사용한다. 적절한 위치에서 접속사를 사용하기 때문에 문장 간의 결속력도 높고 문단의 구조를 능숙하게 구성할 수 있다. 익숙하지 않은 복잡한 상황에서도 문제를 설명하고 해결할 수 있는 수준의 능숙도이다.
IH	Intermediate HIGH	개인에게 익숙하지 않거나 예측하지 못한 복잡한 상황을 만날 때, 대부분의 상황에서 사건을 설명하고 문제를 효과적으로 해결한다. 발화량이 많고, 다양한 어휘를 사용한다.
IM	Intermediate MID	일상적인 소재뿐 아니라 개인적으로 익숙한 상황에서는 문장을 나열하며 자연스럽게 말할 수 있다. 다양한 문장 형식이나 어휘를 실험적으로 사용하려고 하며 상대방이 조금만 배려해 주면 오랜 시간 대화가 가능하다.
IL	Intermediate LOW	일상적인 소재에서는 문장으로 말할 수 있다. 대화에 참여하고 선호하는 소재에서는 자신감을 가지고 말할 수 있다.
NH	Novice HIGH	일상적인 대부분의 소재에 대해서 문장으로 말할 수 있다. 개인 정보라면 질문을 하고 응답을 할 수 있다.
NM	Novice MID	이미 암기한 단어나 문장으로 말하기를 할 수 있다.
NL	Novice LOW	제한적인 수준이지만 영어 단어를 나열하며 말할 수 있다.

＊ Intermediate Mid의 경우 Mid 1, Mid 2, Mid 3로 세분화하여 제공합니다.

Background Survey (배경 설문)

OPIc의 개인 맞춤형 문제는 Background Survey에 대한 응답을 기초로 출제됩니다. 나에게는 어떤 맞춤형 문제가 출제될지 미리 생각해 보세요.

1 **현재 귀하는 어느 분야에 종사하고 계십니까?**

☐ 사업/회사 ☐ 재택근무/재택사업 ☐ 교사/교육자 ☐ 군 복무 ☐ 일 경험 없음

1.1. 현재 귀하는 직업이 있으십니까?

☐ 네 ☐ 아니요

1.1.1. 귀하의 근무 기간은 얼마나 되십니까?

☐ 첫 직장 – 2개월 미만 ☐ 첫 직장 – 2개월 이상 ☐ 첫 직장 아님 – 경험 많음

1.1.1.1. 당신은 부하 직원을 관리하는 관리직을 맡고 있습니까?

☐ 네 ☐ 아니요

문항 1에서 교사/교육자로 답변했을 경우

1.1. 당신은 어디에서 학생을 가르치십니까?

☐ 대학 이상 ☐ 초등/중/고등학교 ☐ 평생교육

1.1.1. 현재 귀하는 직업이 있으십니까?

☐ 네 ☐ 아니요

1.1.1.1. 귀하의 근무 기간은 얼마나 되십니까?

☐ 2개월 미만 – 첫 직장
☐ 2개월 미만 – 교직은 처음이지만 이전에 다른 직업을 가진 적이 있음
☐ 2개월 이상

1.1.1.1.1. 귀하는 부하직원을 관리하는 관리직을 맡고 있습니까?

☐ 네 ☐ 아니요

---

2 **현재 귀하는 학생이십니까?**

☐ 네 ☐ 아니요

2.1. 현재 어떤 강의를 듣고 있습니까?

☐ 학위 과정 수업 ☐ 전문 기술 향상을 위한 평생 학습 ☐ 어학 수업

2.2. 최근 어떤 강의를 수강했습니까?

☐ 학위 과정 수업
☐ 전문 기술 향상을 위한 평생 학습
☐ 어학 수업
☐ 수업 등록 후 5년 이상 지남

3 현재 귀하는 어디에 살고 계십니까?
- ☐ 개인주택이나 아파트에 홀로 거주
- ☐ 친구나 룸메이트와 함께 주택이나 아파트에 거주
- ☐ 가족(배우자/자녀/기타 가족 일원)과 함께 주택이나 아파트에 거주
- ☐ 학교 기숙사　　　　　　☐ 군대 막사

아래의 4~7번 문항에서 12개 이상을 선택해 주시기 바랍니다.

4 귀하는 여가 활동으로 주로 무엇을 하십니까? (두 개 이상 선택)
- ☐ 영화 보기　☐ 클럽/나이트클럽 가기　☐ 공연 보기　☐ 콘서트 보기
- ☐ 박물관 가기　☐ 공원 가기　☐ 캠핑하기　☐ 해변 가기
- ☐ 스포츠 관람　☐ 주거 개선　☐ 술집/바에 가기　☐ 카페/커피전문점 가기
- ☐ 게임하기(비디오, 카드, 보드, 휴대폰 등)　☐ 당구 치기　☐ 체스하기
- ☐ SNS에 글 올리기　☐ 친구들과 문자대화하기　☐ 시험 대비 과정 수강하기
- ☐ 뉴스를 보거나 듣기　☐ 차로 드라이브하기　☐ 스파/마사지샵 가기
- ☐ 구직활동하기　☐ 자원봉사하기　☐ 쇼핑하기
- ☐ TV 시청하기　☐ 리얼리티 쇼 시청하기　☐ 요리 관련 프로그램 시청하기

5 귀하의 취미나 관심사는 무엇입니까? (한 개 이상 선택)
- ☐ 아이에게 책 읽어주기　☐ 음악 감상하기　☐ 악기 연주하기
- ☐ 혼자 노래 부르거나 합창하기　☐ 춤추기　☐ 글쓰기(편지, 단문, 시 등)
- ☐ 그림 그리기　☐ 요리하기　☐ 애완동물 기르기
- ☐ 주식투자하기　☐ 신문읽기　☐ 여행 관련 잡지나 블로그 읽기
- ☐ 사진촬영하기　☐ 독서

6 귀하는 주로 어떤 운동을 즐기십니까? (한 개 이상 선택)
- ☐ 농구　☐ 야구/소프트볼　☐ 축구　☐ 미식축구
- ☐ 하키　☐ 크리켓　☐ 골프　☐ 배구
- ☐ 테니스　☐ 배드민턴　☐ 탁구　☐ 수영
- ☐ 자전거　☐ 스키/스노보드　☐ 아이스 스케이트　☐ 조깅
- ☐ 걷기　☐ 요가　☐ 하이킹/트레킹　☐ 낚시
- ☐ 헬스　☐ 태권도　☐ 운동 수업 수강하기　☐ 운동을 전혀 하지 않음

7 당신은 어떤 휴가나 출장을 다녀온 경험이 있습니까? (한 개 이상 선택)
- ☐ 국내 출장　☐ 해외 출장　☐ 집에서 보내는 휴가　☐ 국내 여행　☐ 해외여행

OPIc FAQ

01 OPIc 시험 중 필기구를 사용하여 답변을 준비해도 되나요?

OPIc 응시자는 필기구를 가지고 시험장에 입실할 수 없습니다. 따라서 시험 중에 필기구를 이용하여 메모 등을 하실 수 없으며, 적발 시 부정행위로 처리되어 OPIc 시험 규정에 따라 향후 시험 응시 기회에 제한을 받습니다.

02 무조건 길게 말하는 것이 도움이 되나요?

짜임새 없이 내용으로 길게만 말하는 것보다는 질문이 요구하는 내용에 충실한 답변을 정확한 문법과 표현을 사용하여 논리적으로 표현할 때 좋은 평가를 받을 수 있습니다. 또한 기-승-전-결 혹은 서론-본론-결론의 짜임새 있는 구성으로 답변해야 합니다. 공식적인 수치는 아니지만 주어진 시간 내 모든 문제에 풍부한 내용으로 답변을 하려면 한 문항당 짧으면 1분, 일반적으로 2분~2분 30초 이상 말할 수 있도록 준비하는 것이 좋습니다.

03 Background Survey 응답 내용으로만 출제되나요?

아닙니다. 시험 전에 체크한 Background Survey 결과는 나에게 맞는 맞춤형 문항이 출제되는 데 영향을 주지만, 그 외 시스템적으로 선별된 문항도 출제됩니다. 즉, 여러분이 선택하지 않은 내용에서도 문제가 출제됩니다. 일반적으로 여러분의 일상생활에서 일어나는 일들을 위주로 문제가 출제되며 전문적인 내용이 출제되더라도 일상생활과 연결되어 있는 질문들이 출제됩니다. OPIc 등급 향상을 위해서는 Background Survey 항목에 관련된 답변만을 무조건 외우기보다는 평소에 다양한 말하기 연습을 하는 것이 도움이 될 것입니다.

04 OPIc 문제 중 Background Survey 내용과 관련이 없는 내용이 나오면 답변하지 않아도 되나요?

아닙니다. 수험자는 주어진 문항에 대해서 모두 답변을 진행해야 합니다. OPIc은 Background Survey를 통해 수험자의 개인 맞춤형 문항의 출제가 가능하지만 다른 영역의 질문 또한 출제되어 수험자의 예상하지 못한 문제에 대해 답변을 하는 능력 또한 평가합니다. 따라서, 질문에 대한 답변이 진행되지 않은 경우 감점의 요인이 될 수 있습니다. 그러므로 Background Survey에서 선택한 내용과 다른 문제가 출제되더라도 당황하지 말고 최선을 다해 성실히 답변하는 것이 좋습니다.

05 시험 보는 중간에 Self-Assessment로 레벨을 변경하는 것이 성적에 영향이 있나요?

처음에 높은 레벨로 시작했다가 중간에 낮은 레벨로 바꾸거나, 그 반대로 낮은 레벨에서 높은 레벨로 바꾸는 그 자체로 성적이 바뀌지는 않습니다. 철저히 주어진 답변에 얼마나 충실하게 답변하는지가 성적을 좌우한다고 보면 됩니다. 그러나, 나의 영어 실력과 너무 동떨어진 레벨을 선택하는 것은 바람직하지 않습니다.

06 모범 답안을 외워서 답변하면 성적에 영향을 주나요?

질문과 무관한 답변 및 시중의 모범 답안을 그대로 외워서 대답하는 것은 성적 결과에 좋지 않은 영향을 줄 수 있습니다.

07 문제를 반복해서 들으면 성적이 좋지 않게 나오는 것이 사실인가요?

문제 풀기 전략 중 하나로 문제를 습관적으로 반복해서 듣는 사람들이 있습니다. 문제를 반복 청취하는 것이 성적에 직접적으로 영향을 미치는 것은 아니지만, 문제를 반복 청취했을 때 답변 시간이 줄어들 수밖에 없으므로 시간 관리에 어려움을 느낄 수 있습니다. OPIc 문제의 답변 시간은 질문 청취 시간을 제외하고 약 35분 가량입니다. 따라서 주어진 시간 내 모든 문제를 효율적으로 답변할 수 있도록 시간을 활용해야 합니다.

08 발음이 안 좋거나 더듬거리면 성적에 나쁜 영향을 주나요?

발음은 이해가 가능한 수준일 경우 크게 영향을 미치지 않는 것으로 알려져 있습니다. 그러나 메시지 전달이 안 될 정도로 말이 매끄럽지 못한 경우에는 당연히 채점이 어려울 수밖에 없습니다.

09 OPIc 시험은 현장에서 결과를 직접 확인할 수 있나요?

OPIc은 응시일로부터 일주일 후 OPIc 홈페이지에서 성적 확인이 가능합니다. (일반적으로 오후 1시 발표이나 사정에 따라 변경될 수 있습니다.) 취업 시즌 등의 경우 수험자 편의를 위해 성적 조기 발표 (시험일로부터 3~5일)를 시행합니다.

10 OPIc 시험 일정은 1년에 몇 번 정도 있나요?

OPIc은 연중 상시 시행 시험입니다. (일부 공휴일 제외) 다만 지역/센터별로 차이가 있을 수 있으니 자세한 사항은 OPIc 홈페이지(http://opic.or.kr)에서 확인해 주시기 바랍니다.

11 성적이 UR이라고 나오는 것은 무엇을 의미하나요?

'UR'은 Unable to rate을 의미합니다. UR이 나오는 경우는 녹음 불량, 녹음 음량이 너무 작은 경우, 수험자가 자신이 없어 답변을 하지 않은 경우입니다. 수험자의 과실인 경우 응시료 환불은 없으며 재시험의 기회도 없습니다. 시스템적인 오류로 UR이 나왔을 경우 한 번의 재시험 기회를 드립니다.

12 시험에 필요한 규정 신분증은 무엇인가요?

OPIc의 규정신분증은 주민등록증, 운전면허증, 공무원증, 기간만료 전 여권이며, 군인 등 특정 할인 신청의 경우 규정신분증 외 시험 당일 추가 증명 서류를 지참하여야 응시 가능합니다. 자세한 사항은 OPIc 홈페이지(http://opic.or.kr)에서 확인해 주시기 바랍니다.

13 OPIc 세부진단서란 무엇인가요?

OPIc Rater(채점자)가 수험자 답변 내용을 바탕으로 언어 항목에 대해 진단 및 안내를 제공하는 유료 피드백 서비스이며 가격은 30,000원입니다.

Lesson

과제 및 기능 수행

주제 ▌ 춤 / 산책

오늘의 학습 목표입니다. 학습을 시작하기 전에 목표를 숙지하세요.

'과제 및 기능 수행'에서는 과제,
즉 주어진 문제의 형태를 잘 파악하여
적절히 답변하는 대응 능력을 평가합니다.

오늘의 목표 ●●●

01 OPIc 문제의 형태와 주어진 과제의 핵심 파악하기

02 문제에서 주어지는 상황에 자신있게 답변하는 즉흥적인 대처 능력 키우기

step 2 전략 설정

오늘의 학습 목표에 따른 전략입니다.

개 요 ● ● ●

소개(묘사)하기나 설명하기 기법을 통한 답변을 요구하는 문제 형태가 많이 출제됩니다.

1 소개

请介绍一下
소개해주세요.

请描述一下
묘사해주세요.

범위
▸ 인물(선생님, 친구, 가족, 직장 동료, 건강한 사람 등)

예상 질문 请描述一下你的朋友。
당신의 친구를 묘사해주세요.

▸ 동물(애완동물)

예상 질문 请介绍一下你的宠物。
당신의 애완동물을 소개해주세요.

▸ 장소(집, 직장, 학교, 여행지 등)

예상 질문 请介绍一下你们国家的旅游景点。
당신 나라의 여행지를 소개해주세요.

> 1. 과제 파악하기
> 2. 핵심 주제 파악하기
> 3. 주제와 관련된 풍부한 내용 만들기
>
> 소개하라는 문제의 과제는 대상을 직접적으로 소개하는 것입니다. 주어진 과제가 소개임을 파악한 후 대상을 언급하고 자세히 설명하는 것이 중요합니다.
> 묘사하라는 과제의 포인트는 생동감입니다. 묘사하고자 하는 대상의 특징을 구체적이고 생동감 있게 표현하는 것이 중요합니다.

2 설명하기

详细讲一讲	说明一下
자세히 말해주세요.	설명해주세요.

범위

▶ **장소**

예상 질문 调查中表明你去国外度假，去哪儿？干什么？详细讲一讲。
조사에서 당신은 해외로 휴가를 간다고 했습니다. 어디로 가나요?
무엇을 하나요? 자세히 말해주세요.

▶ **경험**

예상 질문 请讲一讲你最难忘的出差经历。
당신이 가장 잊기 어려운 출장 경험을 말해주세요.

▶ **운동**

예상 질문 你说你喜欢踢足球，在哪儿踢足球？环境怎么样？请详细讲一讲。
당신은 축구하는 것을 좋아한다고 했습니다. 어디에서 하나요?
환경은 어떤가요? 자세히 말해주세요.

▶ **집**

예상 질문 请说明一下你的家，有几个房间？
당신의 집을 설명해주세요. 방은 몇 개인가요?

▶ **직장**

예상 질문 你在哪儿工作？工作环境怎么样？详细讲一讲。
당신은 어디에서 일을 하나요? 업무 환경은 어떤가요? 자세히 말해주세요.

▶ **과학 기술**

예상 질문 请说明一下人们最常用的科技产品。
사람들이 가장 자주 사용하는 과학 기술 상품을 설명해주세요.

▶ 교통

예상 질문 请说明一下你最常用的交通工具。

당신이 가장 자주 사용하는 교통수단을 설명해주세요.

비결

1. 과제 파악하기
2. 핵심 주제 파악하기
3. 순서에 맞게 설명하기

설명형 문제는 자세하고 논리적으로 답변을 구성해야 합니다. 육하원칙(언제, 어디서, 누구와, 어떻게, 무엇을, 왜)에 근거하여 문제가 출제됩니다. 문제를 잘 듣고, 주어진 과제에 충실히 내용을 구성하고 일정한 순서에 따라 논리적으로 답변하는 것이 중요합니다.

3 역할극(롤플레이)

주어진 상황에 맞게 내용을 구성하여 역할 연기를 하는 형태

상황 설정 我将为您提供一个情景。请表演一下。

제가 당신에게 상황을 제공하겠습니다. 역할극을 해주세요.

※ 전화를 통한 '문제 해결'이나 '문의하기', '메시지 남기기' 등의 유형입니다.

범위

▶ 상품 관련 – 구입 문의, 교환, 환불 등

예상 질문 我将为您提供一个情景。请表演一下。
您买了一个手机。可是没有你要的功能。你要给商店打电话换。
请给商店打电话。
당신에게 상황을 제공해드리겠습니다. 역할극을 해주세요.
당신은 휴대폰을 샀습니다.
그러나 원하는 기능이 없어 상점에 전화를 걸어 교환을 요구하려고 합니다.
상점에 전화를 걸어주세요.

▶ 학습 관련 – 결석, 신청 등

예상 질문 我将为您提供一个情景。请表演一下。
你缺了两次课。请给老师打电话说明一下缺课的情况。
당신에게 상황을 제공해드리겠습니다. 역할극을 해주세요.
당신은 두 번 결석하였습니다.
선생님께 전화를 걸어 결석한 상황을 설명하세요.

비결
1. 과제 파악하기
2. 핵심 주제 파악하기
3. 연기하듯 자연스럽고 생동감 있게 대응하기

역할극(롤플레이) 형태의 문제는 재미있게 접근해야 합니다. 핵심 주제를 잘 파악하고 주어진 상황을 이해한 후, 마치 여러분이 그 상황에 있는 것처럼 자연스럽고 생동감 있게 이야기하는 것이 중요합니다.

문제 해결 对不起，请你解决一个问题。

미안합니다만, 문제를 해결해주세요.

범위 물건 구입 후 문제 발생, 약속 장소나 시간 변경 등 문제 해결

예상 질문 对不起，请你解决一个问题。你要跟客户见面。可是您找错了饭馆，请给客户打电话说明情况。

미안합니다만, 문제를 좀 해결해주세요. 당신은 고객과 만나기로 했습니다. 그러나 식당을 잘못 찾았습니다. 고객에게 전화를 걸어 상황을 설명해주세요.

질문하기 ......，问3~4个问题了解一下情况。

......，3~4가지 질문을 해서 상황을 알아보세요.

범위 취미, 업무 내용, 특정 상황 이해 등

예상 질문 我搬到新家了，问3~4个问题了解一下新家的情况。

저는 새 집으로 이사를 했습니다. 3~4가지 질문을 해서 새 집의 상황을 알아보세요.

1. 과제 파악하기
2. 핵심 주제 파악하기
3. 직접적인 문제 해결 방안 제시하기

문제 해결은 문제에 주어진 구체적인 상황을 먼저 이해하는 것이 중요합니다. 상황을 정확히 이해하고 나서 세부적으로 해결 방안을 제시하여 답변해야 합니다.

4 콤보

하나의 주제와 관련하여 3~4가지의 문제가 연속으로 나오는 형태

범위 취미, 가족 관계, 교통 상황, 수업, 애완동물 등

예상 질문

❶ 你所住的城市里人们一般用什么样的交通工具?

당신이 거주하는 도시의 사람들은 일반적으로 어떤 교통수단을 이용합니까?

❷ 你一般用什么交通工具呢? 要多长时间?

보통 어떤 교통수단을 이용합니까? 얼마나 걸리나요?

❸ 请您讲一讲最近用的交通工具。比如做出租车, 搭朋友的车等等。

당신이 최근 사용하는 교통수단을 말해주세요. 예를 들어, 택시 탑승, 친구 차 타기 등.

 1. 과제 파악하기
2. 핵심 주제 파악하기
3. 각 상황에 맞게 깔끔한 문형 만들기

콤보 문제는 학습자를 혼란스럽게 만들 수 있습니다. 앞에 나온 질문이 뒤에 중복되는 경우가 많기 때문입니다. 이때는 당황하지 말고, 질문에 적합한 내용으로 답변하면 됩니다. 앞의 질문에 답변한 내용이므로 말할 필요가 없다고 생각하지 마시고 중복되더라도 이야기를 하는 것이 중요합니다. 채점자들은 질문의 주제와 그에 맞는 구성을 평가합니다. 주어진 질문에 맞는 구성으로 깔끔하게 답변을 하는 것이 고득점 비법입니다.

오늘 배운 전략을 문제에 적용해보는 시간입니다.

调查中表明你喜欢跳舞。第一次去哪儿？什么时候去的？跟谁去的？请详细讲一讲。

질문 조사에서 당신은 춤을 좋아한다고 했습니다. 처음 춤을 췄던 장소는 어디인가요?
언제 갔나요? 누구와 갔나요? 자세하게 이야기해주세요.

브레인스토밍

주제와 관련된 단어들을 연상하여 구조에 맞게 나열한 후 짜임새 있는 문장을 만들어보세요.

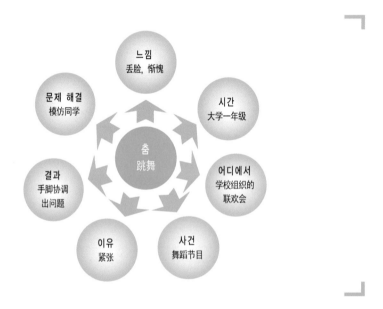

문제 유형 분석

• **주제 범위**: 취미 관련
• **주제**: 춤
• **과제 설명**: 춤에 관한 경험 설명 – 처음 시작한 경험에 대해 말하기

적용 1 구도 만들기

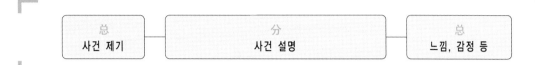

❶ 总 사건 제기
- 문제의 핵심과 관련된 내용으로 주제 정하기
  - 처음 춤을 췄던 경험의 회상을 통한 사건 제기

❷ 分 사건 설명
- 경험의 발생 시간 및 장소, 환경 등 제시
- 세부 내용을 순차적으로 자세히 설명
  - 대학교 1학년 때
  - 학교 축제에서 댄스 프로그램 참가
  - 음악이 시작됨 : 긴장된 마음과 굳은 몸 – 손발의 부조화
  - 다른 학우 모방 : 창피함을 느낌

❸ 总 느낌, 감정 등
- 경험을 통한 느낌이나 교훈 등으로 마무리
  - 연습을 하면서 흥미가 고취됨
  - 댄스의 장점(몸과 마음을 건강하게 유지할 수 있고 기분을 좋게 함)을 이해

总 ▸ 나는 성격이 활발한 여자 아이입니다. 춤추는 것을 매우 좋아합니다.

我是一个性格活泼的女孩儿，非常喜欢跳舞。

▸ 처음 춤추었을 때의 경험을 생각하면 아직도 좀 부끄럽습니다.

想起第一次跳舞的经历还真有点儿惭愧呢。

分 ▸ 대학교 1학년 때 학교에서 축제를 했는데 우리 과는 댄스 프로그램을 준비했습니다.

大学一年级的时候，学校组织联欢会，我们班准备了一个舞蹈节目。

▸ 오랫동안 연습했지만 여전히 매우 긴장되었습니다.

虽然练习了很久，但还是很紧张。

▸ 갑자기 머리가 하얘지면서 다음 동작이 무엇인지도 모르겠고 손발의 조화에 문제가 생겼습니다.

忽然头脑一片空白，不知道下个动作是什么，手脚的协调开始出了问题。

▸ 다행히도 나는 계속 뒤에서 앞의 학우를 간신히 따라 했습니다.

幸好我一直站在后面，勉强模仿着前面同学。

▸ 프로그램이 끝나고 매우 창피했습니다.

节目结束后感觉很丢人。

总 ▸ 그때 이후 나는 그제서야 춤이 간단하지 않고 매일 끊임없이 연습해야 한다는 것을 이해하게 되었습니다.

从那次以后，我才了解跳舞不是这么简单的，每天都要不断地练习。

▸ 춤은 몸과 마음을 건강하게 해주고 기분도 좋게 해줍니다.

跳舞既能健身健脑，又让人神清气爽。

적용 3 내용 더하기

답안 我是一个性格活泼的女孩儿，天生就对音乐有感觉，而且非常喜欢跳舞，虽然现在我可以毫不羞涩地跳上一段，但是想起第一次跳舞的经历还真有点儿惭愧呢。大学一年级的时候，学校组织联欢会，我们班准备了一个舞蹈节目，虽然练习了很久，但还是很紧张。我们五个人排好位置，音乐就响起来了，这一刻，忽然头脑一片空白，不知道下个动作是什么，生硬的身体有点儿像做广播体操，手脚的协调开始出了问题，连跳舞时音乐的鼓点都有点跟不上了，幸好我一直站在后面，勉强模仿着前面同学。节目结束后感觉很丢人。

从那次以后，我才了解跳舞不是这么简单的，每天都要不断地练习。我是一个热爱舞蹈的人，很喜欢站在舞台上成功的喜悦！而且，跳舞既能健身健脑，又让人神清气爽。

走！跳舞去！

나는 활발한 성격의 여자 아이입니다. 태어날 때부터 음악적 감각이 있었고 춤을 굉장히 좋아합니다. 비록 지금은 부끄러움 없이 춤을 출 수 있지만 처음 춤추었을 때의 경험을 생각하면 아직도 좀 부끄럽습니다. 대학교 1학년 때 학교에서 축제를 했는데 우리 과도 댄스 프로그램을 준비했습니다. 연습을 오래 했지만 여전히 긴장을 했지요. 우리 다섯 명은 위치를 잡고 음악이 울리기 시작했는데 이때 갑자기 내 머리는 하얘지고 다음 동작이 무엇인지 모르겠더라고요. 굳은 몸은 방송 체조를 하는 것 같고 손발의 조화에도 문제가 생겨 음악 리듬조차도 따라 가기가 조금 힘들어졌는데 다행히 나는 계속 뒤에 있어서 다른 학우의 동작을 간신히 따라 하였습니다. 프로그램이 끝나고 난 후 정말 창피했습니다. 그때부터 나는 춤이라는 것이 간단한 것만은 아니라는 것을 이해하게 되었고 매일 끊임없이 연습을 했지요. 나는 춤을 사랑하는 사람이고 무대에서의 성공적인 희열을 좋아합니다. 게다가 춤은 몸과 마음도 건강하게 해주고 기분도 상쾌하게 해주지요. 갑시다! 춤을 추러 갑시다!

해설 이 문제의 과제는 경험을 서술하는 형태입니다. 핵심 주제는 바로 '춤'입니다. 먼저 '춤'과 관련된 어휘들을 기억하세요. 그리고 여러분이 경험한 '춤'과 관련된 사건을 설명하면 됩니다. 사건이 발생했던 시간과 장소 등을 말하고 구체적이고 생동감 있는 표현으로 서술한 후, 느낌이나 교훈들을 말해주면 됩니다. 깔끔한 구조와 풍부한 내용이 바로 고득점 비결입니다!

活泼 huópo	활발하다, 활기차다 ➡ 天真活泼的孩子 천진하고 활발한 아이
毫不 háobù	조금도 ~하지 않다, 전혀 ~하지 않다 ➡ 毫不在乎 전혀 개의치 않다
羞涩 xiūsè	수줍어서 머뭇머뭇하다, 행동이 부자연스럽다
惭愧 cánkuì	부끄럽다
紧张 jǐnzhāng	(정신적) 긴장해 있다; 긴장, 불안
忽然 hūrán	갑자기, 돌연, 문득
生硬 shēngyìng	서투르다, 딱딱하다 ➡ 他的汉语说得很生硬 그의 중국어는 말하는 것이 딱딱하다 ➡ 态度生硬 태도가 딱딱하다
鼓点 gǔdiǎn	리듬
幸好 xìnghǎo	다행히 ➡ = 幸亏
勉强 miǎnqiǎng	간신히, 억지로 / 마지못하다 ➡ 간신히('억지로'는 주로 동사 앞에 부사어로 쓰임)
模仿 mófǎng	모방하다, 흉내 내다
神清气爽 shénqīngqìshuǎng	기분이 상쾌하다

tip! tip! 起来의 여러 가지 의미

✔ **동사+起来**

1) 사물이 아래에서 위로 향함

  예 把他抱起来。 그를 안아 올리세요.

2) 동작의 완료, 집중 혹은 목적, 결과를 이룬다는 의미

  예 我想不起来她的名字。 나는 그녀의 이름이 생각나지 않는다.

3) 동작이 시작되어 지속됨을 나타냄

  예 他们唱起歌来了。 그들은 노래를 부르기 시작했다.

4) 삽입어로 인상이나 견해 등을 나타냄

  예 看起来，她是黎明的女朋友。 보아하니, 그녀는 여명의 여자친구인 것 같다.

✔ **형용사+起来**

1) 어떤 상황이 발전되어 계속 심화됨

  대부분 적극적 의미의 형용사가 쓰임

  忙，紧张，好，多，胖，冷，笑 등

  예 天冷起来了，多穿点儿衣服。 날씨가 추워졌어요. 옷을 더 입으세요.

❖ **중요 표현**

  1. 但是想起第一次跳舞的经历还真有点儿惭愧呢。

  2. 幸好我一直站在后面，勉强模仿着前面同学。

  3. 从那次以后，我才了解跳舞不是这么简单的。

Go!Go! 고득점 비법

1. 핵심 주제를 먼저 파악해라
   - 핵심 주제는 바로 '춤' – 춤과 관련된 사건을 이야기해야 합니다.

2. 나에게 주어진 과제는?
   - 문제의 형태를 잘 파악하세요. 춤과 관련된 경험을 서술하는 문제입니다. 사건의 순서에 맞게 서술하세요. '언제? 어디서? 누구와? 무엇을? 어떻게?'가 중요합니다.

3. 적합한 구성으로 대응하라
   - 문제의 형태를 파악했다면 적합한 구성으로 내용을 채워야 합니다.
   - 사건 제기 – 사건 설명(시간, 장소, 인물, 상황 등) – 사건을 통한 느낌이나 교훈을 중심으로 구성합니다. 깔끔한 구조와 풍부한 내용이 포인트입니다.

아래 OPIc 질문에 알맞은 답안을 구성해보는 시간입니다.
오늘 배운 전략을 다시 한 번 생각해보고 순서에 맞게 적용해보세요.

调查中表明你喜欢散步。一般去哪儿？跟谁一起去？什么时候出发什么时候回来？

조사에서 당신은 산책을 좋아한다고 했습니다.
보통 어디로 가나요? 누구와 함께 가나요? 언제 출발해서 언제 돌아옵니까?

브레인스토밍

시간

장소

감정, 느낌

산책
散步

인물

산책 이유

답변하기

자가 진단 테스트

- 주어진 과제를 기억했습니까? ☐ ☐
- 주제의 핵심을 파악했습니까? ☐ ☐
- 주제에 맞게 구성했습니까? ☐ ☐
- 정확한 어휘와 어법을 사용했습니까? ☐ ☐
- 구성에 맞는 풍부한 내용으로 답변했습니까? ☐ ☐

예시 平时我很喜欢轻松的运动，所以经常跟父母一起散散步。我家附近有一所高中，我们一般都去那儿的操场。一般来说，晚上7点出发，8点半左右回来。

虽然跟其他运动比起来，散步有点儿简单，但是却改变了我的生活方式。因为我和父母散步的时候，会说说工作中的烦恼，他们耐心地听，然后给我提一些建议，我的心情变得很轻松了。我很喜欢跟他们一起散步。

평소 나는 가벼운 운동을 좋아합니다. 그래서 부모님과 함께 산책을 자주 합니다. 집 근처에 고등학교가 하나 있는데 우리는 보통 그곳의 운동장에 갑니다. 보통 저녁 7시에 출발해서 8시 반 정도에 돌아옵니다. 비록 다른 운동과 비교해볼 때 산책은 좀 간단하기는 하지만 오히려 나의 생활 방식을 바꾸어 놓았습니다. 왜냐하면 부모님과 산책할 때 업무상의 어려움을 말하곤 하는데 그때 부모님이 인내심있게 들어주시고 조언도 해주시면 기분이 매우 가벼워집니다. 나는 부모님과 산책하는 것을 무척이나 좋아합니다.

해설 이 문제의 과제는 '서술하기'이며 핵심 주제는 '산책'입니다.

문제에 이미 '어디로? 누구와? 언제?'가 제시되어 있으니 순서에 맞게 답변하면 됩니다. 그리고 왜 산책을 좋아하는지에 대해 부가적으로 설명해주고 마지막에 '산책을 좋아한다'라고 긍정적인 내용으로 마무리를 한다면 좀 더 좋은 답변이 될 수 있습니다.

어휘&표현 ● ● ●

散步 sànbù	산책하다	**烦恼** fánnǎo	번뇌. 고민
一般来说 yìbān láishuō	일반적으로 말해서	**耐心** nàixīn	인내심
跟 …比起来 gēn ~bǐqǐlái	~와 비교해볼 때	**提建议** tí jiànyì	의견을 제기하다
…的时候 ~deshíhou	~일(할) 때		

오늘 배운 내용을 문제를 통해 확인해보는 시간입니다.

01 주어진 문장을 중국어로 작문하세요.

(1) 나는 성격이 활발한 여자 아이입니다.

_____

모범답안 ▮ 我是一个性格活泼的女孩儿. '성격이 활발하다.' 性格活泼을 기억하세요.

(2) 비록 오랫동안 연습했지만 여전히 긴장됩니다.

_____

모범답안 ▮ 虽然练习了很久, 但还是很紧张. '비록 ~이지만 그러나 ~하다'라는 의미의 격식 虽然… 但是를 사용합니다.

(3) 다행히 나는 계속 뒤에 서있었습니다.

_____

모범답안 ▮ 幸好我一直站在后面. '다행히 ~하다' 幸好 사용. 같은 의미로는 幸亏, 多亏가 있습니다.

(4) 그때 이후로 나는 춤이 간단하지만은 않다는 것을 이해하게 되었습니다.

_____

모범답안 ▮ 从那以后, 我才了解跳舞不是这么简单的. '겨우 ~하다'라는 의미의 才를 넣어 문장의 어감을 좀 더 살려줍니다.

(5) 프로그램이 끝난 후 매우 창피했습니다.

_____

모범답안 ▮ 节目结束后感觉很丢人. '창피하다'라는 뜻의 단어는 丢人입니다.

02 아래 보기에서 단어를 골라 의미에 맞게 넣으세요.

〈보기〉交际舞, 爵士舞, 街舞, 芭蕾, 拉丁舞

1) 라틴댄스 　　　　　　　　　　　　[　　　　　]

2) 발레 　　　　　　　　　　　　　　[　　　　　]

3) 재즈댄스 　　　　　　　　　　　　[　　　　　]

4) 힙합(비보잉) 　　　　　　　　　　[　　　　　]

5) 사교댄스 　　　　　　　　　　　　[　　　　　]

모범답안 ▎ 1 拉丁舞 lādīngwǔ　2 芭蕾 bālěi　3 爵士舞 juéshìwǔ　4 街舞 jiēwǔ　5 交际舞 jiāojìwǔ

03 아래 주어진 단어에 알맞은 한자를 찾아 이으세요.

1. 외롭다 　　　　　　　　　　a. 郁闷

2. 긴장하다 　　　　　　　　　b. 讨厌

3. 놀라다 　　　　　　　　　　c. 可惜

4. 애석하다 　　　　　　　　　d. 羡慕

5. 부럽다 　　　　　　　　　　e. 感动

6. 우울하다 　　　　　　　　　f. 紧张

7. 얄밉다 　　　　　　　　　　g. 吃惊

8. 감동적이다 　　　　　　　　h. 寂寞

모범답안 ▎ 1-h 寂寞 jìmò 외롭다　　　　　　　　2-f 紧张 jǐnzhāng 긴장하다

　　　　　　3-g 吃惊 chījīng 놀라다　　　　　　　4-c 可惜 kěxi 애석하다

　　　　　　5-d 羡慕 xiànmù 부럽다　　　　　　　6-a 郁闷 yùmèn 우울하다

　　　　　　7-b 讨厌 tǎoyàn 얄밉다　　　　　　　8-e 感动 gǎndòng 감동적이다

아래 요약된 내용을 다시 한 번 숙지하세요.

1 문제 종류 파악하기

• 주어지는 문제의 종류를 잘 듣고 기억하세요. 묘사, 설명, 역할극 등 각각의 문제 형태에 따른 답변 구성 형태를 잘 익혀두어야 합니다.

2 일상에서 일어나는 일들 중국어로 옮겨보기

• 즉흥적이고 일관성 있게 대처하는 능력을 키우기 위해 평소에 일어나는 일들을 중국어로 옮겨보는 연습을 하세요.

• OPIc 중국어에 출제되는 내용은 모두 여러분의 생활과 관련된 것들입니다. 평소에 주위에서 일어나는 일들을 이야기하는 연습을 많이 하세요.

예 나의 취미는? 나의 가족 구성원은? 나의 하루 일과는?

3 예상 답변 만들어보기

• 교재에 제시된 브레인스토밍과 모범 답안을 참고하여 '나만의 답변'을 작성하여 OPIc 중국어 말하기를 연습하세요.

step 7 OPIc 궁금증 해결

OPIc 중국어에 대한 궁금증을 시원하게 풀어드립니다.

OPIc 시험은 어떻게 진행되나요?

OPIc은 정해진 시험 센터에서 신청하신 시간에 정확하게 시험이 진행됩니다. 지정된 센터에서 지정된 컴퓨터와 헤드셋을 이용하여 iBT로 진행되는 테스트입니다. 20분 간의 오리엔테이션 후 시험을 동시에 시작하게 되고 끝나는 시간은 수험자마다 다릅니다. 40분 시험 시간 중 본인의 시험이 끝나면 다른 수험자에게 방해가 되지 않게 조용히 퇴실하시면 됩니다.

Lesson

2

상황 및 내용 구성

주제 | 시합 참가 취소 / 노래 부르기

step 1 목표 설정

오늘 학습의 목표입니다. 학습을 시작하기 전에 목표를 숙지하세요.

'상황 및 내용 구성'에서는 주어진 문제의 상황(일반적 상황, 가정 상황)을 잘 파악하여 답변하는 판단 능력과 내용 구성 능력을 평가합니다.

오늘의 목표 ●●●

01 OPIc 문제의 상황별 주제 및 내용 파악하기

02 OPIc 문제의 상황별 주제와 내용에 따른 구성 능력 키우기

step 2 전략 설정

오늘의 학습 목표에 따른 전략입니다.

개 요 ●●●

OPIc 중국어에 출제되는 문제는 각각 일반 상황, 가정 상황으로 나눌 수 있으며 정확히 상황을 판단하여 상황에 알맞게 내용을 구성해 대답해야 합니다.

 범위

1. 일반 상황: 자기소개, 거주지, 직장, 학교, 취미 & 관심사, 스포츠, 과학, 건강, 교통 등 일상생활과 관련된 사실에 근거한 상황

2. 가정 상황: 일반적 상황을 주제 범위로 가정한 상황

1 일반 상황

일반 상황은 사전 조사에서 선택한 내용을 근거로 실질적 상황과 부합되는 내용의 질문입니다.

(1) 자기소개

1) 기본 형식

- 自我介绍一下   제가 소개 좀 하겠습니다
- 姓名：我叫…   성명 : 저는 ~입니다(라고 합니다)
- 年龄：今年 … 岁(了)   연령 : 올해 ~살입니다(이 되었습니다)
- 职业：我是…, 我在 …工作   직업 : 저는 ~입니다, 저는 ~에서 일합니다
- 性格及外貌：外向, 内向, 活泼, 不爱说话 / 高, 矮, 浓眉大眼, 不胖不瘦

  성격 및 외모 : 외향, 내향, 활발함, 과묵함 / 크다, 작다, 짙은 눈썹과 큰눈, 뚱뚱하지도 마르지도 않다
- 家人：我家有 … 口人   가족 : 우리 집은 ~식구입니다

예상 질문 请你介绍一下自己。 자기 자신을 소개해주세요.

 1. 상황 및 주제 파악하기
2. 기본 형식 파악하기
3. 형식에 맞게 내용 구성하기

자기소개는 가장 기본적인 내용입니다. 첫 번째 문제로 출제되므로 자기소개의 기본적인 사항들을 자연스럽게 말할 수 있도록 평소에 연습을 많이 해야 합니다.
자기소개는 쉽다고 느끼기 때문에 소홀하기 쉬운 부분이지만 연습을 게을리하면 자연스럽게 말할 수 없습니다. 사실에 근거한 깔끔한 문장을 정확히 구사할 수 있도록 연습하세요.

(2) 거주지 관련

1) 집 (집 소개 및 묘사) : 침실, 거실, 주방 등

• 집의 종류 : 平房 일반 주택   公寓 아파트
• 집의 구조 : 两室一厅 방 두 개 거실 하나   两室一厅一卫 방 두 개 거실 하나 화장실 하나
• 구조물 소개 : 卧室-床, 衣柜 / 客厅-沙发, 茶几, 空调

　　　　　　　 침실-침대, 옷장 / 거실-소파, 티테이블, 에어컨
• 분위기 : 舒服, 素净, 整洁, 雅致

　　　　　 편안하다, 점잖다, 깔끔하다, 우아하다
• 집의 분위기 : 充满欢乐, 和睦气氛

　　　　　　　 즐거움이 넘치다, 화목한 분위기

예상 질문 请介绍一下你家, 你家有几个房间?
　　　　　 당신 집을 소개해주세요. 당신의 집에는 방이 몇 개 있습니까?

2) 가족의 역할 - 가족 구성원 소개와 각자의 역할 등

• 아빠 : 家长, 说了算, 工作非常辛苦

　　　　 가장, 마음대로 정하다, 힘들게 일하다
• 엄마 : 贤妻良母, 为家人饮食起居操心, 财政部长, 做得有条有理
　　　　 현모양처, 가족의 일상생활을 신경 쓰다, 재정부장관, 일을 조리있게 하다

예상 질문 你家有几口人，每个人的职责是什么？请说一说你家的成员。

당신 집에는 식구가 몇 명입니까? 구성원들의 역할은 무엇인가요?

가족 구성원에 대해 말해보세요.

3) 일상생활 – 하루일과, 주말 생활 등

예상 질문 请说一说你的周末生活。 당신의 주말 생활을 말해주세요.

4) 기타: 이웃 – 이웃 소개, 동네 묘사 등

예상 질문 请介绍一下你的邻居。 당신의 이웃을 소개해주세요.

1. 상황 및 주제 파악하기
2. 주제에 맞게 내용 구성하기
3. 구성에 맞게 정확하고 풍부한 문장 만들기

가족, 일상 생활, 주말 생활, 이웃 등을 주제로 하는 문제가 출제됩니다. 각각의 주제에 맞는 정확한 어휘와 표현법 등을 잘 익혀 구성에 맞게 문장을 만들어 답변하는 것이 중요합니다.

(3) 직장 관련

1) 직장 소개 – 장소, 부서, 업무 종류 등

• 我在 …工作 나는 ~에서 일합니다
• 我是公司职员 나는 회사원입니다   我是警察 나는 경찰입니다
• 我在 …部(门)工作 나는 ~부서에서 일합니다

예상 질문 你在哪儿工作？你们公司叫什么？

당신은 어디에서 일합니까? 당신의 회사 이름은 무엇인가요?

2) 직장 동료 소개 – 외모, 알게 된 시기, 성격, 나와의 관계 등

예상 질문 请描述一下你的同事。

당신의 동료를 묘사해주세요.

3) 사무실 묘사 – 사무실의 구조와 기능, 분위기 등

사무실, 회의실, 휴게실, 사무기구, 업무 분위기 등

예상 질문 请描述一下你的工作环境。

당신의 업무 환경을 묘사해주세요.

4) 출장 – 출장 장소, 출장 과정, 특별한 경험 등

예상 질문 请说一说你最难忘的出差经历。

가장 잊기 어려운 출장 경험을 말해주세요.

  1. 상황 및 주제 파악하기
2. 주제에 맞게 내용 구성하기
3. 구성에 맞게 정확하고 풍부한 문장 만들기

직장 관련 문제는 거주지 관련 문제와 비슷한 유형으로 출제됩니다.
먼저 문제의 상황과 주제를 잘 파악하고 소개, 묘사, 설명 등의 문제 형태를 파악하여
각각의 특징에 맞는 구성으로 대답하는 것이 중요합니다.

(4) 학교 관련

1) 학교 소개 – 장소, 역사, 시설, 분위기 등

예상 질문 请介绍一下你们学校。

당신의 학교를 소개해주세요.

2) 수업 소개 – 잊지 못할 수업, 재미있거나 놀라운 수업 경험 등

예상 질문 请说一说你最难忘的一节课。

당신의 가장 잊기 어려운 수업을 말해주세요.

3) 선생님 & 학우 소개 – 잊지 못할 선생님, 친했던 친구 등

예상 질문   请描述一下你的老师或学友。

당신의 선생님이나 학우를 묘사해주세요.

 1. 상황 및 주제 파악하기
2. 주제에 맞게 내용 구성하기
3. 구성에 맞게 정확하고 풍부한 문장 만들기

학교 관련 내용은 학교와 관련된, 즉 학교 소개부터 수업 소개(재미있거나 놀라운 경험, 인상 깊은 수업 내용), 인물(선생님 혹은 학우) 묘사 등의 문제들이 출제됩니다. 각각의 주제에 따라 내용을 정확히 구성하여 알맞은 어휘와 문장으로 답변하는 것이 중요합니다.

(5) 취미 & 관심사 관련

1) 음식 – 좋아하는 음식 종류, 요리법, 전통 요리 소개, 식당 소개 등

예상 질문   请说一说你最常去的餐厅。有什么特点?

당신이 가장 자주 가는 식당을 말해주세요. 어떤 특징이 있나요?

2) 동물 – 애완동물

예상 질문   请描述一下你的宠物。它长得怎么样?你是怎么养它的?

당신의 애완동물을 묘사해주세요. 어떻게 생겼나요? 어떻게 길렀나요?

3) 여행 – 여행지 소개, 어릴 때 가보았던 혹은 기억에 남는 여행지, 휴가 경험 등

예상 질문   你说你喜欢旅行。第一次去哪儿? 跟谁去的? 请详细讲一讲。

당신은 여행을 좋아한다고 했습니다. 처음으로 어디를 갔나요? 누구와 갔나요? 자세히 말해주세요.

4) 기타 - 언어 배우기, 클럽 가기, 그림 그리기 등

 你说你喜欢跳舞。常去哪儿? 跟谁去? 说一说那里的环境。

당신은 춤을 좋아한다고 했습니다. 어디로 자주 가나요? 누구와 가나요? 그곳의 환경을 말해주세요.

> **비결**
> 1. 관련 분야별 어휘 익혀두기
> 2. 상황 및 주제 파악하기
> 3. 주제에 맞게 내용 구성하기
> 4. 구성에 맞게 정확하고 풍부한 문장 만들기
>
> 취미나 관심사 관련 내용들은 매우 다양합니다. 그러나 사전 조사에서 선택한 내용을 근거로 출제되므로 자신의 취미나 관심 분야의 어휘들을 평소에 익혀두면 어렵지 않게 답변할 수 있습니다. 익혀둔 어휘들을 이용하여 주제에 맞게 내용을 구성하여 정확하게 답변해야 합니다.

(6) 스포츠 관련

운동 장소, 처음 혹은 재미있었던 경기 경험, 연습 방법, 흥미를 갖게 된 계기나 동기 등

1) 대표 스포츠

棒球 bàngqiú	야구	**乒乓球** pīngpāngqiú	탁구
篮球 lánqiú	농구	**排球** páiqiú	배구
网球 wǎngqiú	테니스	**羽毛球** yǔmáoqiú	배드민턴
高尔夫球 gāoěrfūqiú	골프	**台球** táiqiú	당구
保龄球 bǎolíngqiú	볼링	**瑜伽** yújiā	요가
游泳 yóuyǒng	수영	**橄榄球** gǎnlǎnqiú	럭비

滑雪 huáxuě	스키	**滑冰** huábīng	스케이트
骑马 qímǎ	승마	**马拉松** mǎlāsōng	마라톤
击剑 jījiàn	펜싱		

예상 질문 调查中表明你喜欢足球，请讲一讲为什么对足球感兴趣。

조사에서 당신은 축구를 좋아한다고 했습니다. 왜 축구에 관심을 갖게 되었는지 말해주세요.

1. 스포츠 관련 어휘 암기하기
2. 상황과 주제 파악하기
3. 주제에 맞게 내용 구성하기
4. 구성에 맞게 풍부한 내용 만들기

스포츠 관련 문제 역시 주제가 매우 광범위합니다. 여러분이 좋아하는 스포츠와 관련된 어휘들을 잘 익혀두고 정확한 어휘를 사용하여 내용을 구성하는 것이 중요합니다.

(7) 과학 상품 및 건강, 교통 관련

1) 자주 사용하는 과학 상품의 종류와 기능(휴대폰, 컴퓨터, 노트북 등)

예상 질문 你们国家的人们常用的科技产品是什么？

당신 국가 사람들이 자주 사용하는 과학 기술 상품은 무엇인가요?

2) 건강 유지 방법이나 건강 문제 발생 등

예상 질문 请说明一下保持健康的方法。

건강을 유지하는 방법을 설명해주세요.

3) 교통수단과 이용 방법 등

 예상 질문   人们常用的交通工具是什么? 为什么?

사람들이 자주 사용하는 교통수단은 무엇입니까? 왜 그런가요?

> 비결 ▶
> 1. 상황과 주제 파악하기
> 2. 주제에 맞게 내용 구성하기
> 3. 구성에 맞게 풍부한 내용 만들기
>
> 교통수단 관련 문제는 관련 어휘를 암기하는 것이 우선입니다. 이용 방법이나 이유를 설명할 때는 좀 더 논리적인 근거를 제시하고 일관된 내용으로 구성하는 것이 좋습니다.

2 가정 상황

가정 상황은 말 그대로 하나의 가정 상황이 주어지고 그 상황에 대처하여 문제를 해결하게 하는 질문 형태입니다. 주로 역할극(롤플레이)이나 질문하기 등의 형태가 많이 출제됩니다.

(1) 전화하기

－ 사람 찾기, 약속 취소하기, 쇼핑 관련(교환, 환불, 구입 문의) 문의하기, 메시지 남기기 등

 예상 질문   你本来要跟客户见面, 可是突然发生了急事。请给客户打电话取消约会。

당신은 본래 고객과 만나기로 하였습니다. 그러나 갑자기 급한 일이 생겼습니다.

고객에게 전화를 걸어 약속을 취소하세요.

> 비결 ▶
> 1. 전화를 건 목적과 이유를 정확하고 일관성 있게 말하기
> 2. 마치 전화 통화를 하듯 자연스럽게 말하기
>
> 답변할 때 전화를 건 정확한 목적과 이유, 일관된 태도를 유지하는 것이 중요하며 책을 읽듯 딱딱 한 어투보다는 대화를 나누는 듯한 자연스러운 어투가 바로 플러스 요인입니다!

(2) 질문하기

계획 혹은 상황 관련, 취미, 요구 사항 등에 대한 3~4가지 질문을 하거나 의견을 제시하여 문제 해결

예상 질문 我搬家了。请问我3~4个问题了解一下，我搬家的情况。

저는 이사를 했습니다. 3~4가지 질문을 하여 나의 이사한 일에 대해 물어보세요.

비결
1. 질문 혹은 의견의 연결성 유지하기
2. 자연스러운 어투로 말하기

질문을 통한 상황 이해, 의견 제시, 문제 해결 등 모든 내용이 주제에서 벗어나지 않아야 합니다. 또한, 마치 상대가 눈앞에 있는 것처럼 친구와 대화를 나누듯 편안하고 자연스럽게 말하는 것도 잊지 마세요.

> 오늘 배운 전략을 문제에 적용해보는 시간입니다.

我将为你提供一个情景。你已经报名比赛了而且交了报名费，可是因受伤不得不取消参加比赛。

请给主持者打电话说一下受伤情况并要求退还报名费。

질문 당신에게 상황을 제공해드리겠습니다. 당신은 시합에 참가 신청을 했습니다. 게다가, 신청비도 지불했습니다. 그러나 부상을 당해 시합 참가 취소 신청을 하려고 합니다.

주최자에게 전화를 해서 상황을 설명하고 참가 신청비를 환불 요청하세요.

브레인스토밍

주제와 관련된 단어들을 연상하여 구조에 맞게 나열한 후 짜임새 있는 문장을 만들어보세요.

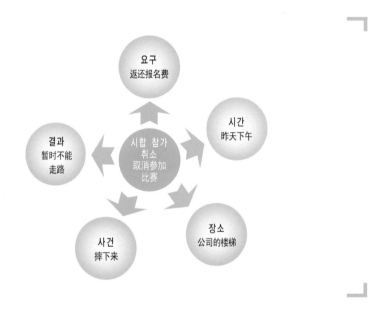

문제 유형 분석

'我给你提供一个情景'이라는 단서를 통해 가정 상황 질문임을 알 수 있다.
• **주제 범위**: 전화 관련 롤플레이
• **주제**: 시합 참가
• **과제 설명**: 시합 참가 취소와 환불에 관한 내용
  − 취소 이유 설명과 참가비 환불 요구 전화

적용1 구도 만들기

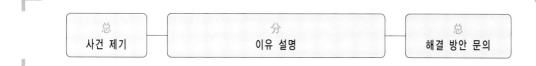

| 总 사건 제기 | 分 이유 설명 | 总 해결 방안 문의 |

❶ **总** 사건 제기
- 가정 상황 설정
  - 시합에 참가할 수 없음을 전달

❷ **分** 이유 설명
- 사건 발생 상황을 구체적으로 설명
  - 회사 계단에서 굴러 넘어짐
  - 당분간 걸을 수 없음

❸ **总** 해결 방안 문의
- 해결 방안 문의 후 마무리
  - 신청비 환불 요청

적용2 기초 표현 다지기

总 ▸ 저는 지난 주 시합에 참가 신청을 했던 정지민이라고 합니다.
我是上星期报名参加比赛的人叫郑智民。

▸ 제가 내일 시합에 참가할 수 없게 되었습니다.
我不能参加明天的比赛了。

分 ▸ 어제 오후 회사 계단에서 넘어졌습니다.
昨天下午我从公司的楼梯上摔了下来。

▸ 당분간 걸을 수 없게 되었고, 당연히 시합에 참가할 방법은 더욱 없습니다.
暂时不能走路了，当然更没办法参加比赛了。

▸ 제가 시합에 불참하게 되면 저의 신청비를 돌려받을 수 있나요?
我不能参加比赛的话，我的报名费能不能返还呢？

总 ▸ 빠른 답변을 해주시길 희망합니다. 귀찮게 해드렸습니다.

希望尽快给我一个答复好吗？麻烦你了。

▸ 경기가 성공적으로 진행되길 기원합니다. 안녕히 계세요.

祝你们的比赛举办成功，再见!

적용 3 내용 더하기

답안 您好! 我是上星期报名参加比赛的人叫郑智民, 我知道我们明天要进行比赛, 但很遗憾我不能参加明天的比赛了。我跟你具体说明一下我的情况吧。

昨天下午我从公司的楼梯上摔了下来, 当时就被送进了医院, 虽然没有骨折, 但是暂时不能走路了, 当然更没办法参加比赛了。虽然很可惜, 但我不得不放弃这次的比赛。我很珍惜这次的机会, 还和队员准备了很长时间, 但医生说至少还得过一个星期我才能下床。真不好意思。还有一件事想跟你商量一下儿, 就是我不能参加比赛的话, 那么我的报名费能不能返还呢? 如果需要医院证明和报告, 我会在下个星期处理完出院手续以后给你送过去, 如果还需要其他的资料的话, 我也会按照要求给你准备好的, 请随时和我联系。

希望尽快给我一个答复好吗? 麻烦你了。祝你们的比赛举办成功, 再见!

안녕하세요. 지난 주 경기 참가 신청을 했던 정지민이라고 합니다. 내일 경기를 진행하는 것을 알고 있지만 유감스럽게도 경기에 참가하지 못할 것 같습니다. 구체적인 상황을 말씀드리지요. 어제 오후 회사 계단에서 넘어져 병원에 입원하게 되었습니다. 골절은 아니지만 당분간 걸을 수 없게 되었습니다. 물론 경기에도 참가할 수 없게 되었고요. 애석하기는 해도 어쩔 수 없이 이 경기는 포기해야겠네요. 이번 기회가 소중하고 팀원들과 오랜 시간 준비를 하였으나 의사가 최소한 일주일은 지나야 침대에서 내려올 수 있다고 하네요. 죄송합니다. 그리고 상의하고 싶은 것이 있는데 경기에 참여를 못하게 되면 신청비를 환불 받을 수 있나요? 만약 병원 진단서와 보고가 필요하다면 다음 주에 퇴원 수속 후 보내드리겠습니다. 다른 자료가 필요하시면 요청에 따라 준비해두지요. 언제든 연락주시고 빠른 시간 내에 답변 주시기를 희망합니다. 귀찮게 해드렸네요. 경기가 성공적으로 개최되기를 바랍니다. 안녕히 계세요.

해설 전화 걸기 문제입니다. 답변할 때 상황을 가정해 자연스러운 말투와 정확한 상황 전달력이 요구됩니다. 전화를 건 용건을 정확히 말하고 상대방에게 이야기하듯 생동감 있게 표현하고 일관된 내용으로 구성하면 좋습니다.

필수 어휘 ● ● ●

比赛 bǐsài	시합(하다) ➡ 进行比赛 시합을 진행하다	
遗憾 yíhàn	유감 ➡ 没有遗憾 유감이 없다 ➡ 表示遗憾 유감을 나타내다	
具体 jùtǐ	구체적이다 ➡ 具体计划 구체적 계획	
摔 shuāi	넘어지다 ➡ 摔下来 떨어지다, 추락하다 ➡ 摔倒 자빠지다, 엎어지다	
暂时 zànshí	잠깐, 잠시	
骨折 gǔzhé	골절(되다)	
可惜 kěxī	섭섭하다; 아깝게도	
至少 zhìshǎo	최소한, 적어도	
返还 fǎnhuán	되돌려주다	
按(照) ànzhào	~에 따라, ~에 근거하여	
随时 suíshí	수시로, 언제나 ➡ 随时随地 언제 어디서나	
尽快 jǐnkuài	되도록 빨리	
举办 jǔbàn	행하다, 거행하다, 개최하다	

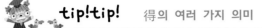

✔ 得

- 발음에 따라 여러 가지 의미로 쓰임

  1) de – 보어 형식을 만드는 조사

     예 他汉语说得很流利。 그는 중국어를 매우 유창하게 말합니다.

  2) dé – '얻다, 획득하다'라는 뜻의 동사

     예 这次考试他得了一百分。 이번 시험에서 그는 100점을 받았습니다.

  3) děi – '~해야만 한다'라는 뜻의 조동사

     예 怎么了？你那么不舒服，得去医院! 왜 그래요? 그렇게 불편하면 병원에 가야 해요!

❖ 중요 표현

  1. 但医生说至少还得过一个星期我才能下床。
  2. 还有一件事想跟你商量一下儿。
  3. 如果还需要其他的资料的话, 我也会按照要求给你准备好的。

Go!Go! 고득점 비법

1. 상황을 파악하라

   • 일반 상황인지 가정 상황인지 먼저 파악하세요.

   • 가정 상황일 경우 당황하지 말고 자연스럽게 대처하세요.

2. 주제에 맞는 정확하고 일관된 내용을 구성하라

   • 전화를 건 목적과 이유를 정확히 전달하고 일관되고 풍부한 내용으로 구성하는 것이
   바로 고득점 비결입니다!

3. 실제 상황처럼 연기하라!

   • 가정 상황에서의 문제, 즉 롤플레이 문제는 실제 상황으로 생각하고, 드라마의 주인공처럼 자연스러운
   어투와 정확한 문장 구성력을 갖추어 답한다면 플러스 점수를 받을 수 있습니다.

step 4 나만의 OPIc

아래 OPIc 질문에 알맞은 답안을 구성해보는 시간입니다.
오늘 배운 전략을 다시 한 번 생각해보고 순서에 맞게 적용해보세요.

我也喜欢唱歌。请你问我3~4个问题了解一下我的情况。

나도 노래하는 것을 좋아합니다. 나에게 3~4가지의 질문을 하여 나의 상황을 이해해보세요.

브레인스토밍

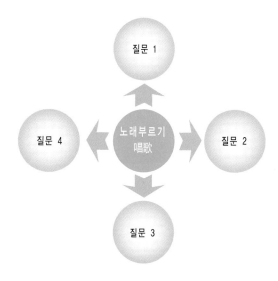

답변하기

자가 진단 테스트

• 주어진 과제를 기억했습니까? ☐ ☐
• 주제의 핵심을 파악했습니까? ☐ ☐
• 주제에 맞게 구성했습니까? ☐ ☐
• 정확한 어휘와 어법을 사용했습니까? ☐ ☐
• 구성에 맞는 풍부한 내용으로 답변했습니까? ☐ ☐

예시 听说你不但对音乐很感兴趣，而且很喜欢唱歌。其实我也跟你一样喜欢唱歌，我从小就特别喜欢美国的流行音乐。那么我问你几个问题吧。你喜欢流行歌曲吗？ 你最喜欢的歌曲风格是什么？是西方的古典音乐还是传统的民族歌曲？或者你更喜欢现代的R&B？ 你是从什么时候开始喜欢唱歌的呢？ 我很想了解你对唱歌的看法。
我想我们以后可以互相交流。你觉得呢？

듣자 하니 당신은 음악에 흥미가 있고 노래 부르는 것도 매우 좋아한다고 하던데요. 사실 저도 당신과 같이 노래 부르는 것을 무척 좋아합니다. 저는 어릴 때부터 팝송을 무척 좋아했습니다. 그럼 제가 몇 가지 질문을 하겠습니다. 당신은 유행가를 좋아하나요? 가장 좋아하는 노래 장르는 어떤 건가요? 서양의 클래식입니까 아니면 민속음악인가요? 아니면 R&B를 더 좋아하나요? 당신은 언제부터 노래 부르는 것을 좋아했나요? 저는 당신의 노래에 대한 견해를 알고 싶습니다. 제 생각에 우리는 앞으로 서로 교류할 수 있을 것 같은데요, 당신 생각은요?

해설 이 문제는 3~4가지 질문을 해서 상대방에 대한 정보를 얻는 것입니다.
마치 상대방이 앞에 있는 듯 자연스러운 어투를 구사하는 것은 기본! 핵심 주제와 관련하여 장르, 흥미를 갖게 된 계기나 동기, 시점 등을 질문합니다.
이런 종류의 문제는 그리 어렵지는 않으나 질문에서 주어지는 핵심 주제를 잘 기억해야 합니다.

어휘&표현 ● ● ●

对 …感兴趣 duì ~gǎn xìngqù	~에 관심(흥미)이 있다	**流行歌曲** liúxíng gēqǔ	유행가
风格 fēnggé	스타일	**古典音乐** gǔdiǎn yīnyuè	고전음악(classical music)
民族歌曲 mínzú gēqǔ	민속음악(folk)		

step 5 연습 활동

오늘 배운 내용을 문제를 통해 확인해보는 시간입니다.

01 다음 문장 중 빈칸에 알맞은 단어를 쓰세요.

(1) 我有一件事想跟你 _____ 一下儿。(상의하다)

모범답안 ┃ 商量 나는 당신과 상의 좀 할 일이 있습니다.
　　　　　 跟谁(누구와) + 商量 + 什么(무엇을)의 어순을 기억하세요.

(2) _____ 没骨折, _____ 暂时不能走路了。(비록 ~이지만, 그러나)

모범답안 ┃ 虽然 …可是(但是, 不过) 비록 골절은 되지 않았지만 당분간 걸을 수 없습니다.
　　　　　 '비록 ~이지만, 그러나'라는 것은 전환의 관계를 나타냅니다. 이 때는 虽然 … 可是(但是, 不过)를 사용합니다.

(3) 很遗憾我不能 _____ 明天的比赛了。(참가하다)

모범답안 ┃ 参加 유감스럽게도 내일 시합에 참가할 수 없습니다.
　　　　　 参加는 '참가하다, 참석하다, 가입하다' 등의 의미로 쓰입니다.

(4) 我也会 _____ 要求给你准备好的。(~에 의거하여)

모범답안 ┃ 按照 나 역시 요구에 따라 당신에게 준비해 드리겠습니다.

(5) 请 _____ 和我联系。(언제든지)

모범답안 ┃ 随时 언제든지 나에게 연락하세요.

02 다음 단어의 발음과 뜻을 연결하세요.

1. 可惜   jǔbàn   a. 되도록 빨리

2. 举办   jǐnkuài   b. 수속

3. 遗憾   kěxī   c. 섭섭하다, 아깝게도

4. 手续   yíhàn   d. 거행하다, 개최하다

5. 尽快   shǒuxù   e. 유감

모범답안 | 1-c kěxī 2-d jǔbàn 3-e yíhàn 4-b shǒuxù 5-a jǐnkuài

03 다음 각각의 문장에서 得 발음을 골라 넣으세요.

de	dé	děi

(1) 他做菜做 ＿＿＿＿＿＿＿ 很好吃。

모범답안 | de 그는 요리를 매우 맛있게 만든다.

(2) 你 ＿＿＿＿＿＿＿ 去医院看病。

모범답안 | děi 너는 병원에서 진찰을 받아야만 한다.

(3) 这次考试她 ＿＿＿＿＿＿ 了一百分。

모범답안 | dé 이번 시험에서 그녀는 100점을 받았다.

(4) 他说汉语说 ＿＿＿＿＿＿ 不怎么样。

모범답안 | de 그는 중국어를 별로 못한다.

※ 정도보어의 조사로 쓰일 때는 de로, 조동사로 쓰여 '~해야만 한다'라는 뜻일 때는 děi로, '얻다, 획득하다'라는 동사로 쓰일
    때는 dé로 발음합니다.

step 6 학습 요약

아래 요약된 내용을 다시 한 번 숙지하세요.

1 OPIc 문제의 상황별 주제 범위 파악하기

• 상황(일반 상황 또는 가정 상황)에 따른 주제 범위를 파악하여 대처해야 합니다.
  각 범위의 기본 어휘와 표현을 학습하세요.

2 상황에 따라 적절히 대응하는 능력 키우기

• 어떤 상황이 문제로 주어지더라도 당황하지 않고 적절하게 대응하여 답변하는 것 역시
  고득점 획득의 중요한 부분이니 평소 연습을 잘 해두세요.

3 자신만의 예상 답변 만들어보기

• 학습한 모범 답안 등을 통해 브레인스토밍 과정을 잘 활용하여 나만의 스토리를
  만들어보세요.
• 가정 상황에서 돌방 상황에 대한 대처 방법과 문제 해결 등의 예상 답변을 연습하세요!

OPIc 중국어에 대한 궁금증을 시원하게 풀어드립니다.

OPIc 시험 중 필기구를 사용하여 답변을 준비해도 되나요?

OPIc은 컴퓨터를 이용한 말하기 능력을 측정하는 시험으로, 필기구를 가지고 시험장에 입실할 수 없습니다. 따라서 시험 중에 필기구를 이용하여 메모 등을 하실 수 없으며, 적발 시 부정행위로 처리되어 OPIc 규정에 따라 향후 시험 응시 기회에 제한을 받습니다.

필기구를 준비할 수 없으므로 시험의 질문을 집중하여 들으셔야 합니다. 차분한 마음으로 질문을 듣고 답변하고자 하는 내용의 구조를 생각한 후 답변하면 됩니다. 질문은 2회까지 청취할 수 있으며, 재청취를 하더라도 등급에 영향을 미치지는 않습니다. 재청취를 하시면서 어떻게 답변을 해야 할지 준비하시기 바랍니다.

Lesson

3

정확성

주제 ▌ 출장 경험 / 회사에서의 하루 일과

오늘의 학습 목표입니다. 학습을 시작하기 전에 목표를 숙지하세요.

'정확성'에서는
말할 때의 정확성, 즉 자연스러움과
정확한 성조와 발음의 유창성,
어법 사용의 정확성을 평가합니다.

오늘의 목표 ●●●

01 주의해야 할 성조 정확히 이해하기

02 주의해야 할 어법 정확히 이해하기

step 2 전략 설정

오늘의 학습 목표에 따른 전략입니다.

개 요 ●●●

OPIc 중국어는 어휘와 어법의 정확성, 자연스러운 성조와 어투가 기본적으로 요구됩니다.

1 주의해야 할 성조 변화

(1) 제3성의 성조 변화

• 제3성 + 제3성 → 제2성 + 제3성

> 예 你好 / 很好 안녕하세요 / 매우 좋다

• 제3성 + 제3성 + 제3성 - 두 개 이상 연결될 경우 의미에 따라 구분

> 예 我很好 → 제2성 + 제2성 + 제3성 / 반3성 + 제2성 + 제3성 나는 매우 잘 지낸다
>
> 我也很想 → 제2성 + 반3성 + 제2성 + 제3성 나 역시 매우 ~하고 싶다

(2) 不의 성조 변화

• 뒤에 제1, 2, 3성이 올 경우 → 본래의 제4성

> 예 不高 / 不停 / 不买 / 不管 크지 않다 / 멈추지 않다 / 사지 않다 / 관여하지 않다

• 뒤에 제4성이 올 경우 → 제2성으로 변화

> 예 不去 / 不看 / 不利 / 不要 가지 않다 / 보지 않다 / 불리하다 / 원하지 않다

• 중간에 올 경우 → 경성으로 변화

> 예 拿不住 / 好不好 / 了不起 꽉 잡을 수 없다 / 좋아요 안 좋아요 / 뛰어나다

• 기타 : 不… 不… : ~도 아니고 ~도 아니다 - 적당한 상태를 나타내는 표현
  - 성조의 변화에 주의

> 예 不快不慢 / 不高不矮 / 不大不小 / 不冷不热
>
> 빠르지도 느리지도 않다 / (키) 크지도 작지도 않다 / (크기) 크지도 작지도 않다 / 춥지도 덥지도 않다

(3) 一의 성조 변화

• 뒤에 제4성이 올 때 → 제2성으로 변화

예 一致 / 一样 / 一定 / 一块 일치 / 같다 / 반드시 / 한 덩어리

• 뒤에 제1, 2, 3성이 올 때 → 제4성으로 변화

예 一直 / 一起 / 一天 / 一点 줄곧 / 함께 / 하루 / 조금

• 단독으로 읽거나 서수기수를 읽을 때 → 성조 변화 없음

예 第一 / 一二三 / 一九七四 / 一月三号 제일 / 일이삼 / 천구백칠십사 / 일월삼일

　　 二十一 / 三十一 / 一楼 이십일 / 삼십일 / 일층

• 중간에 위치할 때 → 경성으로 변화

예 尝一尝 / 看一看 / 等一会儿 맛좀 보다 / 좀 보다 / 좀 기다리다

(4) 경성 - 짧고 가볍게 / 음절 뒤 혹은 중간에 출현

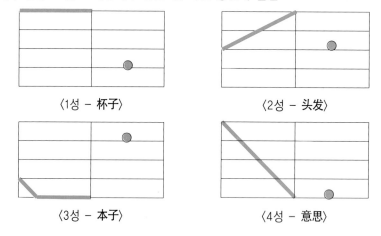

〈1성 - 杯子〉　　〈2성 - 头发〉

〈3성 - 本子〉　　〈4성 - 意思〉

✔ 그 밖에 경성으로 처리하는 것

어기사(吗, 吧, 呢, 啊)

구조조사 (得, 地, 的)

동태조사(了, 着, 过)

접미사(명사나 대사 뒤)(们, 子, 头, 么)

동사 중첩의 두 번째 혹은 가운데 놓이는 (一, 不)

동사 뒤 방향보어(出来, 过来)

동사 뒤의 결과보어(上, 往, 开)

명사 뒤 방위사(上, 下, 里, 外)

말하기시 성조의 변화에 주의하기

말하기 연습을 할 때 성조의 변화를 정확히 숙지하여야 합니다. OPIc 문제뿐만 아니라 평소 중국어를 연습할 때도 좀 더 정확한 표현으로 말할 수 있도록 연습하세요!

2 주의해야 할 기초 어법

(1) 사역문(使动句) : 겸어문(兼语句)의 형태를 띤다.

~에게(을) ~하도록 시키다(하다, 청하다)

명령자 + 叫 + 행위자 + 술어(행위, 동작, 심리)
　　　　 让
　　　　 请

※ 겸어문(兼语句)이란 두 개의 문장 성분을 갖고 있는 것으로 목적어와 주어의 역할을 겸하고 있는 것입니다.

　　　　 叫
老师　 让　 他 进去。 선생님이 그로 하여금 들어가게 했다.
　　　　 请

위의 문장에서 叫, 让, 请은 모두 '시키다'라는 사역의 의미를 갖고 있고, 이 문장들은 老师叫(让, 请)他와 他进去 두 개의 문장으로 나눌 수 있습니다. 여기서 他는 앞문장의 목적어이면서 동시에 뒷문장의 주어입니다.

예 公司叫我来中国工作。 회사가 나에게 중국에 와서 일하라고 했다.
医生让我好好休息。 의사가 푹 쉬라고 했다.
我请老师在美国给我买一本英语书。 나는 선생님께 미국에서 영어책 한 권을 사다달라고 했다.
(청하여 ~하다)

※ 이밖에도 사역의 의미를 나타내는 것으로는 使(비동작, 정적인 것), 派(파견하다), 求(부탁하다), 令(심리 상태) 등이 있습니다.

(2) 피동문(被动句) : 일반적으로 불유쾌한 일들, 순조롭지 못한 일들에 쓰임

~에 의해 ~되다

주어(객체) + 被 + 행위자(주체) + 동사 + 기타 성분

1) 被

[예] 钱包被人偷走了。 지갑을 좀도둑에게 도둑맞았다.

那本书被他发现了。 그 책이 그에게 발견되었다.

我被小张打了。 나는 소장이에게 맞았다.

2) 叫, 让

[예] 窗户叫风刮开了。 창문이 바람에 열렸다.

那本书让他捡去了。 그 사전을 그가 주워 갔다.

[주의사항]

❶ 행위 주체자가 일반적인 사람들일 경우 人을 쓰거나, 생략하고 동사를 직접 연결할 수 있음

[예] 我被小张打了。(O) 나는 소장이에게 맞았다.

我被人打了。(O) 나는 누군가에게 맞았다.

我被打了。(O) 나는 맞았다

❷ 부정부사나 조동사, 시간사는 被 앞에 위치

[예] 我的钱包被小偷偷走了。 나의 지갑을 좀도둑에게 도둑맞았다.

→ 我的钱包没被小偷偷走。 나의 지갑을 좀도둑에게 도둑맞지 않았다.

那本书已经被智敏借走了。 그 책은 이미 지민(인명)이가 빌려갔다.

❸ 동사 뒤에는 반드시 기타 성분이 있어야 함

단음절 동사는 올 수 없으며 결과를 나타내는 다른 성분이 있어야 함

[예] 我的自行车被人拿。(X)

我的自行车被人拿了。(O)

我的自行车被人拿走了。(O)

✔ 叫 / 让의 여러 가지 의미

1) 叫

招呼 : 外边有人叫你。 부름 : 밖에서 누가 너를 부른다.

称谓 : 我叫美英。 호칭 : 저는 미영이라고 합니다.

使令：叫他进来。 사역：그에게 들어오라고 하세요.

被：窗户叫风刮开了。 피동：바람에 창문이 열렸다.

2) 让

退让：她年纪小，你让着点儿。 양보：그녀는 나이가 어리니 당신이 좀 양보하세요.

转让：这张票让给你吧。 양도：이 표를 당신에게 드리지요.

使令：让您久等了。真抱歉。 사역：오래 기다리셨습니다. 정말 죄송합니다.

被：那本词典让他捡去了。 피동：그 사전을 그가 주워 갔다.

(3) 把자문 (把字句) : 처치(처리)문으로 술어의 처치(처리)를 강조하는 문형

주어 + 把 + 목적어 + 서술어 동사 + 기타 성분

예 他把我的面包吃了。 그가 나의 빵을 먹었다.

주의사항

❶ 뒤의 사물(목적어)은 반드시 특정한 것이어야 함

예 他把一个面包吃了。(×) 그가 하나의 빵을 먹었다.

→ 他把我的面包吃了。(O) 그가 나의 빵을 먹었다.

你把一本书拿来。(×) (당신) 한 권의 책을 가져오세요.

→ 你把那本书拿来。(O) (당신) 그 책을 가져오세요.

❷ 동사 뒤에는 반드시 기타 성분이 있어야 함

예 我把那本书懂了。(×) 나는 그 책을 이해했다.

→ 我把那本书看懂了。(O) 나는 그 책을 (보고) 이해했다.

▸ 了 / 着가 올 수 있음

예 他把我的面包吃了。 그가 나의 빵을 먹었다.

你把它拿着。 (당신) 그것을 들고 있어요.

▸ 결과 보어나 방향보어가 올 수 있음

예 我把面包吃完了。 나는 빵을 다 먹었다.

你把那本书拿来。 (당신) 그 책을 가져오세요.

▸ 정도보어가 올 수 있음

예 他把衣服洗得干干净净。 그는 빨래를 깨끗하게 빨았다.

▸ 一下가 올 수 있음

예 我们把这个问题商量一下。 우리 이 문제를 상의 좀 합시다.

정확성 **63**

▸ 중첩형이 올 수 있음

예 我们把这件事商量商量。 우리 이 일을 상의 좀 합시다.

❸ 동작의 의미가 없는 동사는 사용 불가

예 把他认识了。(×) 그를 알았다.

❹ 가능보어는 사용 불가

예 他把这本书看得懂看不懂? (×) 그는 이 책을 이해할 수 있나요? 없나요?
→ 他把这本书看懂了。 (O) 그는 이 책을 (보고) 이해했다.
他没把这本书看懂。 (O) 그는 이 책을 (보고)이해하지 못했다.

• 부정부사, 조동사, 시간사는 把 앞에
→ 我已经把那个面包吃完了。 나는 이미 그 빵을 먹었다.

(4) 了

1) 동작의 완성이나 실현을 나타내는 완료태

2) 상황이나 정황의 변화 발생(문장 끝에 사용) / 문장의 완성과 어기

예 我买了三张票。 (동작의 완성) 나는 세 장의 표를 샀다.
小张今年二十八岁了。 (변화) 소장이는 올해 28살이 되었다.
我去图书馆看书了。 (문장의 완성과 어기) 나는 도서관에 책을 보러 갔었다.

긍정형 : 我吃饭了。 나는 밥을 먹었다.
我吃了一碗饭。 나는 한 그릇의 밥을 먹었다.
부정형 : 我没吃饭。 나는 밥을 먹지 않았다.
의문형 : 你吃饭了吗? / 你吃饭了没有?
당신을 밥을 먹었습니까? / 먹지 않았습니까?

주의사항

❶ 동작의 완성을 나타낼 때는 반드시 동사 뒤에 씀

예 他下了课就回家。 그는 수업이 끝나자마자 집에 갔다.

❷ 연동문은 두 번째 동사 뒤에, 동사의 중첩형과 동목 구조는 단어 사이에 씀

> 예 我去商店买了两瓶可乐。 나는 상점에 콜라 두 병을 사러 갔다.
>
> 他想了想还是决定不去那儿。 그는 생각을 해보고 그곳에 가지 않기로 결정했다.
>
> 他毕了业就去上海。 그는 졸업을 하자마자 상해로 갔다.

❸ 반복을 나타내거나 지속을 나타내는 술어 뒤에는 쓰지 않음

经常, 常常, 总是, 打算, 感觉 등

> 예 我们常常用电子邮件联系了。 (×) 우리는 자주 이메일로 연락한다.

❹ 목적어로 동사와 동사구가 올 경우 쓰지 않음

> 예 我决定了去上海。 (×) 나는 상해에 가기로 결정했다.
>
> 我们真不知道了应该怎么谢谢你。 (×) 우리가 마땅히 어찌 감사해야 할지 모르겠네요.

❺ 술어 앞에 정도 부사가 있으면 쓸 수 없음

> 예 听了老师的话我就很高兴了。 (×) 선생님의 말씀을 듣고 나는 매우 기뻤다.

❻ 부정문인데도 了가 오는 경우

▸ 일정 기간을 나타내는 단어가 앞에 있다면 了를 문장 끝에 붙일 수 있음

> 예 好久没见了。 오랜만입니다. 三天没下雨了。 3일 동안 비가 내리지 않았다.

▸ '~하지 않기로 하였다 / ~하지 않게 되었다'라는 뜻으로 不 ~ 了의 형태를 쓸 수 있음

→ 새로운 상황의 출현이나 염원, 소속, 성질 등의 변화를 부정할 때

> 예 身体有点儿不舒服，不想去看电影了。 몸이 좀 좋지 않아서 영화 보러 가고 싶지 않아요.

(5) 조동사(能愿动词 or 助动词) : 소망, 의욕, 능력, 허가, 개연성 당위 등을 나타내며 동사 앞에 위치합니다.

✔ 주의할 조동사 비교

1) 会와 能

• 능력의 차이

会 – ~할 수 있다, 할 줄 알다(학습, 경험, 연습을 통해 할 수 있는 경우)

> 예 我会说汉语。 나는 중국어를 말할 수 있다(할 줄 안다).

能 – ~할 수 있다(구체적인 능력, 구비된 능력이 효과를 얻거나 표준이 되었을 때)

> 예 我一个小时能打一万字。 나는 한 시간에 일만자를 칠 수 있다.

- 가능성의 차이 : ~할(일) 것이다(어떤 일에 대한 추측)

  会 – 문미에 '的'가 자주 옴

  예 他会来的。 그는 올 것이다.

  能 – 객관적 조건을 바탕으로 하는 추측

  예 他能来。 그는 올 것이다.

- 능력의 회복 : 능력의 회복을 나타낼 경우 能만 사용할 수 있음

  예 我的牙不疼了, 会吃饭了。 (×) 나의 이가 아프지 않아서, 밥을 먹을 수 있다.

  → 我的牙不疼了, 能吃饭了。 (O)

2) 能과 可以 : 허가와 가능의 의미

- 긍정과 의문형에는 호환할 수 있음

  예 我能(可以)抽烟吗? 제가 담배를 피워도 되나요?

- 가능에서의 부정 형태 – 不能, 不行을 많이 사용

  예 你不能抽烟。 당신은 담배를 필 수 없습니다.

✔ 정리하기!

1) 会

- ~할 수 있다(기술, 능력) 예 我会说汉语。 나는 중국어를 말할 수 있다(할 줄 안다).
- ~일 것이다(추측) 예 他会在办公室(的)。 그는 사무실에 있을 것이다.

2) 能

- ~할 수 있다(구체적 능력) 예 我一个小时能打一万字。 나는 한 시간에 일만자를 칠 수 있다.
- ~해도 좋다(가능, 허가) 예 你能在这儿喝酒。 당신은 여기서 술을 마셔도 좋다(된다).
- ~일 것이다(추측) 예 他今天有事, 不能来吧。 그는 오늘 일이 있어 올 수 없을 것이다.

3) 可以

- ~해도 좋다(허가) 예 这儿可以抽烟。 여기서 담배 피워도 된다.
- ~할 수 있다(가능) 예 明天你可以再来。 당신은 내일 다시 올 수 있다.

(6) 기타 자주 쓰이는 조동사

1) 要

- ~해야 한다

  예 你要吃这种药。 당신은 이런 종류의 약을 먹어야 한다.

- ~하고 싶다

    예 我要去看电影。 나는 영화를 보러 가고 싶다.

- ~할 것이다

    예 他在上课, 要一个小时以后才下课呢。

    그는 수업을 하고 있어 한 시간 이후에야 수업이 끝날 것이다.

2) 想

- ~하고 싶다(염원, 희망)

    예 我想去中国工作。 나는 중국에 가서 일하고 싶다.

3) 得

- ~해야 한다(사실, 이치상 의무적 필요)

    예 身体不舒服得去医院。 몸이 안 좋으면 병원에 가야 한다.

4) 应该

- ~해야 한다(응당, 도리상)

    예 别客气! 这是我们应该做的。 별말씀을요! 이것은 우리가 마땅히 해야 하는 것입니다.

(7) 的, 地, 得

1) 한정어(定语) + 的 + 명사(名词)

예 这是他的书。 이것은 그의 책이다.

　　那个个子高的人是我的老师。 키가 매우 큰 그 사람은 나의 선생님이다.

2) 부사어 (状语) + 地 + 동사(动词)

예 他慢慢儿地说… : 그가 아주 천천히 말하기를~

　　大家高高兴兴地玩儿了一天。 모두가 아주 즐겁게 하루를 놀았다.

3) 동사(动词)/형용사(形容词) + 得 + 보어(补语)

예 他跑得很快。 그는 매우 빨리 뛴다.

　　他说汉语说得很流利。 그는 중국어를 매우 유창하게 말한다.

비결 ▶ | 혼동하기 쉬운 어법 비교 정리하기!

실제로 말할 때 혼동하기 쉬운 어법은 한번 학습한 내용이라도 반드시 다시 정리하고 반복해서 학습하세요.

step 3 적용 학습

오늘 배운 전략을 문제에 적용해보는 시간입니다.

请讲一讲一次难忘的出差经历。

질문 잊기 어려운 출장 경험을 말해주세요.

브레인스토밍

주제와 관련된 단어들을 연상하여 구조에 맞게 나열한 후 짜임새 있는 문장을 만들어보세요.

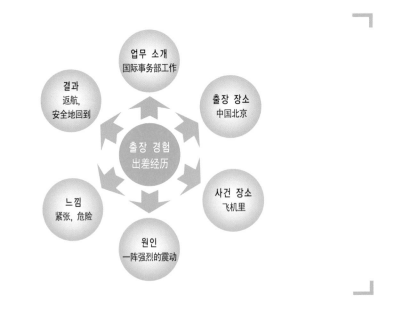

문제 유형 분석

- **주제 범위:** 직장 관련
- **주제:** 출장 경험
- **과제 설명:** 잊기 어려운 출장 경험 설명

적용 1 구도 만들기

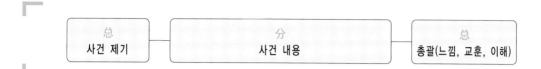

| 总 사건 제기 | 分 사건 내용 | 总 총괄(느낌, 교훈, 이해) |

❶ **总** 사건 제기

 • 사건 언급 혹은 제시
  – 무역 회사 해외 사업팀 근무
  – 잊을 수 없는 북경 출장

❷ **分** 상황 설명

 • 사건의 내용을 구체적으로 설명
  – 기내에서의 위험했던 회항 경험
  – 이륙 후 40분이 지나 강렬한 진동 느낌
  – 기상 악화로 인한 회항
  – 매우 긴장함

❸ **总** 총괄

 • 사건을 통한 느낌, 교훈, 이해 등으로 마무리
  – 안전하게 서울로 돌아옴
  – 출장 갈 때마다 회항 경험이 떠오름

总 ▸ 우리 회사는 대외 무역 업무를 합니다. 나는 해외 사업팀에서 일을 해서 자주 출장을 갑니다.

我们公司经营对外贸易，我在国际事务部工作，会经常出差。

▸ 가장 잊기 어려운 것은 중국 북경 출장입니다.

最难忘的是去中国北京出差。

分 ▸ 이륙할 때는 매우 순조로웠는데 40분 정도 지나자 갑자기 강렬한 진동이 일었습니다.

起飞时非常顺利，可是大概过了40分钟，忽然起了一阵强烈的震动。

▸ 기장은 우리에게 기상 악화로 반드시 곧 회항하게 되었다고 통지했습니다.

机长通知我们坏天气导致我们必须马上返航。

▸ 우리는 모두 긴장했고 게다가 이번 여행이 매우 위험함을 느꼈습니다.

我们都很紧张，而且都觉得这次旅行很危险。

总 ▸ 결국 안전하게 서울도 돌아오자 우리는 모두 매우 기뻤습니다.

最后我们安全地回到首尔，我们都很高兴。

▸ 그 이후로 나는 출장 갈 때마다 잊기 어려운 그때의 경험을 떠올립니다.

从此以后每次出差，我都会想起那次难忘的经历！

적용 3 내용 더하기

답안 我们公司经营对外贸易，我在国际事务部工作，会经常出差，最难忘的是那次去中国北京出差。

那天早上我在准备行李，朋友已经在楼下等我了。他送我去机场，路上很高兴，他让我给他带些中国的茶叶。到机场，过了一会儿就安检了。因为去北京马上就要工作，所以我打算在飞机上准备一些报告。起飞时非常顺利，可是大概过了40分钟，忽然起了一阵强烈的震动，机长通知我们坏天气导致我们必须马上返航。我们都很紧张，而且都觉得这次旅行很危险，但是空姐们一直微笑地告诉我们机长很有经验，会处理好的，让我们放心。我都忘记了这次去北京的重要目的，只想着安全下飞机，所有人都很着急。

最后我们安全地回到首尔那一刻，我们都很高兴。下飞机以后我不敢给父母打电话，不想让他们着急。然后我给朋友打了电话，让他来接我。我一直在想空姐的微笑，其实她们当时也很紧张害怕吧？但是却很平静，我应该向她们学习。

从此以后每次出差，我都会想起那次难忘的经历！

우리 회사는 대외 무역을 합니다. 나는 해외 사업팀에서 일을 해서 자주 출장을 갑니다. 가장 잊기 어려운 일은 지난 번 중국 출장입니다.

그날 아침 나는 짐을 챙기고 있었는데 친구가 이미 아래층에서 나를 기다리고 있었습니다. 그가 나를 공항으로 데려다 주어서 가는 길이 매우 즐거웠습니다. 그는 나에게 중국차를 가져오라고 했습니다. 공항에 도착한 후 조금 있다가 바로 안전검사(보안검사)를 했습니다.

나는 북경에 도착하자마자 일을 해야 해서 비행기 안에서 보고서들을 준비할 계획이었습니다. 이륙할 때는 매우 순조로웠으나 대략 40분쯤 지나서 갑자기 강력한 진동이 울렸고 기장은 우리에게 날씨가 좋지 않아 회항해야 한다고 알려주었습니다. 우리는 모두 긴장했고 이번 여행이 매우 위험하다고 생각했습니다. 그러나 스튜어디스는 웃으며 우리에게 기장님은 경험이 많으셔서 잘 처리할 것이라며 우리를 안심시켰습니다. 나는 북경에 가는 중요한 목적도 잊은 채 안전하게 착륙하기만을 바랐습니다. 모든 사람들이 조급해 하였습니다. 결국, 우리는 안전하게 서울에 도착했고 모두가 기뻐했습니다. 착륙한 후 나는 부모님이 걱정하실까 봐 전화하지 못하고, 친구에게 전화를 해 나를 마중오라 했습니다. 나는 계속 스튜어디스의 미소를 생각했습니다. 사실 그들도 매우 무서웠겠지요? 그러나 오히려 매우 차분했던 것은 내가 그들에게 마땅히 배워야 합니다. 그때 이후로 매번 출장을 갈 때마다 나는 그때의 잊기 어려운 경험을 떠올리곤 합니다.

해설 출장 경험 관련 문장입니다. 본론에서 사건을 생동감 있게 묘사하는 것이 중요합니다. 서론에서는 사건을 제기하고 본론에 경험을 구체적으로 생동감 있게 묘사한 후 결론 부분에 사건을 통한 느낌 등을 이야기하거나 내용을 총괄해주면 됩니다. 또한, 정확한 어휘와 어법 사용에 유의하세요!

经营 jīngyíng	경영하다 ➡ 我们公司经营制造业。우리 회사는 제조업을 합니다.
对外贸易 duìwàimàiyì	대외 무역
国际事务部 guójìshìwùbù	해외 사업팀
强烈 qiángliè	강렬하다
震动 zhèndòng	진동하다, 흔들리다
通知 tōngzhī	통지하다, 알리다
导致 dǎozhì	야기하다, 초래하다
返航 fǎnháng	(배, 비행기) 귀항하다
空姐 kōngjiě	스튜어디스 ➡ 空中小姐의 줄임말
害怕 hàipà	두려워하다
平静 píngjìng	평온하다, 차분하다

tip!tip! 忽然 & 突然

1) 忽然 부사 - 갑자기, 돌연, 문득

   예 忽然下起了大雪来了。 갑자기 많은 눈이 내렸다.

2) 突然 형용사 - 갑작스럽다, 의외이다

   예 事情太突然。 일이 너무 갑작스럽다.

   突然得很。 매우 갑작스럽다.

3) 忽然 - 부사로만 사용할 수 있고(突然과 호환 가능) 주어 앞에 쓰이는 경우는 드묾

   突然 - 부사적 용법 이외에 술어와 보어, 한정어로 사용할 수 있으며 주어 앞에 쓰일 수 있음

   예 忽然晴了=突然晴了。 돌연 날씨가 맑아졌다. - 부사어

   事情的发生太突然。 일이 발생이 너무 갑작스럽다. - 술어

   他的病来得有点儿突然。 그의 병은 조금 갑작스럽다. - 보어

   突然的情况。 갑작스러운 상황 - 한정어

   突然，人们唱起歌来了。 갑자기 사람들이 노래를 부르기 시작했다. - 주어 앞

   *위의 술어, 보어, 한정어로 쓰일 경우 忽然와 호환할 수 없음

❖ 중요 표현

   1. 他让我给他带些中国的茶叶。

   2. 我应该向她们学习。

   3. 我都会想起那次难忘的经历！

Go!Go! 고득점 비법

1. 묘사할 때 정확한 어휘를 선택하라

   · 심리나 감정 등을 묘사할 때 느낌을 정확하게 전달할 수 있는 어휘 선택이 중요합니다.

   · 같은 어휘가 계속 반복되지 않도록 주의하세요.

2. 내용을 구성할 때 정확한 어법을 사용하라

   · 중국어의 특징적인 어법의 사용(사역문, 피동문, 처리문 등)에 유의하세요.

   · 전달하고자 하는 내용을 잘 파악한 후 정확한 어법을 사용해 표현하세요.

아래 OPIc 질문에 알맞은 답안을 구성해보는 시간입니다.
오늘 배운 전략을 다시 한 번 생각해보고 순서에 맞게 적용해보세요.

调查中表明你是公司职员。你做什么工作？请说说你一天的公司生活。
조사에서 당신은 회사 직원이라 했습니다. 당신은 무슨 일을 하나요? 당시의 하루 회사 생활을 말해주세요.

브레인스토밍

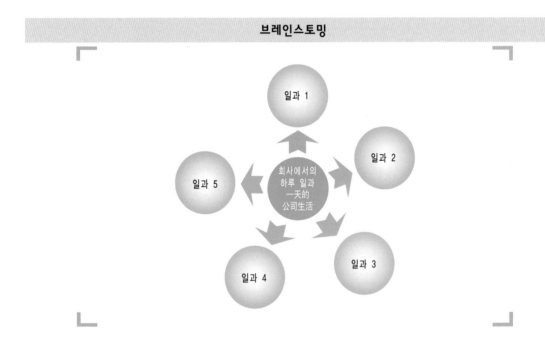

답변하기

자가 진단 테스트

- 주어진 과제를 기억했습니까? ☐ ☐
- 주제의 핵심을 파악했습니까? ☐ ☐
- 주제에 맞게 구성했습니까? ☐ ☐
- 정확한 어휘와 어법을 사용했습니까? ☐ ☐
- 구성에 맞는 풍부한 내용으로 답변했습니까? ☐ ☐

예시 平时我每天早上8点钟就要去上班。因为家离得比较远，所以我每天早早儿地出门。

到公司后如果还有时间我就去食堂吃点儿早饭。公司的职员食堂非常干净而且味道也很不错。吃完早饭我就回去我的办公室跟同事们一边聊天儿一边喝咖啡。到9点，我们就开始一天的工作了。我是一个电子公司购买部的职员所以几乎每天都要跟客户打交道。一般早上跟上司汇报一天的计划。然后11点钟出去跟客户见面。一边吃午饭一边儿谈业务。下午一点钟再回办公室，写一些报告，开会等等。晚上6点，终于到下班的时间了。可我还不能下班。因为我们的部长还没走，我怎么能先走呢？到7点钟，职员们一个个都下班，这时我才能放下我的工作回家。

虽然我一天的工作紧张得很。可我还是享受工作给我带来的成就感，还有同事们一起努力的团队精神。

나는 평소 매일 아침 8시에 출근을 합니다. 집이 비교적 멀기 때문에 매일 일찍 집에서 나옵니다.

회사에 도착해서 시간이 되면 식당에 가서 아침을 먹습니다. 회사 식당은 매우 깨끗하고 맛도 좋습니다. 아침을 먹고 사무실로 돌아와 동료들과 얘기를 하면서 커피를 마십니다.

9시가 되면 하루의 업무를 시작합니다. 나는 한 전자 회사의 구매팀 직원입니다. 그래서 거의 매일 고객과 왕래합니다. 보통 아침에는 상사에게 하루 계획을 보고하고 11시쯤 고객과 만나 식사를 하면서 업무 이야기를 합니다. 오후 1시쯤 사무실로 돌아와 보고서를 쓰거나 회의 등을 합니다. 저녁 6시, 드디어 퇴근 시간이 되었습니다. 그러나 나는 퇴근하지 못합니다. 왜냐하면 부장님이 아직 퇴근 전인데 어떻게 갈 수 있겠어요? 7시 정도에 직원들이 하나 둘 모두 퇴근하면 이때야 겨우 일을 놓고 집에 돌아갑니다.

비록 하루 업무가 바쁘지만 나는 업무가 가져다주는 성취감과 동료들과 함께 노력하는 팀워크를 즐깁니다.

해설 하루 일과에 대해 설명하는 내용입니다. 시간의 흐름에 따라 짜임새 있게 설명해야 합니다.

오늘 배운 내용을 문제를 통해 확인해보는 시간입니다.

01 다음 문장을 바르게 고치세요.

(1) 外边叫你有人。

모범답안 ┃ 外边有人叫你。 밖에서 누가 너를 부른다. / 有人은 '누군가'의 의미로 불특정한 사람을 가리키는 말입니다.

(2) 这张票让你给吧。

모범답안 ┃ 这张票让给你吧。 이 표를 너에게 양보(양도)할게. / 여기서는 '양보하다'라는 의미의 동사입니다.

(3) 让您等了久。真抱歉。

모범답안 ┃ 让您久等了。真抱歉。 오래 기다리게 해서 정말 미안합니다. / '오래 기다리다'는 久等입니다.

(4) 我们把商量这件事一下。

모범답안 ┃ 我们把这件事商量一下。 우리 이 일을 상의 좀 합시다. / 把 뒤에는 '~을, 를'에 해당하는 목적어가 옵니다.

(5) 他在上课，两个小时以后就下课呢。

모범답안 ┃ 他在上课，两个小时以后才下课呢。
그는 수업중입니다. 두 시간 후에야 수업이 끝납니다. / '~에서야 겨우'의 의미는 才를 사용합니다.

02 다음을 순서에 맞게 배열하세요.

(1) 了　上海　他　去　毕业　就

_____

모범답안 ▎ 他毕业了就去上海　그는 졸업하자마자 상해로 갑니다.

(2) 你　告诉　件　把　这　别　她　事

_____

모범답안 ▎ 你别把这件事告诉她　당신은 이 일을 그녀에게 알리지 마세요.

(3) 让　医生　好　好　我　休息

_____

모범답안 ▎ 医生让我好好休息　의사가 나에게 푹 쉬라고 했다.

(4) 我　打　能　一分钟　一万　字

_____

모범답안 ▎ 我一分钟能打一万字　나는 일 분에 일만 자를 칠 수 있다.

(5) 他　非常　菜　做　得　做　好吃

_____

모범답안 ▎ 他做菜做得非常好吃　그는 요리를 굉장히 맛있게 한다.

다음 문장의 빈칸에 알맞은 것을 골라서 넣으세요.

的	得	地

(1) 那个很好看 _____ 人是我们的汉语老师。

모범답안 ▮ 的   그 예쁜 사람은 우리들의 중국어 선생님이다. / 的는 뒤의 명사를 수식합니다.

(2) 东健认真 _____ 学汉语。

모범답안 ▮ 地   동건이는 열심히 중국어를 공부한다. / 地는 형용사의 부사적 용법으로 쓰일 때 동사 앞에 사용합니다.

(3) 他跑 _____ 很快。

모범답안 ▮ 得   그는 매우 빨리 뛴다. / 得는 정도보어 형식에 쓰이는 조사로 동사 뒤에 사용합니다.

(4) 他好好儿 _____ 学英语。

모범답안 ▮ 地   그는 열심히 영어를 공부한다. / 地는 형용사의 부사적 용법으로 쓰일 때 동사 앞에 사용합니다.

(5) 他洗衣服洗 _____ 很干净。

모범답안 ▮ 得   그는 빨래를 매우 깨끗하게 세탁한다. / 得는 정도보어 형식에 쓰이는 조사로 동사 뒤에 사용합니다.

step 6 학습 요약

아래 요약된 내용을 다시 한 번 숙지하세요.

1 어법에 유의하여 표현의 정확성 높이기

· OPIc 답변의 정확성을 높이기 위해서는 어법에 주의해야 합니다. 시험에서 답변할 때뿐만 아니라 중국어를 말할 때 주요 어법을 잘 숙지하고 정확한 표현을 구사할 수 있도록 하세요.

2 문장의 어순과 어휘 선택에 유의하기

· 답변의 정확한 표현력을 높이기 위해서는 문장의 어순과 어휘 선택에 신중해야 합니다.

OPIc 중국어에 대한 궁금증을 시원하게 풀어드립니다.

OPIc 시험에서의 답변 시간은 정해져 있나요? 얼마나 해야 하나요?

각 질문에 대한 제한 시간은 없지만 전체 주어진 문항 수를 40분 이내에 답해야 합니다. 답변은 보통 1~2분이 적절합니다. 질문 청취를 제외한 총 발화 시간은 35분 가량으로 편안한 마음으로 응시할 수 있습니다. 한 문제당 제한 시간은 없지만 일정 시간이 지나면 "Time for a new question"이라는 표시가 나옵니다. 이는 권장 응답 시간을 표시하는 것으로 답변을 마무리 하시고 다음 문항으로 넘어 가시면 됩니다.

Lesson

4

구성 형태

주제 ▮ 휴가 방식 / 약속 취소

오늘의 학습 목표입니다. 학습을 시작하기 전에 목표를 숙지하세요.

'구성 형태'에서는
주어진 문제의 주제와 내용에
따른 정확한 '문장 구성 능력'을
평가합니다.

오늘의 목표 ●●●

01 문제에 주어진 상황에 맞는 적절한 구성 형태 파악하기

02 자연스럽고 깔끔한 문장을 만드는 능력 키우기

step 2 전략 설정

> 오늘의 학습 목표에 따른 전략입니다.

개 요 ○◐●

OPIc 중국어 문제에 자주 출제되는 문제(소개, 설명)의 구성 형태를 파악하는 것이 중요합니다.
또한, 답변할 때 자연스럽고 깔끔한 문장 흐름을 유지해야 합니다.

구 성 형 태 ○◐●

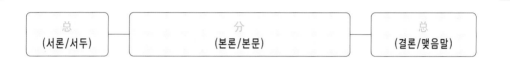

| 总
(서론/서두) | 分
(본론/본문) | 总
(결론/맺음말) |

总 중심 생각 표현 혹은 사건 제기
말하고자 하는 내용을 선택한 이유와 일반적인 상황 등을 직·간접적으로 설명

分 주제와 관련된 일이나 내용을 생동감 있고 구체적으로 표현
본론은 가장 중점이 되는 부분
본론에서 자세하고 구체적으로 대상 표현

总 내용을 총괄하여 다시 한 번 중심 생각을 나타내고, 그 외 인상, 영향, 감정, 깨달음 등을 언급
앞의 내용을 총괄하고 내용을 말한 목적이나 대상(사람, 일)에 대한 자신의 감정(희망, 기대,
칭찬 등)을 표현해 안정된 인상을 남기도록 함

주의사항

❶ 사물의 특징을 파악하고 구체적으로 설명할 것
  • 취미, 좋아하는 운동, 애완동물, 음식 등
  • 사물의 고유한 특징을 말해야 하고, 이에 대한 인상이나 느낌 등을 표현

❷ 객관적인 입장을 취할 것
  • 구체적인 상황을 객관적인 사실에 입각해 분석하고 건전한 내용을 소개

❸ 가볍고 자연스러운 어투를 사용할 것

- 대화 나누듯 가볍고 생동감 있는 어투 사용

❹ 순서에 주의할 것

1) 시간적 순서

- 학습이나 경험의 과정 – 시간의 순서에 따라 일목요연하게 서술
- 여행이나 학습의 경험 – 관련 사건이나 주요 상황을 차례대로 설명

2) 공간적 순서(학교, 여행지 등) – 공간이나 장소의 특징을 몇 부분으로 나누어 소개

❺ 정확한 어휘와 어법을 사용할 것

- 소개하거나 설명할 때는 적합한 어휘 사용이 중요
- 구어체 어휘를 선택
- 정확한 어법을 사용

✔ **소개, 서술형에 자주 쓰이는 형식**

- 我来介绍一下… 제가 소개 좀 하겠습니다
- 我遇到过这么一件事 나는 이런 일을 만나게(겪게) 되었습니다
- 以前… 现在… 이전에는~ 현재는~
- 刚开始的时候… 后来… 막 시작했을 때~ 후에~
- 先…然后… 먼저~ 그 다음에~
- …的时候 ~일 때
- 当…的时候 당시 ~일 때
- 那时候… 그때 ~
- 当时… 당시 ~
- 有一次… 한번은 ~
- 其中… 그 중에서 ~
- 其中给我印象最深刻的是… 그 중 나에게 가장 깊은 인상을 주었던 것은~
- 其中最让我苦恼的就是… 그 중 나를 가장 힘들게 했던 것은~
- 在我经历的许多事情中, 有一件事使我终身难忘。
  내가 경험했던 많은 일들 중에서 한 가지를 나는 평생 잊지 못합니다
- 最难忘的是… 가장 잊기 어려운 것은~

'머리 – 몸통 – 꼬리' 기억하기!

답변의 완성도를 높이려면 세 부분 즉, '머리 – 몸통 – 꼬리'로 구성한다는 것을 기억하세요!
주제를 언급하고 → 자세히 이야기하고 → 정리해주는 순서를 지켜 말하는 것이 포인트입니다.
중국어에서의 '머리 – 몸통 – 꼬리'는 바로 '总 – 分 – 总'입니다.

오늘 배운 전략을 문제에 적용해보는 시간입니다.

请介绍一下你们国家的度假方式。

질문 당신 국가의 휴가 방식을 소개해주세요.

브레인스토밍

주제와 관련된 단어들을 연상하여 구조에 맞게 나열한 후 짜임새 있는 문장을 만들어보세요.

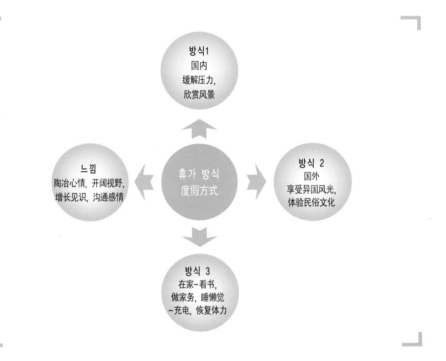

문제 유형 분석

- **주제 범위:** 관심사 관련
- **주제:** 휴가 여행
- **과제:** 휴가 방식 설명, 우리나라 사람들이 즐기는 여러 가지 휴가 방식 설명하기

✔ Tip 주어진 과제를 파악했다면 문장을 어떤 형태로 구성할지를 생각하세요.

적용 1 구도 만들기

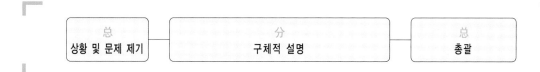

总	分	总
상황 및 문제 제기	구체적 설명	총괄

❶ 总 상황 및
문제 제기

- 소개하고자 하는 상황 및 문제 제기
  − 한국의 휴가 방식

❷ 分 구체적 설명

- 구체적 방법 설명
  − 국내 여행, 해외 여행, 집에서의 휴식

❸ 总 총괄

- 중심 생각이나 주제를 명확히 표현함
  − 휴가 방식을 통한 효과(개인 감정을 다스림, 커뮤니케이션, 시야의 확대)
  − 휴가는 없어서는 안 되는 생활의 일부임

总 ▸ 사회가 발전하고 생활 수준이 향상됨에 따라 사람들은 높은 수준의 정신 생활을 더욱 중시하게 되었습니다.
随着社会的发展，生活水平的提高，人们更注重高品质的精神生活。

▸ 한국에서 사람들의 휴가 방식은 세 가지가 있습니다.
在韩国，人们的度假方式有三种。

分 ▸ 첫째 : 자가용의 빠른 증가에 따라 사람들은 주말만 되면 차를 몰고 놀러 갑니다.
第一：随着私家车的快速增加，人们一到周末就驾车去游玩。
이렇게 하면 업무 스트레스도 해소하고 아름다운 풍경도 감상할 수 있습니다.
这样不但可以缓解工作压力，而且还可以欣赏美丽的风景。

▸ 둘째 : 만약 휴가 기간이 길다면 사람들은 외국에 가서 휴가를 보냅니다.
第二：如果假期长的话，人们就去国外度假。
이렇게 하면 이국적인 정취를 즐길 수 있고 독특한 민속 문화도 체험할 수 있습니다.
这样不但可以享受异国特有的风光，还可以体验独特的民俗文化。

▸ 셋째 : 아무데도 안 가고 집에서 쉬는 겁니다.
第三：哪儿也不去就在家休息。
책 좀 보고, 집안일을 좀 하거나 늦잠 자고, 에너지를 보충해 체력을 회복하는 겁니다.
看看书，做做家务或睡懒觉，给自己充充电恢复体力。

总 ▸ 결론적으로, 한국에는 각양각색의 휴가 방식이 있습니다.
总之，韩国有各种各样的度假方式。

▸ 휴가는 사람들의 생활에 없어서는 안 되는 일부분입니다.
度假是现代人们生活中不可缺少的一部分。

적용 3 내용 더하기

답안 随着社会的发展、生活水平的提高, 人们更注重高品质的精神生活。

下面我来介绍一下韩国的度假方式。在韩国, 人们的度假方式有三种：

第一：随着私家车的快速增加,更多的人们一到周末就驾车到自己家附近的公园或山区或海滨的风景点游玩。这样不但可以缓解工作压力, 而且还可以欣赏美丽的风景。

第二：如果假期长的话, 人们就去国外度假。这几年"出国游"成为一种时尚, 很多人选择去国外度假。这样不但可以享受异国特有的风光, 还可以体验独特的民俗文化。

第三：哪儿也不去就在家休息。看看书, 做做家务或睡懒觉, 给自己充充电恢复体力。

总之, 韩国有各种各样的度假方式。不管是哪种度假方式, 都会陶冶自己的心情, 开阔视野, 增长见识, 沟通感情。度假是现代人们生活中不可缺少的一部分。

사회가 발전하고 생활수준이 제고됨에 따라 사람들은 정신적 생활을 더욱 중시하게 되었습니다.

한국의 휴가 방식을 소개하겠습니다. 한국에서 사람들의 휴가 방식은 세 가지가 있습니다.

첫째: 자가용의 빠른 증가로 더욱 많은 사람들이 주말만 되면 차를 몰고 집 근처의 공원이나 산 혹은 해변가 등의 관광지로 놀러 갑니다. 이러면 업무 스트레스를 해소할 수 있을 뿐만 아니라 아름다운 풍경도 감상할 수 있습니다.

둘째: 휴가 기간이 길다면 사람들은 해외로 휴가를 갑니다. 요 몇 년간 "해외여행"이 하나의 풍조가 되어 많은 사람들이 해외를 선택해 휴가를 갑니다.

이러면, 이국적인 풍경을 즐길 수 있고 독특한 문화도 체험할 수 있습니다.

셋째: 어디에도 가지 않고 집에서 쉬는 것입니다. 책을 보거나 집안일을 하거나 잠을 자면서 에너지를 보충하고 체력을 회복합니다.

결론적으로 한국에는 각양각색의 휴가 방식이 있습니다. 어떤 방식이든 자신의 감정을 다스리고 시야를 넓히며 지식을 증가시키고 감정을 교류할 수 있습니다. 휴가를 보내는 것은 현대인의 생활에서 없어서는 안 되는 한 부분입니다.

해설 휴가 방식에 대해 설명하는 문제입니다. 휴가를 즐기는 몇 가지 방식을 차례대로 설명하고 종류별로 구체적으로 설명해야 하며 마지막에 내용을 총괄하여 마무리해야 합니다.

随着 suízhe	~에 따라서 ➡ 명사목적어를 수반 ➡ 随着生活水平的提高 생활수준이 향상됨에 따라
随着 suízhe	~함에 따라
水平 shuǐpíng	수준 ➡ 文化水平 문화 수준, 生活水平 생활 수준, 汉语水平 중국어 수준
注重 zhùzhòng	중시하다
度假 dùjià	휴가를 보내다
私家车 sījiāchē	자가용 차
驾车 jiàchē	차를 운전하다
缓解 huǎnjiě	완화되다, 풀어지다 ➡ 缓解压力 스트레스를 풀다 = 解压
欣赏 xīnshǎng	감상하다
假期 jiàqī	휴가 기간
时尚 shíshàng	당시의 풍조, 유행
享受 xiǎnshòu	누리다, 즐기다 ➡ 享受生活 생활을 향유하다
体验 tǐyàn	체험(하다) ➡ 体验生活 직접 체험, 体验活动 체험 활동
开阔视野 kāikuòshìyě	시야를 넓히다
增长见识 zēngzhǎngjiànshì	견문을 넓히다
充电 chōngdiàn	충전하다
陶冶 táoyě	(인격, 품성) 연마(하다)

| 沟通
gōutōng | 통하다, 교류하다 |
| 不可缺少
bùkěquēshǎo | 반드시 있어야 한다 |

tip!tip!　不管(不论，无论)…，都 … : ~을 막론하고 ~하다

1) 어떤 상황에서도 결과에는 변함이 없음을 의미함
2) 不管 뒤에는 의문대사, 병렬, A还是B, 형용사의 정반 형태 등이 올 수 있음

> 예 不管我们谁有困难，他都热情帮助。(의문대사)
>
> 우리 중에 어떤 사람이 어려움에 처할지라도, 그는 열정적으로 도와줄 거예요.
>
> 不管春夏秋冬，那里的气候都很好。(병렬)
>
> 봄, 여름, 가을, 겨울을 막론하고, 거기 기후는 좋습니다.
>
> 不管是老人还是小学生，都有自己的手机。(A还是B)
>
> 노인이건 학생이건 모두 휴대폰이 있다.
>
> 日本货，不管好不好看，他都要买。(형용사 정반형)
>
> 일본 물건이면 예쁘건 예쁘지 않건 간에 그는 다 사려고 한다.

❖ 중요 표현

1. 随着社会的发展，生活水平的提高，人们更注重高品质的精神生活。
2. 如果假期长的话，人们就去国外度假。
3. 度假是现代人们生活中不可缺少的一部分。

Go!Go! 고득점 비법

1. 핵심 주제를 파악하라
- 핵심 주제를 잘 파악하여 논리적인 근거를 제시합니다.

2. 주제에 논리적으로 부합하는 문장으로 말하라
- 근거를 제시할 때는 주제에 맞춰 구체적인 근거를 제시해야 합니다.

3. 일관되고 풍부한 내용으로 구성하라
- 일관된 태도를 유지하고 풍부한 내용으로 구성하세요.

아래 OPIc 질문에 알맞은 답안을 구성해보는 시간입니다.
오늘 배운 전략을 다시 한 번 생각해보고 순서에 맞게 적용해보세요.

你有取消约定的经历吗?请说明取消约定的状况,什么时候,为什么,结果怎么样?请详细讲一讲。
약속을 취소해본 경험이 있습니까? 당신이 약속을 취소한 상황을 말해주세요.
언제, 왜 그랬고 결과는 어땠나요? 자세히 말해주세요.

브레인스토밍

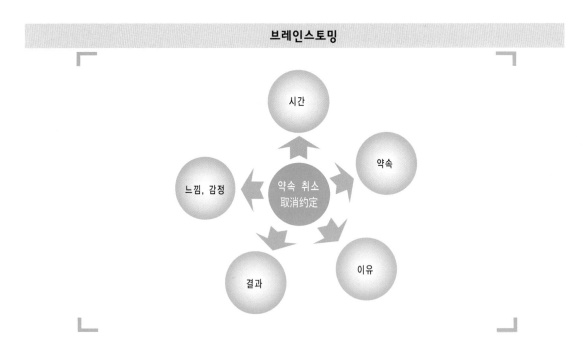

답변하기

1

자가 진단 테스트

- 주어진 과제를 기억했습니까? ☐ ☐
- 주제의 핵심을 파악했습니까? ☐ ☐
- 주제에 맞게 구성했습니까? ☐ ☐
- 정확한 어휘와 어법을 사용했습니까? ☐ ☐
- 구성에 맞는 풍부한 내용으로 답변했습니까? ☐ ☐

예시 生活就是这样，有时候会发生一些意外的事儿。在上大学二年级的时候，我和朋友一起住在学校的宿舍。

有一次因为她，　我取消了和男朋友的约会。本来我跟男朋友约好了星期五晚上一起去看电影。我准备出发的时候，忽然接到电话，别人说我的朋友在图书馆晕倒了，　我一听就非常担心，因为我知道她有先天性的心脏病。我马上给我的男朋友打电话叫他过来。然后疯狂地奔向图书馆，看见朋友苍白的脸我也不知道哪来的劲儿，背着她就向医务室跑，　一会儿男朋友也来了。过了一个小时以后，她终于醒过来了。我忍不住流下了眼泪，然后紧紧地抱着她。

虽然那天我和男朋友没有看成那场电影，但是我觉得我们亲身经历的故事比电影更有戏剧性!

생활이란 바로 이렇습니다. 어떤 때는 예상 밖의 일이 발생하고는 하지요. 대학교 2학년 때 나와 친구는 학교 기숙사에 같이 살았습니다. 한번은 그녀 때문에 남자친구와의 약속을 취소한 일이 있었지요.

원래 남자친구와 금요일 저녁 영화를 같이 보기로 약속했습니다. 나갈 준비를 하고 있을 때 갑자기 전화를 받았습니다. 친구가 도서관에서 쓰러졌다는 겁니다. 나는 듣자마자 너무 걱정이 되었습니다. 왜냐하면 그 친구는 선천성 심장병이 있었거든요. 나는 곧 남자친구에게 전화를 걸어 와서 도와달라고 하고 미친 듯이 도서관을 향해 뛰었습니다. 창백한 모습의 친구를 보자 어디서 힘이 났는지 그녀를 업고 의무실로 뛰어갔습니다. 잠시 후 남자친구도 왔습니다. 한 시간이 지나 드디어 그녀가 깨어났습니다. 나는 눈물을 참지 못하고 친구를 꼭 껴안았습니다.

비록 그때 남자친구와 영화를 보지 못했지만 우리들의 경험은 영화보다 더 드라마 같았습니다.

해설 경험을 서술하는 문제입니다. 경험을 서술하라고 할 때는 '언제 어디서 누구와 무엇을 어떻게'의 순서에 맞춰 구성해야 깔끔한 문장을 만들 수 있습니다. 이 질문의 주제는 '약속 취소'입니다. 먼저 어떤 약속이었는지를 설명하고 약속을 취소하게 된 이유를 구체적이고 사실적으로 설명한 후 결론 부분에 사건을 통한 느낌이나 교훈 등을 말해주면 깔끔하면서도 풍부한 내용으로 구성할 수 있습니다.

晕倒 yūndǎo	기절하다	**心脏病** xīnzàngbìng	심장병
疯狂 fēngkuáng	미치다, 실성하다	**奔向** bēnxiàng	~로 향하여 달리다
苍白 cāngbái	창백하다	**忍不住** rěnbuzhù	참을 수 없다
戏剧性 xìjùxìng	극적인, 감동적인, 희극성		

오늘 배운 내용을 문제를 통해 확인해보는 시간입니다.

01 빈칸에 알맞은 단어를 채워 넣으세요.

(1) _____ 社会的发展、生活水平也不断提高。 (~함에 따라)

모범답안 ▎随着 사회기 발전함에 따라 생활수준도 계속해서 향상된다.

(2) _____ 假期长 _____ , 人们就去国外度假。 (만약 ~라면)

모범답안 ▎如果(要是), 的话 만약 휴가 기간이 길다면 사람들은 해외로 휴가를 간다.

(3) 度假是现代人们生活中 _____ 的一部分。 (없어서는 안 되는)

모범답안 ▎不可缺少 휴가는 현대인들의 생활에 없어서는 안 되는 한 부분을 차지한다.

(4) 韩国有 _____ 的度假方式。 (각양각색)

모범답안 ▎各种各样 한국에는 각양각색의 휴가 방식이 있다.

(5) _____ 是哪种度假方式, _____ 会陶冶自己的心情。 (~을 막론하고, 모두)

모범답안 ▎不管(不论, 无论), 都 어떤 휴가 방식이건 모두 자신의 감정을 다스릴 수 있다.

다음을 어순에 맞게 배열하세요.

(1) 一 周末 到 风景点 驾车 游玩 就 到

_____

모범답안 ▮ 一到周末就驾车到风景点游玩. 주말만 되면 사람들은 운전하여 여행지에 가서 논다.

(2) 这 "出国游" 年 成 一种 几 时尚 为

_____

모범답안 ▮ 这几年"出国游"成为一种时尚. 요 몇 년 간 "해외 여행"은 일종의 유행이 되었다.

(3) 异国 这样 特有 可以 的 风光 享受

_____

모범답안 ▮ 这样可以享受异国特有的风光. 이렇게 하면 이국적이고 독특한 경치를 즐길 수 있다.

(4) 哪儿 不 就 家 去 也 休息 在

_____

모범답안 ▮ 哪儿也不去就在家休息. 아무데도 안 가고 집에서 휴식한다.

03

다음 중 동사와 가장 잘 어울리는 어휘를 찾아 연결하세요.

1. 缓解   a. 独特的民俗文化
2. 注重   b. 体力
3. 欣赏   c. 美丽的风景
4. 体验   d. 压力
5. 恢复   e. 精神生活

모범답안 ▮ 1-d 스트레스를 풀다 / 缓解 huǎnjiě 완화되다, 풀어지다
　　　　　 2-e 정신 생활을 중시하다 / 注重 zhùzhòng 중시하다 = 重视
　　　　　 3-c 아름다운 풍경을 감상하다 / 欣赏 xīnshǎng 감상하다
　　　　　 4-a 독특한 민속 문화를 체험하다 / 体验 tǐyàn 체험(하다)
　　　　　 5-b 체력을 회복하다 / 恢复 huīfù 회복되다, 회복하다

step 6 학습 요약

아래 요약된 내용을 다시 한 번 숙지하세요.

1 OPIc 중국어의 문장 구성 형태 파악하기

• 깔끔하고 정확한 답변을 만들려면 '머리 – 몸통 – 꼬리'를 온전하게 갖춘 구성이 되어야
  합니다.
• 답변을 할 때 '서두 – 본문 – 맺음말'의 형태로 구성하는 연습을 하세요.

2 답변 구성 순서 확인하기

• 주제 범위를 확인하고 주제에 맞게 내용을 표현할 수 있도록 정확한 어법과 어휘를
  사용하세요.
• 적절한 구성을 갖추었다면 각 부분을 알차게 채워나가세요.

3 예상 답변 만들어보기

• 무엇보다도 연습이 중요합니다. 나만의 OPIc 예상 답변을 만들어보세요!

OPIc 중국어에 대한 궁금증을 시원하게 풀어드립니다.

OPIc 시험 전 진행되는 오리엔테이션에서 Background Survey Self Assessment를 하는 이유가 무엇인가요?

오리엔테이션 중에 진행되는 Background Survey(인터뷰 문항을 위한 사전설문)와 Self Assessment(시험의 난이도 결정을 위한 자가 평가)는 Interviewer에게 응시자에 대한 배경 지식을 알려주는 것으로 응시자가 선택한 범주와 수준에서 일정 문제가 출제될 수 있습니다. 따라서 개인에게 유관한 문항을 통해 시험에 대한 안정감을 제공하고 최소한의 발화량을 확보할 수 있습니다. 또한, 시험 진행 중 7번 문항 이후 난이도 재조정 단계가 나옵니다. 처음 선택한 수준이 쉬웠다면 난이도를 상향 조정할 수 있고, 어려웠다면 하향 조정할 수 있으며, 적절했다면 그대로 유지하면 됩니다.

묘사와 설명

주제 ∥ 출장 계획 / 애완동물

오늘의 학습 목표입니다. 학습을 시작하기 전에 목표를 숙지하세요.

'묘사와 설명' 부분에서는
OPIc 답변에 자주 사용되는 묘사와 설명이라는
표현 방식에 대해 자세하게 학습합니다.

오늘의 목표 ●●●

01 OPIc 중국어 답변에 사용되는 묘사법 이해하기

02 묘사와 설명 형식상 주의해야 할 점 파악하기

step 2 전략 설정

오늘의 학습 목표에 따른 전략입니다.

개 요 ● ● ●

OPIc 중국어에서는 소개, 설명 형태가 많이 출제되는데 답변할 때 가장 자주 사용되는 표현 방식이
바로 묘사와 설명입니다.

1 묘사 방식

인물, 동물, 건축물, 장소 등

(1) 인물 묘사

1) 외모

• 특징을 자세히 관찰

• 생동감 있는 표현

> 예 李老师黑黑的头发，大大的眼睛，脸上常挂着微笑，给人一种和蔼可亲的感觉。
>
> 이 선생님은 새까만 머리카락, 아주 큰 눈, 얼굴에 항상 미소를 띄고 있어 사람에게 일 종의 친근
> 한 느낌을 준다.

비결 ▶ 형용사의 중첩형을 이용한 생동감 살리기

> 예 个子很高 → 个子高高的
>
> 키가 매우 크다 → 키가 커다랗다
>
> 脸很白 → 脸白白的
>
> 얼굴이 희다 → 얼굴이 새 하얗다

외모를 묘사할 때 형용사의 중첩 형태를 이용하면 좀 더 생동감 있게 표현할 수 있습
니다. 듣는 사람이 그 모습을 상상할 수 있도록 표현해보세요.

2) 언어

• 현장감을 살린 어휘 선택
• 대화법을 이용하여 전달

 此时我再也忍不住了，一颗颗豆大的泪珠从我的眼眶里流出来，滚到妈妈的背上。
妈妈发觉后，温和地对我说：“傻孩子，别哭，坚强些，妈妈看到你各门功课都很出色。”
이때, 나는 더 이상 참을 수가 없어서, 콩알 같은 눈물 한 방울 한 방울이 나의 눈가에서 흘러내려 어머니의 등 위로 떨어졌다. 어머니께서 알아차리시고 온화하게 나에게 말씀하시길 : "바보 같은 아이 야, 울지 마라, 강해지렴, 엄마는 너의 모든 과목의 성적이 아주 훌륭한 것을 보았단다."라고 하셨다.

> **비결** | 생생한 표현 만들기
>
> 언어를 통한 묘사는 현장감에 있는 듯 생생하게 표현하는 데 유리합니다. 대화법을 이용하면 직접적으로 전달할 수 있습니다.

3) 행위

• 구체적 행위 표현
• 생동감 있는 동작 설명

 老师用目光巡视一周后，迅速收拾好桌子上的粉笔。然后走下讲台，转身过去，轻轻吹了桌子上的粉笔灰。
선생님이 눈으로 한번 둘러보시고 신속하게 탁자 위의 분필을 정리하셨다. 그 후 강의대(교탁)에서 내려오셔서, 뒤돌아가 탁자 위의 분필 가루를 가볍게 불으셨다.

> **비결** | 구체적인 동작 표현하기
>
> 동작을 묘사할 때는 좀 더 구체적이고 동작이 일어난 시간 순서대로 설명해주는 것이 좋습니다.

4) 심리

• 정확한 어휘 사용

• 정확한 감정 전달

예 发生那件事以后的几天里我一直睡不好觉，闷闷不乐，我总觉得像做了什么亏心事似的，一见到您，脸上就火辣辣的。这样的心情真不好受。

그 일이 발생하고 며칠 동안 나는 계속 잠을 설쳤고, 마음이 답답하고 울적하며, 항상 무언가 마음으로 빚을 진 느낌이 들어서, 당신(존칭)을 뵐 때마다 얼굴이 후끈후끈 달아올랐습니다. 이런 느낌은 정말 견디기 힘이 듭니다.

비결 ▶ 정확한 어휘 선택하기

심리를 표현할 때는 정확한 심리 상태를 전달할 수 있는 어휘 선택이 중요합니다.
심리, 감정을 나타내는 기본 어휘를 알아둬야 합니다.

▶ ▶ Check! Check! – 무엇을 이용한 묘사일까요?

1. 她有一头乌黑的长发，一双大大的眼睛，脸上时常挂着微笑，给人一种和蔼可亲的感觉。

그녀는 새까만 긴 머리이고, 매우 큰 두 눈을 가졌고 얼굴에는 항상 미소를 지어, 사람에게 일종의 다정하고 친근한 느낌을 준다.

답안 외모 묘사

2. 老师提问时，我连一句话都没说出来，可是她没责怪我，反而亲切地说"别紧张，慢慢说!老师会帮你的。"

선생님이 문제를 내셨을 때, 나는 한 마디도 할 수가 없었는데, 그래도 선생님은 나를 꾸짖지 않으시고, 오히려 친절하게 "긴장하지 말고, 천천히 말해봐! 선생님이 도와줄게"라고 하셨다.

답안 언어 묘사

(2) 동물 묘사

1) 외형의 생동감 있는 묘사

2) 특징(외모, 습성 등) 묘사

예 它有一只尖尖的嘴巴, 一对乌黑的眼睛, 真是可爱极了。它还很淘气。有时我见米吃光了, 抓了一大把米往盒子里撒, 刚撒下去, 它就猛冲过去就啄吃。

그것(동물을 가리킴)은 아주 작은 입과 한 쌍의 검은 눈이 있고 정말 무지 귀엽다. 그것은 장난이 아주 심하기도 하다. 어떤 때는 쌀을 다 먹은 것을 보고 쌀을 한웅큼 상자 안으로 뿌리면 그것이 무섭게 달려가서 허겁지겁 쪼아 먹는다.

비결 ▶ 살아 있는 느낌 전달하기

묘사하는 동물이 마치 눈앞에 살아 움직이듯 생동감을 주기 위해 외형이나 습성 등의 특징을 되도록 자세히 묘사해야 합니다.

▶ ▶ Check! Check! – 무엇을 이용한 묘사일까요?

它们都长着一身长毛, 长长的耳朵, 红红的眼睛, 短短的尾巴, 不停地在吃着青草和菜叶。
그것(동물을 가리킴)은 온 몸에 털이 나있고, 길쭉한 귀와 새빨간 눈, 짧은 꼬리를 가지고 있다.
쉬지 않고 푸른 풀과 채소 이파리를 먹는다.

답안 兔子 토끼

(3) 건축물 묘사

1) 집, 방, 학교, 사무실 등

2) 정확한 관찰력으로 기준을 정해 순서대로 구체적으로 묘사

• 기준을 정해 순서에 따라 전체적 혹은 세부적인 구조와 형상, 방위, 색깔, 수량 등의 특징을 서술
• 자신의 감정이나 느낌 등을 부연 설명

我有一个卧室。这卧室看上去并不起眼，但却是我得天独厚的小天地。整个卧室12平方米，既整齐雅致又简单朴素。我在那儿感到非常充实，丰富。

나는 침실이 하나 있다. 이 침실은 별로 좋진 않지만 나에게는 아주 특별한 작은 공간이다. 총 평수는 12평에 우아하고 간단하며 소박하게 정돈되어 있다. 나는 그곳에서 매우 풍성하고 넉넉한 느낌을 받는다.

> **비결** ▶ | 머릿속에 구조도 그리기
>
> 건축물을 묘사할 때는 마치 내부를 설계하듯이 구조도를 머릿속에 그려보세요. 순서에 따라 차근차근 설명해나가면 답변이 좀 더 쉬워집니다.

▶ ▶ **Check! Check! – 무엇을 이용한 묘사일까요?**

1. 체육관 옆에 큰 운동장이 있다.
2. 특별함을 가진 작은 공간
3. 참신하고 깨끗한 조형(외관)
4. 화려하고 장중해보인다.

답안 1. 体育馆旁边是大操场 / 2. 得天独厚的小天地 / 3. 清新洁美的造型 / 4. 显得十分富丽庄重

(4) 장소 묘사

1) 자연 풍경이나 여행 장소 등

2) 주위 환경 묘사와 함께 느낌이나 감정 등 표현

예 哈，好大的大海呀!往前看,碧蓝的海水微波荡漾。海面上海鸥扑打着,飞翔着。正是退潮的时候，脚下是宽阔的海滩，一片细沙，软绵绵，热乎乎，舒服极了。

하, 정말 큰 바다구나! 앞을 보니, 푸른 빛의 바닷물이 잔잔히 일렁인다. 바다 위로 갈매기가 날개 친다. 썰물 때 발 밑은 드넓은 모래사장, 넓게 깔린 고운 모래가 비단 같이 부드럽고 따뜻하니 정말 편안하다.

비결 ▶ 풍경이나 환경 묘사와 함께 감정 표현하기

단순한 풍경이나 환경 묘사는 기본입니다. 적절한 어휘를 사용하여 그 환경에서 받는 감정을 함께 표현해주면 생동감을 줄 수 있습니다!

▶ ▶ Check! Check! – 무엇을 이용한 묘사일까요?

1. 사람을 황홀하게 하다
2. 아름다운 풍경이 마음을 이끌다
3. 풍경이 그림처럼 아름답다
4. 웅장하고 장관을 이루다
5. 아름다운 산수
6. 백문이 불여일견이다

답안 1. 令人神往 / 2. 景色迷人 / 3. 风景如画 / 4. 雄伟壮观 / 5. 优美的山水 / 6. 百闻不如一见

2 설명 방식
인용, 예시, 분류, 비교 등

(1) 인용하기

예 俗话说：“饭后百步走，活到九十九”。

속담에 이르길 : "식사 후 백보 걷는 것이 99세까지 살게 한다."고 했다.

(2) 예시 들기

예 那里有各种各样的韩国菜。比如：泡菜，冷面 等等。

그곳에 각양각색의 한국 요리가 있다. 예를 들면 : 김치, 냉면 등등.

(3) 분류하기

예 第一：为了保持健康还是要有一定的运动以及锻炼。

第二：为了保持健康，饮食的调整也是必不可少的。

첫째 : 건강을 유지하기 위해서 일정한 운동을 해야 하고 단련해야 한다.

둘째 : 건강을 유지하기 위해, 음식 조절 역시 없어서는 안 된다(반드시 해야 한다).

분류 순서	第一 …	第二 …	第三 …,	首先 …	其次 …	再次 …	最后…
	첫째	둘째	셋째	먼저	다음	그다음	마지막

(4) 비교하기

예 以前的镜头不可以调节长短，… 现在的镜头不仅可以调节…。

이전의 렌즈는 길이를 조절할 수 없었고, ~ 지금의 렌즈는 조절할 수 있을 뿐만 아니라~.

> 비결 ▶ 상황에 맞는 방식 취하기
>
> 상황에 맞춰 정확한 설명 방식을 취하는 것이 중요합니다. 근거를 제시할 때는 인용하거나 예시를 들어 설명하고 논리적인 의견을 나타낼 때는 분류를 통한 설명이 좋습니다.

설명할 때 주의사항

❶ 시간 순서 – 시간의 흐름에 따른 문장 연결

我是从去年开始学汉语的。刚开始学的时候，我的发音很差，声调也不准，因此，我很着急。为了尽快学好汉语发音，我就找一个补习班去上课。在老师的帮助下，经过一段时间的努力，现在我的发音比以前好多了。今后我还会继续努力的。

작년부터 중국어를 배우기 시작했습니다. 막 배우기 시작했을 때에 제 발음은 아주 이상했고 성조도 맞지 않았습니다. 그래서 매우 조급했었습니다.

중국어의 발음을 빨리 배우기 위해서, 학원에 다녔습니다.

선생님의 도움 하에 얼마간의 노력을 하자 지금의 제 발음은 이전보다 훨씬 좋아졌습니다.

저는 앞으로 계속 노력할 것입니다.

❷ 공간 순서 – 공간 구조의 순서에 따른 문장의 연결 (밖에서 안, 위에서 아래, 전체에서 부분)

我家有四口人,爸爸, 妈妈, 姐姐和我。爸爸是公务员, 妈妈是家庭主妇。爸爸很有个性, 做事非常认真, 无论干什么事, 结果都会让你很满意。爸爸是我们家的家长, 大小事儿都是爸爸说了算。妈妈呢,性格特别温柔,是典型的贤妻良母。妈妈每天都为我们全家人的饮食起居操心。

우리 집에는 네 식구가 있습니다. 아빠, 엄마, 누나 그리고 저입니다.

아빠는 공무원이고, 엄마는 가정주부입니다. 아빠는 개성이 강하고 매우 성실하셔서 무슨 일을 하든지 결과가 만족스럽습니다. 아빠는 우리 집의 가장이고 작은 일이든 큰일이든 모두 아빠가 결정합니다. 엄마는 성품이 매우 부드러우시며 전형적인 현모양처입니다. 엄마는 매일 우리 온 가족의 일상 생활을 신경 쓰고 계십니다.

❸ 논리 순서 – 문장과 문장의 논리적인 연결

第一：为了保持健康还是要有一定的运动以及锻炼。第二：为了保持健康, 饮食的调整也是必不可少的。

첫째 : 건강을 유지하기 위해서 여전히 운동을 해야 하고 단련해야 한다.

둘째 : 건강을 유지하기 위해, 먹고 음식 조절 역시 없어서는 안 되는 것이다(반드시 해야 한다).

> **비결**
> 1. 순서에 주의하기
> 2. 논리적 근거 제시하기
>
> ▸ 과거에서 현재로, 큰 것에서 작은 것으로, 개괄적인 것에서 구체적인 것으로, 외국에서 국내로, 남자에서 여자로 등의 순서를 정해서 설명하세요.
> ▸ 논리적인 내용을 구성할 때는 구체적인 근거를 제시하여 차례대로 설명해주는 것이 좋습니다.

step 3 적용 학습

오늘 배운 전략을 문제에 적용해보는 시간입니다.

我将为你提供一个情景。你需要做上司的出差计划, 请问他三四个问题了解一下他的情况。

질문 당신에게 상황을 제공해드리겠습니다. 당신은 상사의 출장 계획을 세워야 합니다. 그에게 3~4가지 질문을 해서 상황을 알아보세요.

브레인스토밍

주제와 관련된 단어들을 연상하여 구조에 맞게 나열한 후 짜임새 있는 문장을 만들어보세요.

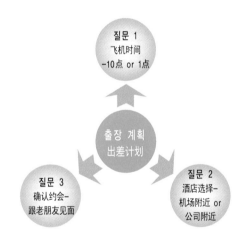

질문 1
飞机时间
-10点 or 1点

출장 계획
出差计划

질문 3
确认约会-
跟老朋友见面

질문 2
酒店选择-
机场附近 or
公司附近

문제 유형 분석

· **주제 범위:** 직장 관련
· **주제:** 출장 계획
· **과제 설명:** 출장 관련 3~4가지 질문을 통한 계획 설명하기

구도 만들기

| 总
문제 제기 | 分
구체적 질문하기 | 总
총괄 |

❶ 总 문제 제기
- 질문을 위한 문제 제기
  - 출장 계획 보고와 확인을 위한 질문 제시

❷ 分 구체적
    질문하기
- 출장 계획과 관련한 구체적 질문하기
  - **비행 시간 관련 질문**
    - 10시 탑승 – 충분한 보고 시간과 휴식 시간이 있음
    - 1시 탑승 – 공항에서 바로 회의에 가야 함
  - **호텔 선택 관련 질문**
    - 공항 근처 호텔 – 장점 : 조건이 좋고 조용해 휴식하기 좋음
    -      단점 : 회사까지 30분 걸림
    - 회사 근처 호텔 – 장점 : 없음
    -      단점 : 조건이 좋지 않음 .환경과 공기가
           좋지 않음
  - **약속 확인**
    - 친구와의 만남 – 전화를 통한 의사 확인

❸ 总 총괄
- 질문에 의거 내용을 총괄하고 해결책 제시
  - 확인된 내용대로 계획 확정

적용 2 기초 표현 다지기

总 ▸ 사장님, 안녕하세요. 이번 출장의 일부 계획을 말씀드리고 싶습니다.

经理，您好，我想跟您谈一下几关于这次出差的一些计划。

왜냐하면, 일부 당신의 확인이 필요한 부분이 있어서입니다.

因为有些部分需要得到您的确认。

分 ▸ 먼저, 비행 시간과 관련하여 10시 비행기를 타시겠습니까 아니면 오후 1시 비행기를 타시겠습니까?

首先，关于飞机的时间，您想坐上午10点的还是下午1点的呢？

▸ 다음으로, 호텔 선택 문제인데, 공항 근처 호텔에 묵으시겠습니까 아니면 회사 근처 호텔에 묵으시겠습니까?

其次，选择酒店的问题，您希望住在机场附近的酒店还是公司附近的酒店呢？

▸ 마지막으로, 그곳에서 오랜 친구와 만날 계획이십니까? 그렇다면 그 분에게 전화를 드려 확인하기를 원하시는지요?

最后，您打算在那里和您的老朋友见面吗？那您要不要给他回个电话确认一下？

总 ▸ 제가 최대한 빨리 이 문제를 처리하고 일정표를 만들겠습니다.

我会尽快把这些问题处理好，把这次的行程表做出来。

▸ 만약 또 다른 보충할 것이 있으면 언제든지 말씀(분부)하십시오.

如果还有其他需要补充的，请随时吩咐。

답안 经理，您好，我想跟您谈一下儿关于这次出差的一些计划，因为有些部分需要得到您的确认。

首先，关于飞机的时间，您想坐上午10点的还是下午1点的呢?如果坐10点的，您有充分的时间准备开会的报告，而且可以在酒店休息休息，如果坐下午一点的飞机，您就要下飞机以后马上去开会。

其次，还有选择酒店的问题，您希望住在机场附近的酒店还是公司附近的酒店呢?我希望您住在机场附近的酒店。那里条件比较好，而且很安静，适合休息，但是每天大概需要30分钟才能到公司。如果您想住在公司附近，那里比较差的环境和空气恐怕会让您不太舒服。

最后，您打算在那里和您的老朋友见面吗?那您要不要给他回个电话确认一下?

我会尽快把这些问题处理好，把这次的行程表做出来，如果还有其他需要补充的，请随时吩咐。

사장님, 안녕하세요, 이번 출장 계획에 관해 말씀드리고 싶은데 사장님의 확인이 필요한 부분이 있습니다.

먼저, 비행 시간에 관해서입니다. 오전 10시 비행기를 타실 건가요 오후 1시 비행기를 타실 건가요? 만약 10시 비행기를 타시면 회의 준비를 하실 충분한 시간이 있고 호텔에서 휴식을 좀 취하실 수도 있습니다. 1시 비행기를 타신다면 곧장 회의하러 가셔야 합니다.

그 다음으로, 호텔 선택 문제입니다. 공항 근처 호텔을 원하시나요? 아니면 회사 근처 호텔을 원하시나요? 저는 공항 근처 호텔에서 머무시기를 희망합니다. 그곳은 조건도 좋은 편이고 조용해서 휴식하기 좋습니다. 하지만 매일 회사까지 30분 정도가 소요됩니다. 만약 회사 근처 호텔에 머무신다면 환경이나 공기나 안 좋아 불편해하실까 염려됩니다.

마지막으로 그곳의 옛 친구분과 만남을 가지실 것인지요? 그렇다면 그 분께 전화를 걸어 확인을 해둘까요? 이 문제를 빨리 처리해서 여행 스케줄표를 작성하도록 하겠습니다. 다른 추가 사항이 있으시면 언제든 분부내려 주십시오.

해설 가정 상황의 문제입니다. 직장 상사에게 질문을 해서 출장 계획을 세우는 내용으로 서너 가지 질문으로 분류해 안정적인 구조로 설명하는 것이 좋습니다. 여기서는 세 가지 내용을 질문하였고 선택 의문문의 형식을 사용했습니다.

직장 상사에게 질문을 하는 경우이므로 你보다는 您을 사용하는 것이 좋습니다.

报告 bàogào	보고(하다)
酒店 jiǔdiàn	호텔 ➠ 동의어 : 饭店, 宾馆
环境 huánjìng	환경
空气 kōngqì	공기
恐怕 kǒngpà	아마 ~일 것이다(나쁜 결과를 예상함) ➠ 我恐怕去不了 나는 아마 못 갈 것이다
处理 chǔlǐ	처리하다, 해결하다
行程表 xíngchéngbiǎo	여행 스케줄표
补充 bǔchōng	보충(하다)
吩咐 fēnfù	분부하다, 시키다, 명령하다

tip!tip! 　差의 여러 가지 발음과 의미

✔ 差

− 발음에 따라 여러 가지 의미로 쓰임

1) chà

　　다르다, 차이나다　예　差得远 아직도 멀었다

　　모자라다　예　差一个人 한 사람이 부족하다 / 差五分十点 5분 전 10시

　　나쁘다　예　成绩太差 성적이 너무 나쁘다

2) chā

　　차이, 차이점　예　差异 차이　差别 차별, 차이　时差 시차

　　착오, 실수　예　差错 착오

3) chāi

　　파견된 사람　예　信差 집배원의 옛말

　　직무, 출장 업무　예　出差 출장, 출장가다

❦ 중요 표현

1. 我想跟您谈一下儿关于这次出差的一些计划。
2. 您希望住在机场附近的酒店还是公司附近的酒店呢？
3. 那里比较差的环境和空气恐怕会让您不太舒服。

Go!Go! 고득점 비법

1. 문제의 주제와 유형을 파악하라
   - 문제에서 요구하는 내용과 주제를 잘 파악하는 것이 가장 기본적으로 요구되는 사항입니다.
   - 문제의 유형에 따른 표현 방식을 예측하세요. 유형에 따라 표현하는 방식이 다르므로 어떤 방식을 사용할 것인가를 적절히 결정하는 것이 중요합니다.

2. 문제의 유형에 맞는 전개 방식을 선택하라
   - 문제의 유형에 맞는 전개 방식을 선택하여 순서와 논리에 맞게 내용을 전개해나가세요.

3. 방식에 따른 완성된 문장을 구성하라
   - 순서와 논리에 맞게 내용을 전개하고 내용을 보완함으로써 좀 더 완성도 높은 문장을 구성할 수 있습니다.

step 4 나만의 OPIc

아래 OPIc 질문에 알맞은 답안을 구성해보는 시간입니다.
오늘 배운 전략을 다시 한 번 생각해보고 순서에 맞게 적용해보세요.

请介绍一下你的宠物。它长得怎么样，你为什么喜欢它？你是怎么养它的？

당신의 애완동물을 소개해주세요. 어떻게 생겼나요? 왜 좋아하나요? 어떻게 키웁니까?

브레인스토밍

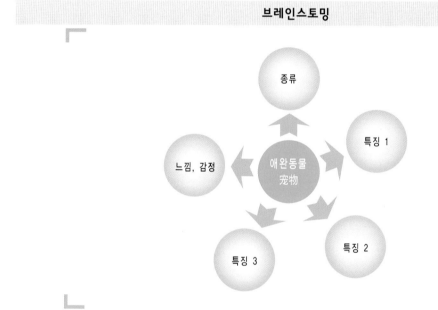

답변하기

예시 我很喜欢动物, 我养的这只狗是一只英国可卡。

可卡的外貌非常可爱。耳朵很长, 耳根位置低, 眼睛又大又圆, 而且它有一种美丽智慧的表情。它的毛是淡黄色的, 尾巴很短。我每天下班以后都要跟它玩儿三十分钟, 到了星期天就带着它去附近的公园散步然后再给它洗个澡。

现在它不仅是我的家人也是我最亲密的朋友。

나는 동물을 좋아합니다. 내가 키우는 것은 잉글리쉬 코카입니다. 코카는 외모가 매우 귀엽습니다. 귀가 길고 귀 끝의 위치가 매우 낮습니다. 눈은 크고 둥급니다. 아름답고 지혜로운 표정을 가지고 있습니다. 털은 담황색이고 꼬리는 매우 짧습니다. 나는 매일 퇴근 후 코카와 30분 정도 놀아주고 일요일이면 공원 근처로 데리고 가 산책을 한 후 목욕을 시켜줍니다.

지금 코카는 우리 집의 구성원일 뿐만 아니라 나의 가장 친한 친구입니다.

해설 애완동물을 소개하는 문제입니다. 동물의 특징(외형, 습성 등)을 잘 파악하여 설명하는 것이 중요합니다.

먼저 좋아하는 애완동물을 정하고 생김새 등의 특징을 구체적으로 설명한 후 애완동물에 대한 느낌 등으로 마무리합니다.

어휘&표현 ● ● ● ●

养 yǎng	(가축이나 화초 등) 기르다, 사육하다, 재배하다	**可卡** kěkǎ	(개 종류) 코카스패니얼의 줄임말
耳朵很长 ěrduohěncháng	귀가 매우 길다	**智慧的表情** zhìhuìde biǎoqíng	지혜로운 표정
尾巴 wěiba	꼬리		

step 5 연습 활동

오늘 배운 내용을 문제를 통해 확인해보는 시간입니다.

01 빈칸에 알맞은 단어를 쓰세요.

(1) 它有一只尖尖的 ＿＿＿입＿＿＿ , 一对乌黑的 ＿＿＿눈＿＿＿ , 真是可爱极了。

모범답안 ▮ 嘴巴, 眼睛 그것은 뾰족한 입과 새까만 눈을 가지고 있어 정말 귀엽다.

(2) 它们都长着一身长毛, 长长的 ＿＿＿귀＿＿＿ , 红红的 ＿＿＿눈＿＿＿ , 短短的 ＿＿＿꼬리＿＿＿

모범답안 ▮ 耳朵, 眼睛, 尾巴 그것들은 온 몸이 긴 털로 덮혀 있고 긴 귀. 그리고 붉은 눈과 짧은 꼬리가 있다.

02 다음 단어와 맞는 뜻을 연결하세요.

1. 和蔼可亲
2. 古色古香
3. 树木成行
4. 名不虚传
5. 令人神往

a. 옛모습을 간직하다
b. 명실상부하다
c. 마음을 끌다
d. 나무들이 열을 짓다
e. 상냥하고 친절하다

모범답안 ▮ 1-e 和蔼可亲 héǎikěqīn   2-a 古色古香 gǔsègǔxiāng

3-d 树木成行 shùmùchénghǎng   4-b 名不虚传 míngbùxūchuán

5-c 令人神往 lìngrénshénwǎng

03 다음을 어순에 맞게 배열하세요.

(1) 那里　的　泡菜，韩国菜　比如：冷面，有　烤肉，各种各样　等等

_____

모범답안┃ 那里有各种各样的韩国菜，比如：泡菜，冷面，烤肉 等等。
그 곳에는 각양각색의 한국 요리들이 있습니다. 예를 들면 김치, 냉면, 불고기 등.

(2) 我　感到　非常　在　那儿　充实

_____

모범답안┃ 我在那儿感到非常充实。 나는 그곳에서 굉장히 충만함을 느꼈다.

(3) 我　的　好　发音　现在　比　多　以前　了

_____

모범답안┃ 现在我的发音比以前好多了。 현재 나의 발음은 이전보다 많이 좋아졌습니다.

(4) 大小　说　事　了　是　爸爸　都　算

_____

모범답안┃ 大小事都是爸爸说了算。 크고 작은 일 모두 아버지 마음대로 하십니다.

(5) 总　我　像　了　觉得　似的　什么　做　亏心　事

_____

모범답안┃ 我总觉得像做了什么亏心事似的。 나는 늘 어떤 양심에 꺼려지는 일을 한 것 같았습니다.(과거)

step 6 학습 요약

아래 요약된 내용을 다시 한 번 숙지하세요.

1 묘사에 쓰이는 어휘 암기해두기

• 인물과 동물, 건축물, 장소 등 각각을 묘사할 때 사용하는 어휘들을 기억하세요.

2 자주 쓰이는 설명 방식과 순서 기억하기

• 자주 사용되는 설명 방식과 예를 잘 기억해두세요.
• 시간, 공간, 논리적 순서의 개념과 내용을 이해하세요.
• 내용을 명확하고 쉽게 전달하려면 문장의 선후관계를 정확하게 밝혀 논리적으로 표현해야
하며 일관된 내용으로 구성해 나가야 합니다.

3 학습한 예시문 기억하기

• 학습한 예시문들의 다양한 표현법들을 기억해두세요. 좀 더 자연스러우면서 생동감 있고
풍부한 내용을 만들 수 있습니다!

OPIc 중국어에 대한 궁금증을 시원하게 풀어드립니다.

OPIc 시험은 현장에서 결과를 직접 확인할 수 있나요?

OPIc 정기 시험 응시일로부터 7일 후(오전 10시 이후)부터 OPIc 홈페이지(www.opic.or.kr) 또는 OPIc App에서 성적을 확인할 수 있습니다. 단, 성적 확인 및 인증서 출력은 회원 전용 서비스이므로 회원 가입을 하셔야 합니다.

6

관련사

주제 ▌ 국가 대표 요리 / 지난 주 업무

오늘의 학습 목표입니다. 학습을 시작하기 전에 목표를 숙지하세요.

'관련사' 부분에서는
복문에서 문장 간의 연결과 호응을 만드는
여러 가지 관련사를 학습합니다.

※ 관련사(关联词)란 두 개 이상의 구문이 어법이나 의미상의 일정한 연결을 통해 정확한 뜻을
전달하는 것입니다.

오늘의 목표 ●●●

01 관련사의 개념 이해하기

02 관련사를 이용한 복문 학습하기

오늘의 학습 목표에 따른 전략입니다.

개 요 ● ● ●

OPIc 중국어에서 복문의 형태로 말할 때 관련사의 호응을 이용하면 문장 간의 연결이 용이해지고 내용의 정확성을 높일 수 있습니다.

관련사 호응관계 ● ● ●

중국어에서 사용되는 관련사의 호응관계는 인과, 가정, 병렬 점층, 선택, 전환, 조건, 목적 등이 있습니다.

1 인과관계(因果关系)
상황의 발생 혹은 존재의 원인을 나타냄

因为 왜냐하면 ~이기 때문에

원인을 설명함. 뒤에 所以, 就, 才 등과 자주 호응함

> **예** 因为这件事, 小英还受到了表扬。 이 일로 소영이는 칭찬까지 받았다.
>
> 因为事情太多, 所以直到今天才来看你。 일이 너무 많아서 오늘에서야 너를 보러 왔다.
>
> 难道因为前人没做过, 我们就不能做吗? 선인들이 한 적이 없다고 우리가 할 수 없다는 말인가?

…, 因为… ~은 ~이기 때문이다

원인을 나타내는 말을 뒤에 놓음

> **예** 她没来上课, 因为她病了。 그녀가 수업에 오지 않은 것은 병이 났기 때문이다.

…, 是因为… ~은 ~이기 때문이다

앞에서 결과를 뒤에서 원인을 강조

> **예** 这次他得了第一名, 就是因为平时学习很努力。
>
> 이번에 그가 일등을 한 것은 평소에 노력해서 공부했기 때문이다.

所以, 因此　그래서

뒤 절에서 결과를 나타냄

모두 단독으로 사용할 수 있고 호환해서 사용할 수 있음

> **예**　这里风景很美，所以游人很多。이 곳의 풍경은 아름다워서 여행객들이 많다.
>
> 我最近工作很忙，因此抽不出时间给您打电话。제가 요즘 일이 바빠서 당신에게 전화드릴 시간이 없었습니다.

既然 …也/就　기왕 ~한 바에야

앞절에 쓰임

앞의 실현되거나 확정된 일을 제시하며 뒤에 이를 전제로 한 결론을 제시함

> **예**　既然你一定要去，我也不反对。기왕 네가 반드시 가야 한다면 나도 반대하지 않겠다.
>
> 你既然有病，就回家好好休息吧。이왕 병이 있는 참에 당신은 집에 돌아가서 푹 쉬세요.

可见　~을 볼[알] 수 있다

앞문장을 근거로 내린 결론을 제시할 때 사용

> **예**　既然他没回电话，可见他已经离开中国了。
>
> 그가 전화를 하지 않는 이상 그는 이미 중국을 떠났다고 볼 수 있다.

从而　따라서, 그리하여, ~함으로써

뒷부분에 결과/목적을 나타냄

> **예**　农业迅速发展，从而为轻工业提供了充足的原料。
>
> 농업의 신속히 발전은 경공업에 충분한 원료를 제공했다.

以致　(으로) 되다, ~을 가져오다(초래하다)

결과를 강조함

일반적으로 부정적인 결과에 사용

> **예**　他得了重感冒，以致连一句话都说不出来。그는 심한 감기에 걸려 한마디도 못한다.

于是　그래서

> **예**　大家都说这个电影好，于是我也买了一张票。
>
> 모두가 이 영화가 좋다고 말해 나도 표 한 장을 샀다.

2 가정관계(假设关系)

> 앞문장은 가설을 제기하고 뒷문장은 결과를 나타냄

要是(如果) … (的话) 만약 ~라면

예 要是你有时间的话, 给我打个电话, 好吗?

만약 시간이 있으면 나에게 전화 좀 해주시겠어요?

如果… 就(那么/那) 만약 ~라면 바로 (그렇다면)

예 如果你身体不舒服, 就不要来这儿了。

만약 몸이 불편하시다면 여기 오실 필요 없습니다.

幸亏 … 才… 다행이 ~해서 간신히 ~했다

幸亏 … 不然/要不/否则 … 다행히 ~했기에 망정이지, 그렇지 않으면 ~했다

상황의 가설을 나타내며 뒷문장은 앞문장과 전환 관계에 있음

예 我幸亏走得早, 才没叫雨淋了。 내가 일찍 가서 간신히 비에 젖지 않았다.

幸亏你来得早, 不然就淋湿了。 다행이 당신이 일찍 왔기에 망정이지, 그렇지 않으면 비에 젖었다.

3 병렬관계(并列关系)

> 앞뒤 문장의 관계가 동등함을 나타냄

既 (又) … 又… /既(也) …也… ~이기도 하고 ~이기도 하다

既 (又) … 又 …는 두 문장의 주어가 같은 경우에 사용

既(也) …也 …는 두 문장의 주어가 다른 경우에 사용

예 这家饭馆的菜既好吃又便宜。 이 식당의 요리는 맛있고도 싸다.

日本菜也好吃, 中国菜也好吃。 일본 요리도 맛있고, 중국 요리도 맛있다.

一边 … 一边… 한편으로 ~하고 한편으로 ~하다(~하면서 ~하다)

두 개의 동작이 동시에 진행됨을 나타냄(구체적 동작)

예 他一边听音乐, 一边做作业。 그는 음악을 들으면서 숙제를 한다.

一方面… (另) 一方面…　　한편으로는 ~하고 (다른) 한편으로는 ~하다

사물의 두 방면을 나타냄(추상적 의미의 동사)

예　我们一方面要肯定成绩，另一方面也要指出缺点。

　　　우리는 한편으로 성과를 인정하면서 다른 한편으로는 단점을 지적해야 한다.

一来 … 二来… 三来…　　첫째로는 ~ 둘째로는 ~ 셋째로는 ~

예　我们去吃冷面吧! 一来天气太热，二来我的女朋友喜欢吃。

　　　우리 냉면 먹으러 갑시다. 첫째로는 날씨가 너무 덥고, 둘째로는 내 여자친구가 먹는 걸 좋아합니다.

　　　一来时间太晚了，二来我身体不太舒服，就不去了。

　　　첫째로는 시간이 너무 늦었고, 둘째로는 내 몸이 좋지 않아서 안 갈래요.

一会… 一会…　　~했다 ~했다

상황이 바뀌어 나타남

예　天气一会儿阴，一会儿晴。 날씨가 흐렸다 맑았다 한다.

　　　他的病一会儿好，一儿会重。 그의 병은 좋아졌다 나빠졌다 한다.

4　점층관계(递进关系)

뒷문장이 앞문장보다 의미가 심화됨

不但 (不仅/不光)… 而且(뒷절 앞) / 也/还(부사로 주어 뒤에 위치)　　~일 뿐만 아니라, 게다가

주어가 일치할 경우 주어는 앞에, 불일치할 경우에는 뒤에 옴

예　我的男朋友不但很帅，而且也很聪明。 나이 남자친구는 잘생겼을 뿐만 아니라 매우 총명하다.

　　　不但社会效益好，经济效益也不错。 사회의 효익이 좋을 뿐만 아니라 경제적 효익도 좋다.

　　　주의 而且 / 也만은 쓸 수 있지만 不但만은 쓸 수 없다.

更/还　　훨씬, 더

부사, 주어 뒤에 위치. 진일보의 의미를 가짐

예　我喜欢喝啤酒，更喜欢喝烧酒。 나는 맥주 마시는 것을 좋아하는데 소주 마시는 것을 더 좋아한다.

連 … 也 / 甚至 … 也　심지어 ~조차도

예　不但小孩儿喜欢他，甚至老人也喜欢他。
　　어린이가 그를 좋아 할뿐만 아니라 노인들도 그를 좋아한다.

連 …也(都)…，更何况…　~조차도 ~하는데 하물며 ~는 어떠하겠는가

뒷절의 인물이나 사물의 상황이 앞보다 좋거나 나쁨

예　连她也不明白，更何况我呢？　그녀조차도 이해를 못하는데 하물며 나는 어떠하겠는가?

5 선택관계(选择关系)

하나 혹은 그 이상의 선택관계에 쓰임

A 或者 B　A이거나 혹은 B이거나

평서문에 쓰임

예　你叫他老张或者老大都可以。　너는 그를 장형이나 큰형님이라고 부르는 것이 모두 가능하다.

A 还是　B A아니면 B

의문문에 자주 쓰임

예　你是中国人还是韩国人？　당신은 중국 사람입니까, 아니면 한국 사람입니까?

或者 A, 或者 B / 要么 A, 要么 B　혹은 A 혹은B / A이거나, B이거나

둘 중의 하나를 선택할 수도 있고, 제 3의 가능성도 있음

예　或者我去，或者他去，只能去一个。　내가 가거나, 그가 가거나, 한 사람만 갈 수 있습니다.
　　你要么明天来，要么后天来。　당신이 내일 오던지, 모레 오던지 하세요.

不是 A, 就 B　A아니면 B이다

둘 중에 하나를 나타냄

예　他买的不是衣服就是书包。　그가 산 것은 옷이 아니면 가방이에요.

不是 A 而是 B　A가 아니고 B이다

뒤의 것을 나타냄

예　我说的不是他而是你。　내가 말한 것은 그가 아니고 당신이에요

6

전환관계(转折关系)

전환, 역접의 사실을 설명할 때

可是 / 但是 / 不过   그러나

예 今天风很大，可是不怎么冷。 오늘 바람이 심하게 불지만 그렇게 춥지는 않다.

可以是可以，不过你得换车。 그걸 타도 되지만 차를 갈아타야 합니다.

只是 / 却   단지, 오히려

예 这件衣服很好看，只是贵了点儿。 이 옷은 매우 예쁩니다. 단지 조금 비쌉니다.

我有许多话要说，一时却说不出来。 나는 할 말이 많았는데, 순간적으로 말이 나오지 않았습니다.

虽然 / 尽管 … 但是 / 可是 …   비록 ～이지만 ～이다

예 我虽然喜欢中国歌，可是不会唱。

내가 비록 중국 노래를 좋아하지만, 부를 줄은 몰라요.

虽然我不喜欢这种水果，但是妈妈却买了很多。

나는 이런 종류의 과일을 좋아하지 않는데도 어머니는 오히려 많이 사셨습니다.

其实   사실은

앞 절과 상반된 사실을 도출

예 听说他已经结婚了，其实他还没结婚。

듣자하니 그는 이미 결혼했다고 했는데, 사실 아직 결혼하지 않았습니다.

我以为他是中国人。其实他不是中国人，是韩国人。

나는 그가 중국인인 줄 알았는데, 사실 중국인이 아니고 한국인이었습니다.

7

조건관계(条件关系)

앞문장에 조건을 제시하고 뒷문장에 그로 인하여 발생하는 결과를 나타냄

只要 … 就 …   ～하기만 하면 ～하다

다른 조건이라도 이 결과를 가져올 수 있음을 암시

예 只要你愿意，我们可以去。 당신이 원하기만 하면, 우리는 갈 수 있습니다.

只有 … 才 …   ~해야만 ~하다

유일한 조건임을 나타냄

예 只有努力，才能通过考试。 노력을 해야만, 시험에 통과할 수 있습니다.

不管 …(불명확한 상황의 조건) … 都/也 …   ~을 막론하고, 모두 / 역시 ~하다

어떤 상황이나 조건에서도 결론이나 결과는 바뀌지 않음을 암시

예 不管是谁都知道他。 누구를 막론하고 모두 그를 알아요.

不管英语还是汉语，她都说得非常好。 영어든지, 중국어든지를 막론하고 그녀는 모두 매우 잘

합니다.

不管你我，都喜欢喝酒。 너나를 막론하고, 술 마시는 것을 좋아합니다.

除非 … 要不 (不然 / 要不然 / 否则) …   반드시 ~해야만 한다, 그렇지 않으면 ~할 것이다

어떤 조건이 유일한 선결 조건임을 나타냄

예 除非你去，否则他不会去的。 네가 반드시 가야만 해. 그렇지 않으면 그는 안 갈 거야.

除非 … 才…   반드시 ~해야만 ~할 수 있다

예 除非你答应我的条件，我才告诉你。

당신이 나의 조건을 수락해야 내가 당신에게 알려줄 수 있어요.

8 목적관계(目的关系)

목적이나 그것을 취한 행동을 전달함

为 / 为了   ~을 위하여

예 为了提高工作效率，他们公司改革了人事制度。

업무 효율을 제고하기 위하여, 회사는 인사 제도를 개혁했다.

… 是为了   ~은 ~을 위해서이다

앞의 행위는 뒤의 목적을 위함

예 他学习汉语是为了找到工作。

그가 중국어를 공부하는 것은 일을 구하기 위해서입니다.

오늘 배운 전략을 문제에 적용해보는 시간입니다.

你们国家有什么特别的菜？请讲一讲你们国家的特色菜。味道怎么样？有什么特点？

질문 당신 나라에는 어떤 특색 있는 음식이 있나요? 당신 나라의 특색 있는 음식을 말해보세요.
맛이 어떤가요? 어떤 특색이 있나요?

브레인스토밍

주제와 관련된 단어들을 연상하여 구조에 맞게 나열한 후 짜임새 있는 문장을 만들어보세요.

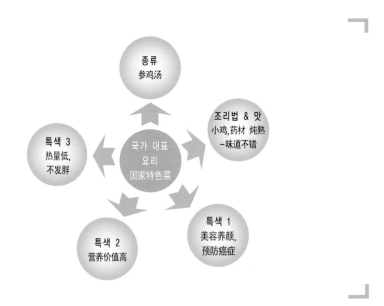

문제 유형 분석

- **주제 범위:** 음식 관련
- **주제:** 우리나라 대표 음식
- **과제 설명:** 우리나라의 특색 있은 음식 소개 – 삼계탕

적용 1 구도 만들기

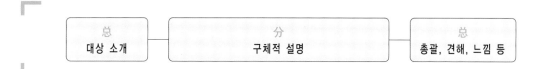

❶ 总 대상 소개
- 말하고자 하는 대상을 소개
  - **삼계탕** : 간단한 조리법과 훌륭한 맛으로 한국 최고의 '탕'임

❷ 分 구체적 설명
- 특징이나 간단한 조리법 등을 설명
  - 6주 된 영계 뱃속에 인삼과 약재들을 넣고 오래 끓임
  - 미용과 스트레스 해소에 좋으며 암을 예방하는 효과가 있음
  - 영양가가 높음
  - 보양식으로 살이 안 찜
  - 열량이 낮고 기름기가 많지 않음

❸ 总 총괄, 견해, 느낌 등
- 장점 위주로 내용을 총괄하거나 견해나 느낌 등으로 마무리
  - 다이어트로 인해 영양이 부족할 때나 체질이 허약한 사람에게 좋은 선택임

总 ▸ 한국에서 삼계탕은 매우 유명한 요리입니다.

参鸡汤在韩国是非常有名的一道菜。

▸ 그것의 조리법이 간편하고 맛도 아주 좋습니다.

它的做法比较简便，而且味道也很不错。

分 ▸ 한국 인삼과 여러 약재를 닭의 배에 넣고 오래 끓입니다.

把韩国的人参和多种药材放在鸡的肚子里一起炖熟。

▸ 미용과 스트레스 해소, 암 예방에도 효과가 있을 뿐 아니라 영양가도 매우 높습니다.

不但有美容养颜，缓解压力，预防癌症等效果，而且营养价值非常高。

▸ 여성에게는 보양과 동시에 살이 찌는 것을 걱정할 필요가 없습니다.

对于女性来说，补养的同时，又不用担心发胖。

总 ▸ 비록 삼계탕은 조리 시간이 길긴 하지만 다이어트로 영양이 부족하거나 신체가 허약한 사람에게는 매우 좋은 선택입니다.

虽然做参鸡汤的时间有点儿长，但是对于因为减肥而变得营养缺乏或者体质虚弱的人来说，是一个很不错的选择。

적용 3 내용 더하기

답안 参鸡汤在韩国是非常有名的一道菜，它的做法比较简便，而且味道也很不错，是韩国第一名汤。

参鸡汤特别选择六周的小鸡， 把韩国的人参和多种药材放在鸡的肚子里一起炖熟。这种汤不但有美容养颜，缓解压力，预防癌症等效果，而且营养价值非常高。参鸡汤适合一年四季食用，韩国人非常喜欢它。

对于女性来说，喝参鸡汤好处很多，补养的同时，又不用担心发胖。因为鸡肉的热量比较低，参鸡汤的做法又很天然，所以油不太多，非常健康。虽然做参鸡汤的时间有点儿长，但是对于因为减肥而变得营养缺乏或者体质虚弱的人来说，喝参鸡汤是一个很不错的选择。

삼계탕은 한국의 유명한 음식입니다. 요리법이 간단하고 맛도 좋은 한국 제일의 탕입니다.
삼계탕은 6주 된 작은 닭을 선택해 한국 인삼과 여러 가지 한약재를 닭의 배에 넣어 오래 끓입니다. 이 탕은 미용에도 좋을 뿐만 아니라 스트레스도 완화하고 암을 예방하는 등의 효과가 있습니다. 게다가 영양도 풍부합니다. 삼계탕은 사계절 모두 먹을 수 있어 한국인들이 매우 좋아합니다.
여성에게 삼계탕은 매우 좋습니다. 보양도 되고 살이 찔 것을 염려할 필요가 없습니다. 왜냐하면, 닭고기는 열량이 낮고 자연식 요리법으로 조리해 기름기가 많지 않습니다. 굉장히 몸에 좋습니다. 비록 요리 시간이 조금 길기는 하지만 다이어트로 영양이 결핍되거나 허약한 사람들에게 삼계탕은 매우 좋은 선택입니다.

해설 자신의 나라의 특색 있는 음식을 소개하라는 내용입니다. 우선 무엇을 소개할 것인지를 언급하고 소개하는 이유, 맛, 재료, 간단한 요리법, 영양 등을 소개합니다. 내용을 전개할 때는 문장과 문장을 연결하는 형식에 유의하세요. 알맞은 호응 관계를 이용해 정확하게 내용을 전개해야 합니다.

参鸡汤 shēnjītāng	삼계탕
人参 rénshēn	인삼
药材 yàocái	약재
炖 dùn	푹 삶다
预防 yùfáng	예방하다
癌症 áizhèng	암증상
效果 xiàoguǒ	효과
营养 yíngyǎng	영양
价值 jiàzhí	가치
对(于)…来说 duì~ láishuō	~에 대해 말하자면
补养 bǔyǎng	보양하다 ➡ 补充营养의 줄임말
发胖 fāpàng	살찌다 ➡ 동의어) 长肉 zhǎngròu
热量 rèliàng	열량
天然 tiānrán	자연의, 천연의
缺乏 quēfá	결핍되다, 모자라다 ➡ 缺乏营养 영양 결핍
体质 tǐzhì	체질, 체력
虚弱 xūruò	허약하다

tip!tip!   중국어로 뭐라고 하지?

1) 발효
2) 항균 작용
3) 암 예방 효과
4) 위장 정화 작용
5) 비타민C와 철분 등의 여러 영양소를 함유하고 있다.

정답 1. 发酵 / 2. 抗菌作用 / 3. 癌症的预防有效果 / 4. 净化胃肠的作用 /
　　　5. 含有维生素 C, 钙等多种营养。

❖ 중요 표현

1. 参鸡汤在韩国是非常有名的一道菜。
2. 它的做法比较简便, 而且味道也很不错, 是韩国第一名汤 。
3. 对于女性来说, 喝参鸡汤好处很多。

Go!Go! 고득점 비법

1. 내용 전개에 유의하여 답변하라

　• 답변할 때 주제와 관련된 내용으로 전개해야 합니다.
　• 간결하면서도 완성된 문장을 만들기 위해 관련사를 이용하는 것이 좋습니다.

2. 문장과 문장 간의 호응에 유의하라

　• 관련사를 이용하여 문장 간의 호응을 정확하게 표현하는 것이 중요합니다.
　　내용에 따라 정확한 관련사를 선택하여 문장 간의 연결을 완성하세요.

아래 OPIc 질문에 알맞은 답안을 구성해보는 시간입니다.
오늘 배운 전략을 다시 한 번 생각해보고 순서에 맞게 적용해보세요.

请说说你上个星期的工作情况，比如：会议等等。请详细讲一讲。
당신의 지난 주 업무 상황을 말해주세요. 예를 들어, 회의 등, 자세히 말해주세요.

브레인스토밍

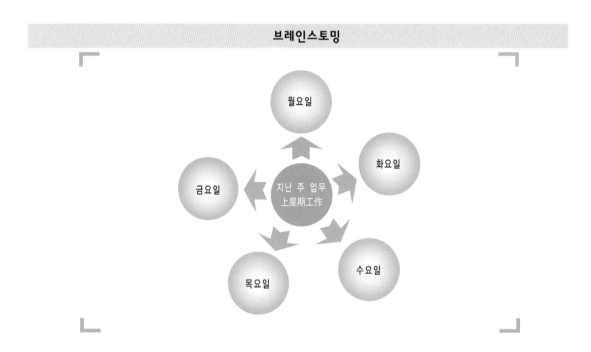

답변하기

자가 진단 테스트

• 주어진 과제를 기억했습니까?　　　　　　　　　　　　　　　　　□ □
• 주제의 핵심을 파악했습니까?　　　　　　　　　　　　　　　　　□ □
• 주제에 맞게 구성했습니까?　　　　　　　　　　　　　　　　　　□ □
• 정확한 어휘와 어법을 사용했습니까?　　　　　　　　　　　　　□ □
• 구성에 맞는 풍부한 내용으로 답변했습니까?　　　　　　　　　□ □

예시　我在钟路的一家公司上班，平时工作比较忙，那么我就来说说上个星期我的一些工作情况吧。

星期一，为了计划一个星期的工作内容，一到公司就马上开会；然后开始忙碌的工作。

星期二，从早上开始就准备一些工作报告，因为星期三打算跟一个重要的客户见面。我忙了一天才把报告写完。

星期三，我把准备好的报告给客户，他很满意，我们两个公司的合作也很顺利。

星期四，因为要处理公司的业务，我跟同事一起去釜山出差了。

星期五，我下午才从釜山回来。晚上公司有聚餐，虽然比较累，但是我们高高兴兴地吃了一顿，觉得一个星期的辛苦都没什么。

那么下个星期我也要继续努力! 加油!

나는 종로의 한 회사에서 일합니다. 평상시에는 일이 바쁜 편입니다. 그럼 지난 주 나의 업무를 말씀드리겠습니다.

월요일: 한 주의 업무 계획을 세우기 위해 회사에 도착하자마자 회의를 하고 바쁜 하루를 시작합니다.

화요일: 아침부터 업무 보고서를 작성합니다. 수요일에 중요한 고객과 만나야 하거든요. 바쁘게 하루를 보내고서야 겨우 보고서를 완성했습니다.

수요일: 준비된 보고서를 고객에서 주었더니 매우 만족해했습니다. 우리도, 회사의 협력도 매우 순조로웠습니다.

목요일: 회사 업무 처리로 동료와 함께 부산에 출장을 갔습니다.

금요일: 오후에서야 부산에서 돌아왔습니다. 저녁에는 회식이 있었고 조금 피곤하긴 하지만 즐겁게 식사를 했습니다. 한 주의 고생이 별거 아니라고 생각되었습니다.

다음 주에도 계속 노력해야지요. 파이팅!

해설　지난 주 업무를 설명하는 서술문입니다. 월요일부터 금요일까지 차례대로 서술하고 문장과 문장 간의 관련사에 주의해야 합니다.

忙碌 mánglù	바쁘다	准备 zhǔnbèi	준비하다
满意 mǎnyì	만족하다(스럽다)	顺利 shùnlì	순조롭다
聚餐 jùcān	회식(하다)	顿 dùn	끼니, 차례 (식사, 질책, 권고 등에 쓰임)
辛苦 xīnkǔle	고생(수고)(하다)	继续 jìxù	계속(하다)

step 5 연습 활동

오늘 배운 내용을 문제를 통해 확인해보는 시간입니다.

01 다음 문장에 알맞은 형식을 골라 쓰세요.

也, 也 　　虽然, 可是 　　除非, 否则 　　因为, 所以 　　辛亏, 不然

(1) _____ 事情太多, _____ 直到今天才来看你。

모범답안 因为, 所以 일이 너무 많아서 오늘에서야 당신을 보러 왔습니다.
인과관계의 표현이므로 因为, 所以를 사용합니다.

(2) _____ 你来得早, _____ 就淋湿了。

모범답안 辛亏, 不然 당신이 일찍 왔기에 망정이지 그렇지 않으면 비에 젖었을 것입니다.
가정관계의 표현이므로 辛亏, 不然를 사용합니다.

(3) 日本菜 _____ 好吃, 中国菜 _____ 好吃。

모범답안 也, 也 일본 요리도 맛있고 중국 요리도 맛있다.
병렬관계의 표현이므로 也, 也를 사용합니다.

(4) 我 _____ 喜欢中国歌, _____ 不会唱。

모범답안 虽然, 可是 나는 중국 노래를 좋아하지만 부를 줄은 모른다.
전환관계의 표현이므로 虽然…可是를 사용합니다.

(5) _____ 你去, _____ 他不会去的。

모범답안 除非, 否则 당신이 가지 않는 이상 그는 가지 않을 것입니다.
조건관계의 표현이므로 除非, 否则를 사용합니다.

02 다음 형식을 이용하여 문장을 만드세요.

(1) 노력을 해야만 시험에 통과할 수 있다. (只有…才)

_____

모범답안 ❘ 只有努力，才能通过考试。
노력이 유일한 조건임을 기억하세요.

(2) 내가 말하는 것은 그가 아니고 당신이다. (不是…而是…)

_____

모범답안 ❘ 我说的不是他而是你。
不是A而是B는 A가 아니고 B임을 나타냅니다.

(3) 당신은 중국인입니까 아니면 한국인입니까? (…还是…)

_____

모범답안 ❘ 你是中国人还是(是)韩国人？ …还是…는 선택의문문의 형태입니다.

(4) 그는 음악을 들으면서 숙제를 한다. (一边…一边…)

_____

모범답안 ❘ 他一边听音乐，一边做作业。(동일한 주어)
一边…一边…는 한 장소에서 두 가지 동작이 동시에 일어남을 나타냅니다.

(5) 그가 영어를 배우는 것은 미국에 유학가기 위해서이다. (…是为了…)

_____

모범답안 ❘ 他学习英语是为了去美国留学。
…是为了… 앞에 목적을 이루기 위한 행위가, 뒤에 이유나 목적이 나옵니다.

03 다음의 관계에 알맞은 것을 고르세요.

| 一来…二来… | 或者 | 其实 | 为了 | 因此 | 可见 |
| 如果 … 的话 | 连… 也 | 更 | 不管…都 | 一方面…另一方面… |

(1) 인과 → _____

모범답안ㅣ 인과 因此, 可见
→ 因此 '그래서 …' 뒷절에서 결과를 나타냅니다.
→ 可见 '…을 알 수 있고'의 의미로 앞문장을 근거로 결론을 내릴 때 사용합니다.

(2) 병렬 → _____

모범답안ㅣ 병렬 一来…二来…, 一方面…另一方面…
→ 一来…二来… 첫째로는… 둘째로는….
→ 一方面…另一方面… '한편으로는~ 다른 한편으로는'의 의미로 사물의 두 가지 측면을 나타내고 대부분 추상적 동사가 옵니다.

(3) 점층 → _____

모범답안ㅣ 점층 连… 也, 更
→ 连… 也 '심지어 -조차도, / 更 - '훨씬'의 의미로 부사이며 주어 뒤에 위치합니다.

(4) 전환 → _____

모범답안ㅣ 전환 其实, 不管…都
→ 其实 '사실은'의 의미로 앞절과 상반된 사실을 도출합니다.
→ 不管…都 '-을 막론하고, 모두 -'의 의미로 어떤 조건에도 결론이나 결과가 바뀌지 않음을 나타냅니다.

아래 요약된 내용을 다시 한 번 숙지하세요.

1 관련사와 복문 형태 기억하기

• 관련사와 복문 형태를 연습해 자유자재로 쓰는 것이 중국어 말하기 능력을 향상시키는 지름길입니다.
• 전체 문맥을 완성하는 데 문장과 문장 사이에 관련사를 적절히 쓰는 것이 매우 중요합니다.

2 관련사를 이용한 문장 연습하기

• 문장 간의 자연스러운 흐름을 익혀 정확하고 완성도 높은 답변 능력을 키우세요.
• 관련사와 복문의 여러 형태를 기억해 좀 더 자신감을 가지고 말할 수 있도록 하세요.

step 7 OPIc 궁금증 해결

OPIc 중국어에 대한 궁금증을 시원하게 풀어드립니다.

OPIc 시험은 모두 시험 전에 체크한 사전 조사의 내용만을 범위로 출제되나요?

아닙니다. 시험 전에 체크한 Background Survey에서 개인 맞춤형 문항이 출제될 수 있으며 그외 시스템으로 선별된 문항이 출제됩니다. 즉, 여러분이 선택하지 않은 내용에서도 문제가 출제될수 있습니다. OPIc은 수험자의 말하기 능력을 언어적인 요소(Accent, Grammar, Vocabulary, Fluency)뿐만 아니라 기능적 측면(Global Tasks and Functions, Context/ Contents, Accuracy, Test type)까지 총체적으로 평가하는 시험입니다. 또한, OPIc 문제는 시험 전 Background Survey와 Self Assessment를 바탕으로 문항이 출제됩니다. 일반적으로 여러분의일상 생활에서 일어나는 일들을 위주로 문제가 출제되며 전문적인 내용이 출제되더라도 일상 생활과 연결되어 있는 질문들이 출제됩니다.

7

Lesson

비교 표현

주제 ▎ 과학 상품 / 과학 기술 상품

오늘의 학습 목표입니다. 학습을 시작하기 전에 목표를 숙지하세요.

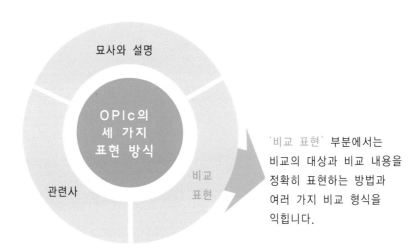

묘사와 설명

OPIc의
세 가지
표현 방식

관련사

비교
표현

'비교 표현' 부분에서는
비교의 대상과 비교 내용을
정확히 표현하는 방법과
여러 가지 비교 형식을
익힙니다.

오늘의 목표 ●●●

01 중국어 말하기에 사용되는 비교 형식 이해하기

02 비교 형식의 종류와 주의해야 할 점 학습하기

오늘의 학습 목표에 따른 전략입니다.

개 요 ● ● ●

OPIc에서 비교 형태는 출제 비중이 높습니다. 비교 형식을 이용해 정확히 답변하기 위해서는 비교 구문의 형식과 의미 차이를 정확히 이해하고 있어야 합니다.

비교 형식과 용법 ● ● ●

1 比 서로 다른 사물의 성질이나 정도의 차이를 나타냄

A + 比 + B + 비교 결과 + 구체적 차이

A가 B보다 ~하다

> 예 这个比那个贵。이것이 저것보다 비싸다.
>
> 这个比那个贵一点儿。이것이 저것보다 좀 더 비싸다.
>
> 这个比那个还 / 更贵。이것이 저것보다 더 / 훨씬 비싸다.
>
> 这个比那个贵三块。이것이 저것보다 3원 비싸다.

주의사항

❶ 술어 부분에 很, 非常, 最, 特別 등의 정도 부사를 사용하지 않음

단, 还, 更은 사용할 수 있음(훨씬, 더욱의 진일보의 의미를 가짐)

> 예 他的个子比我很高。(×)　他的个子比我还高。(O)
>
> 그의 키가 나보다 더 크다.
>
> 我做的菜比他做的菜太好吃。(×)　我做的菜比他做的菜更好吃。(O)
>
> 내가 만든 요리는 그가 만든 것보다 훨씬 맛있다.
>
> 学汉语比学英语非常有意思。(×)　学汉语比学英语更有意思。(O)
>
> 중국어를 배우는 것이 영어를 배우는 것보다 훨씬 재미있다.
>
> 他的水平比你特別差。(×)　他的水评比你更差。(O)
>
> 그의 수준은 당신보다 훨씬 뒤떨어진다.

❷ 구체적인 차이를 나타낼 때는 一点儿, 一些, 多了, 远了, 得多 등을 사용할 수 있음

> 예 今天比昨天冷几度(×)。　　今天比昨天冷一点儿。(O)
>
> 오늘이 어제보다 좀 더 춥다.
>
> 这个房间比那个房间暖和几倍。(×)　　这个房间比那个房间暖和多了。(O)
>
> 이 방은 저 방보다 더 따뜻하다.
>
> 这本教材的词汇比那本教材的丰富很多词。(×)
>
> 这本教材的词汇比那本教材的丰富得多。(O)
>
> 이 교재의 단어가 저 교재보다 더 풍부하다.

단, 多, 少, 大, 小, 早, 晚, 高, 低, 贵, 便宜, 厚, 薄 등은 수량사를 사용해 구체적인 비교가 가능함

> 예 今天的温度比昨天低几度。오늘 기온이 어제보다 몇 도 낮다.
>
> 他比我大五岁。그는 나보다 다섯 살 많다.
>
> 今天比昨天晚二十分钟。오늘은 어제보다 20분 늦다.
>
> 我的手表比他的手表贵几百块钱。나의 손목시계는 그의 시계보다 몇 백 원 더 비싸다.

(1) 부정형

1) 没有

> A + 没有 + B + 비교 결과
> A가 B만큼 ~하지 못하다

> 예 他做的没有我好。그가 만든 것은 내 것만큼 좋지 않다.
>
> 今天没有昨天热。오늘은 어제만큼 덥지 않다.

2) 不比

> A + 不比 + B + 비교 결과
> A가 B보다 ~하지 못하다

> 예 他的身体不比你的好。그의 몸은 너보다(만큼) 좋지 않다.
>
> 他的身体不比你的差。그의 몸이 너보다(만큼) 못하지는 않다(좋다).

不比를 이용한 비교 형식은 반박의 의미를 가짐. 즉, A 跟 B 差不多의 의미

他做得不比我好。为什么他能参加我不能参加?

그가 나보다(만큼) 잘하지 못하는데 왜 그는 참가할 수 있고 나는 안 되나요?

他的水平不比你的高。 그의 수준은 너보다(만큼) 높지 않다.

(2) 정도 보어를 사용하는 경우

주어 + 동사 + 빈어(목적어) + 比 + 비교 대상 + 동사 + 得 + 보어
주어 + 동사 + 빈어(목적어) + 동사 + 得 + 比 + 비교 대상 + 보어

예 他睡觉比我睡得早。 / 他睡觉睡得比我早。 그는 나보다 일찍 잔다.
他比我睡觉睡得早。 (×)
你唱歌比我唱得好。 / 你唱歌唱得比我好。 너는 나보다 노래를 잘 부른다.
他踢球比我踢得好。 / 他踢球踢得比我好。 그는 나보다 축구를 잘 한다.

2 有

A 有 + B (명사성 단어) + 비교 결과(형용사성 단어)
A가 B(기준)만큼 ~하다(정도에 이르다)

A 有 + B (명사성 단어) + 这么(那么) + 비교 결과(형용사성 단어)
A가 B(기준)만큼 이렇게(그렇게) ~하다(정도에 이르다)

예 你有我这么高吗? 네가 나만큼 이렇게 크니?
他开车开得有我那么快吗? 그는 운전을 나처럼(만큼) 그렇게 빨리 합니까?

(1) 부정형

1) 没有

A 没有 + B (명사성 단어) + 비교 결과(형용사성 단어)
A가 B(기준)만큼 ~하지 못하다(정도에 이르지 못하다)

A 没有 + B (명사성 단어) + 这么(那么) + 비교 결과(형용사성 단어)
A가 B(기준)만큼 이렇게(그렇게) ~하지 못하다(정도에 이르지 못하다)

예 他长得没有你漂亮。 그는 너만큼 예쁘지 않다.

他打网球打得没有我好。 그는 테니스를 나만큼 잘하지 못한다.

我没有他那么会说。 나는 그 만큼 그렇게 말을 잘할 줄 모른다.

주의사항

❶ 결과 뒤에 구체적인 一点儿, 一些, 多了, 远了, 得多 등이 올 수 있고 수량사는 쓰지 않음

예 你有我高多了。 너는 나보다 많이 크다.

3 A 跟(和) B 一样

A 跟(和) B (几乎 / 完全)一样 + 결과
A와 B는(거의, 완전히) 똑같다(똑같이 ~하다)

예 我跟他一样高。 나는 그와 똑같이 크다.

他跟我一样，都喜欢学外语。 그는 나와 똑같이 외국어 배우는 것을 좋아한다.

我跟他几乎一样高。 나는 그와 거의 똑같이 크다.

我的水平跟他的水平完全一样。 나의 수준은 그의 수준과 완전히 같다.

(1) 부정형

A 跟(和) B 不太一样
A와 B는 그다지 같이 않다

A 跟(和) B + 비교 대상 + (完全, 根本) 不一样
A와 B는 ~이(가) (완전히, 전혀) 같지 않다

예 他的性格和我的性格不太一样。 그의 성격은 나의 성격과 그다지 같지 않다.

我的衣服跟他的衣服颜色不一样。 나의 옷은 그의 옷과 색깔이 다르다.

这两个句子的意思完全不一样。 이 두 문장의 의미는 완전히 다르다.

(2) 기타

A 跟(和) B 差不多(差不多一样)
A와 B는 비슷하다

> **예** 他的汉语跟我差不多。 그의 중국어와 나(의 중국어)는 비슷하다.
> 今天的温度跟昨天的差不多一样。 오늘 기온은 어제와 비슷하다.

4 不如

A 不如B + 술어
A는 B만(만큼) 못하다(~하지 못하다)

> **예** 他不如我好。 그는 나만큼 좋지 않다.
> 他不如你漂亮。 그는 너만큼 예쁘지 않다.

주의사항

❶ 비교하는 내용이 구체적이고 정확함. 술어는 일반적으로 적극적 의미의 형용사(好, 高, 大, 漂亮, 流利, 清楚) 등이 사용된다.

> **예** 他的英语不如我流利。 그의 영어는 나만큼 유창하지 못하다.

❷ 술어 앞에 这么, 这样, 那么, 那样 등을 사용할 수 있다.

> **예** 他的个子不如你高。 그의 키는 너만큼 크지 못하다.

❸ 술어 뒤에 一点儿, 一些, 得多, 多了 등의 비교 어휘를 사용할 수 없다.

> **예** 这个苹果不如那个大一点儿。 (×)
> 이 사과는 저 사과만큼 크지 않다.

5

越来越

越来越 + 형용사/동사(심리 활동 동사) (了)

점점(더) ~하다

예 天气越来越热了。 날씨가 점점 더워진다.

我越来越喜欢他了。 나는 점점 더 그가 좋아진다.

他跑得越来越快了。 그는 점점 빨리 뛴다.

동일한 사물에 관한 시간의 흐름에 따른 증가를 나타냄

越 A 越 B

~A함에 따라(할수록) B ~하다

예 他心里越紧张越说不出话来。 그는 긴장할수록 말을 못한다.

这件衣服我越看越喜欢。 이 옷은 (내가) 볼수록 좋다.

비결 ▶ 1. 비교 형태에 따른 의미 잘 파악하기

2. 부정형의 종류와 의미 비교하기

비교 형태는 쉬워 보이지만 막상 회화에서 사용하려면 혼동이 됩니다. 형태에 따른 우리말 의미를 잘 파악하세요. 앞에서 학습한 비교 문형 이외에 과거와 현재를 이용한 표현법도 있습니다.

step 3 적용 학습

오늘 배운 전략을 문제에 적용해보는 시간입니다.

请比较一下，你以前用过的科技产品和现在用的科技产品。

질문 당신이 이전에 사용했던 과학 기술 상품과 현재 사용하는 과학 기술 상품을 비교해주세요.

브레인스토밍

주제와 관련된 단어들을 연상하여 구조에 맞게 나열한 후 짜임새 있는 문장을 만들어보세요.

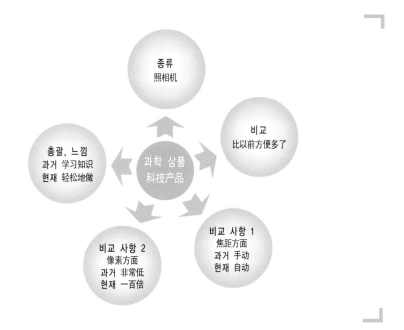

문제 유형 분석

- **주제 범위:** 과학 기술 상품 관련
- **주제:** 과학 기술 상품(카메라)
- **과제 설명:** 과거와 현재의 과학 기술 상품 비교 – 카메라 비교

적용 1 구도 만들기

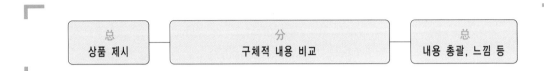

❶ **总** 상품 제시

- 취미 설명
  - 사진 찍기

❷ **分** 구체적
내용 비교

- 과거와 현재의 구체적 비교
  - 과거 : 초점 거리를 조절해야 함
    현재 : 자동으로 조절됨
  - 과거 : 매우 낮음
    현재 : 과거의 100배로 매우 선명하고 예쁨

❸ **总** 내용 총괄 혹은
느낌 등

- 현재 기술의 느낌
  - 과거 : 우수한 화질을 얻기 위한 과학 지식의 습득이 요구됨
    현재 : 손가락 하나만 움직여 쉽게 사용할 수 있음
  - 과학 기술이 인류에게 미치는 영향을 끊임없이 탐구하고 있음

적용 2 기초 표현 다지기

总 ▸ 나의 취미는 촬영입니다. 그래서 어릴 적부터 지금까지 많은 카메라를 바꿨습니다.

我的爱好是摄影，所以从小到大换了很多台照相机。

分 ▸ 현재의 카메라가 이전보다 굉장히 편리해졌습니다.

现在的相机比以前的相机方便了很多。

▸ 첫째 : 초점거리 방면, 이전의 카메라는 당신 스스로 초점거리를 정해야 해서 번거로운 편이었습니다.

第一：焦距方面，以前的相机你要自己确定焦距，比较麻烦。

▸ 현재의 카메라는 사람의 형상을 렌즈에 맞추면 카메라가 자동으로 조정할 수 있습니다.

现在的相机你只要把镜头对准人像，它就会自动调节。

▸ 둘째 : 화소 방면, 이전의 카메라는 화소가 매우 낮았습니다.

第二：像素方面，以前使用的相机像素非常低。

▸ 현재의 카메라 화소는 예전의 100배여서 화질이 매우 깨끗하고 예쁩니다.

现在相机的像素是原来的100倍，所以画质非常清晰漂亮。

总 ▸ 이전에는 어떻게 우수한 화면을 찍어낼 수 있을까를 연구하기 위해 수학과 광학 지식을 학습했습니다.

以前因为要研究怎样能拍出优质的画面要学习利用数学以及光学知识。

▸ 현재는 손가락으로 누르기만 하면 손쉽게 찍을 수 있습니다.

现在你只要用手指一按，你就轻松地做到了。

▸ 과학 기술의 발전이 인류에게 미치는 영향에 대해 사람들은 끊임없이 추구하고 끊임없이 탐구하고 있습니다.

关于科技发展对人类的影响，人们从来没有停止追求，而是孜孜不倦地探索着。

답안 我的爱好是摄影，所以从小到大换了很多台照相机。当然我对照相机的了解也就非常专业，比如什么样的牌子以及什么样的型号有什么样的性能可以说了如指掌。所以很多朋友有关于相机的问题都会和我沟通。当然我也会义不容辞的帮忙解决。

科技的发展真的让我们的生活丰富多彩。现在的相机比以前的相机真是方便了很多。

第一：焦距方面，以前的相机你要自己确定焦距，因为人站的位置不一样，要根据远近调节好合适的焦距，比较麻烦；现在的相机你只要把镜头对准人像，它就会自动调节。

第二：像素方面，以前使用的相机像素非常低，但是现在相机的像素是原来的100倍，所以画质非常清晰漂亮。

科技发展了，人们用简单的方法就能丰富的利用各种科技产品让自己的生活更舒适化。就拿相机来说，以前因为要研究怎样能拍出优质的画面要学习利用数学以及光学知识，而现在你只要用手指一按，你就轻松地做到了。关于科技发展对人类的影响，人们从来没有停止追求，而是孜孜不倦地探索着。

제 취미는 촬영입니다.

그래서 어릴 때부터 지금까지 아주 많은 사진기를 바꿨습니다. 물론 카메라에 대한 조예도 아주 깊습니다. 예를 들어 상표뿐만 아니라 어떤 시리즈가 어떤 기능을 가지고 있는지도 손바닥 보듯이 훤히 알고 있습니다. 그래서 많은 친구들은 사진기에 대해서 저에게 물어보고 의견을 나눕니다. 물론 의리상 거절할 수 없는 부탁이라 해결해주고 있습니다.

과학기술의 발달은 정말 우리의 생활을 풍요롭고 다채롭게 해주었습니다. 지금의 사진기는 이전 것과 비교해서 정말 훨씬 편리해졌죠.

첫째 : 초점거리입니다. 이전의 카메라는 스스로가 초점을 맞춰야 했고 사람이 서 있는 위치가 다르기 때문에 원근 조절에 근거해서 초점을 맞춰야 했는데 꽤 귀찮았죠. 지금의 사진기는 렌즈가 인물에 맞춰지도록 자동으로 조절이 됩니다.

둘째 : 화소 방면입니다. 이전에 쓰던 사진기는 화소가 굉장히 낮았는데 지금의 사진기는 화소가 예전의 100배입니다. 그래서 화질이 아주 또렷하고 예쁩니다.

과학 기술이 발전해서 사람들은 간단한 방법으로 각종 기술 상품을 다양하게 이용해서 자신의 생활을 더욱 편안하게 해줍니다. 사진기를 예로 들자면 이전에는 어떻게 찍어야 더 좋은 화면이 나올지 연구하기 위해 수학과 광학 지식 등을 연구했어야 하는 반면 지금은 손가락으로 한 번 누르면 너무나 쉽게 해낼 수 있습니다. 과학 기술의 발전이 인류에게 준 영향에 대해 사람들은 지금까지 끊임없이 추구하고 꾸준히 탐색해오고 있습니다.

해설 문제에 직접적으로 '비교'라는 단어가 제시됩니다. 이런 질문은 논리적으로 깔끔하게 비교하는 것이 포인트! 먼저 비교 대상을 정한 후 과거와 현재를 구체적으로 비교해줍니다. 너무 많은 내용을 이야기하기보다는 특징적인 것을 몇 가지 들어 비교하는 것이 좋습니다.

필수 어휘 ● ● ●

摄影 shèyǐng	촬영(하다)
了解 liǎojiě	이해하다
了如指掌 liǎorúzhǐzhǎng	제 손금을 보듯 훤하다
义不容辞 yìbùróngcí	의리상 거절할 수 없다
丰富多彩 fēngfùduōcǎi	풍부하도 다채롭다
焦距 jiāojù	초점거리
镜头 jìngtóu	렌즈
像素 xiàngsù	화소
清晰 qīngxī	뚜렷하다, 분명하다
舒适 shūshì	기분이 좋다, 편하다 ⇒ 동의어 : 舒服
拿…来说 ná … láishuō	～을(에 대해) 말하자면
停止 tíngzhǐ	정지하다, 중지하다
追求 zhuīqiú	추구하다
探索 tànsuǒ	탐색하다, 찾다
孜孜不倦 zīzībújuàn	부지런하여 쉴 줄 모른다

 了解 & 理解

✔ **了解 – 알다**

1) 어떤 사람이나 상황에 대한 구체적 정보 등을 정확히 알다

    예 你怎么能这么说呢? 你太不了解我。

    당신 어떻게 이렇게 말할 수 있어요? 나를 너무 알지 못하는 군요.

2) '알아보다, 조사하다'라는 의미도 있음

    예 你去了解一下事情的全过程。당신 가서 이 일의 모든 과정을 알아보세요.

✔ **理解 – 이해하다**

1) 판단이나 추리를 통한 깊은 이해를 말함

    예 我能理解你现在的心情。나는 당신의 지금 심정을 이해할 수 있어요.

2) '알아보다, 조사하다'라는 의미는 없음

❖ 중요 표현

1. 当然我对照相机的了解也就非常专业。
2. 现在的相机你只要把镜头对准人像, 它就会自动调节 。
3. 关于科技发展对人类的影响, 人们从来没有停止追求。

Go!Go! 고득점 비법

1. 다양한 비교 형식을 숙지하라
   - 다양한 비교 형식을 잘 숙지하여, 정확하고 알맞은 형식을 선택해 답변하세요.

2. 비교 형식의 뜻과 의미를 파악하여 혼동을 피하라
   - 비교 형식에 따른 우리말 의미를 혼동하기 쉽습니다.
   - 정확한 의미를 파악하여 전달하고자 하는 내용을 바르게 표현하세요.

3. 구체적이고 정확한 어휘를 사용하여 비교하라
   - 비교하고자 하는 대상과 비교 내용에 사용되는 어휘는 정확해야 합니다.
   - 평소에 여러분이 관심 있는 과학 상품들을 잘 관찰하고 관련 어휘를 기억해둬야만 자신만의 이야기를 만들 수 있습니다.

step 4 나만의 OPIc

아래 OPIc 질문에 알맞은 답안을 구성해보는 시간입니다.
오늘 배운 전략을 다시 한 번 생각해보고 순서에 맞게 적용해보세요.

请比较一下你以前用过的科技产品和现在用的科技产品。
당신이 이전에 사용했던 과학 기술 상품과 현재 사용하는 과학 기술 상품을 비교하세요.

브레인스토밍

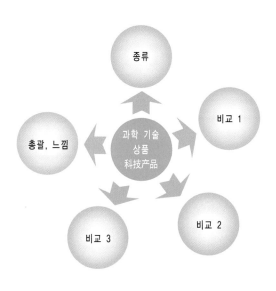

답변하기

자가 진단 테스트		
• 주어진 과제를 기억했습니까?	☐	☐
• 주제의 핵심을 파악했습니까?	☐	☐
• 주제에 맞게 구성했습니까?	☐	☐
• 정확한 어휘와 어법을 사용했습니까?	☐	☐
• 구성에 맞는 풍부한 내용으로 답변했습니까?	☐	☐

예시 我上小学的时候，为了学习外语，妈妈给我买了第一台台式电脑。到了大学，因为我要去外地上学，所以又买了一台笔记本电脑。我觉得电脑给我的生活带来了很大的方便，而且科技的发展让电脑也有了很大的变化。

首先，笔记本电脑不仅比台式电脑轻得多，而且比较小，携带很方便。还有随时随地都可以上网查资料。

其次，笔记本电脑的功能比台式电脑更多，比如，摄像头、触摸鼠标、小型音响等。

最后，我觉得笔记本电脑越来越便宜了，所以更适合学生和上班族使用。

总之，科技发展给人类带来很大的变化让人们生活更丰富多彩。

내가 초등학교에 들어갔을 때 외국어를 공부할 수 있게 엄마가 데스크톱을 사주셨습니다. 대학에 와서는 타지에서 학교를 다녀야 해서 노트북을 또 장만했습니다. 나는 컴퓨터가 나의 생활에 많은 편리함을 가져다주었고 과학 기술의 발전으로 컴퓨터가 많이 변했다고 생각합니다.

먼저, 노트북은 데스크톱보다 가볍고 작아 휴대하기가 매우 편리합니다. 또한 언제든지 인터넷으로 자료를 찾을 수 있습니다.

다음으로, 노트북의 기능이 데스크톱보다 훨씬 많습니다. 예를 들어 화상카메라, 터치패드, 소형스테레오 등입니다.

마지막으로, 나는 노트북이 점점 더 저렴해져 학생들과 샐러리맨들이 사용하기 적합하다고 생각합니다.

결국, 과학 기술의 발전이 인류에 가져오는 큰 변화는 사람들의 생활을 더욱 풍요롭고 다채롭게 만듭니다.

해설 위와 같은 비교문은 순서에 유의하여 비교 형식을 이용해야 합니다.

서론 부분에서는 비교 대상을 소개하고 본론 부분에서는 구체적으로 비교 내용을 설명한 후 결론 부분에서 내용을 총괄해주거나 느낌을 설명하면서 마무리합니다.

논리적인 내용을 설명할 때 首先…其次… 最后…, 第一…第二…, 一来…二来… 등의 방식을 사용하세요.

어휘&표현 ● ● ●

台式电脑 táishì diànnǎo	데스크톱	**笔记本电脑** bǐjìběn diànnǎo	노트북
轻得多 qīngde duō	매우 가볍다	**携带很方便** xiédài hěn fāngbiàn	휴대가 편리하다
查资料 chá zīliào	자료를 조사하다	**摄像头** shèxiàngtóu	화상 카메라
触摸鼠标 chùmō shǔbiāo	터치패드		

NEWOPIC 중국어첫걸음 ● ● **Lesson** 07

오늘 배운 내용을 문제를 통해 확인해보는 시간입니다.

01 다음 문장을 바르게 고치세요.

(1) 他比我起床得晚。

_____

모범답안 ▌ 他起床比我起得晚 / 他起床起得比我晚   그는 나보다 늦게 일어난다. / 比我는 보어 앞 혹은 보어 뒤에 위치합니다.

(2) 他比我睡得早两个小时。

_____

모범답안 ▌ 他比我早睡两个小时   그는 나보다 두 시간 일찍 잔다. / 동사 + 得 + 早/晚/多/少, 早/晚/多/少 + 동사 + 수량

(3) 我比姐姐一点儿高。

_____

모범답안 ▌ 我比姐姐高一点儿   나는 언니(누나)보다 키가 조금 더 크다. / A + 比 + B + 一点儿 + 형용사
+ 형용사 + 一点儿 / 比

(4) 他比我很高。

_____

모범답안 ▌ 他比我高得多   그는 나보다 키가 많이 크다. / 비교문에서 A + 比 + B 很/非常/十分 + 형용사 형식으로 정도 부사는
사용할 수 없습니다. A + 比 + B …+ 형용사+ 多了/得多의 형식을 사용해야 합니다.

(5) 我要买一件毛衣跟他的那件颜色一样。

_____

모범답안 ▌ 我要买一件跟他的那件颜色一样的毛衣   나는 그와 똑같은 색깔의 옷을 사려고 한다.
/ 중심 문장은 我买毛衣이며 跟… 样이 毛衣를 수식 하고 있고 수식 성분은 중심어 앞에 오므로 的을 넣어야 합니다.

02 다음 문장을 어순에 맞게 배열하세요.

(1) 他　大　岁　比　五　我

_____

모범답안 ┃ 他比我大五岁　그는 나보다 5살이 많다.

(2) 比　唱　我　歌　唱　好　得　他

_____

모범답안 ┃ 他唱歌唱得比我好　그는 나보다 노래를 잘한다.

(3) 喜欢　这　越　件　我　看　衣服　越

_____

모범답안 ┃ 这件衣服我越看越喜欢　이 옷은 볼수록 예쁘다.

(4) 他　和　性格　一样　我　的　不太　性格　的

_____

모범답안 ┃ 他的性格和我的性格不太一样　그의 성격은 나의 성격과 좀 다르다.

(5) 他　那么　开　有　得　我　吗　开　快　车 ?

_____

모범답안 ┃ 他开车开得有我那么快吗?　그가 나만큼 그렇게 운전을 빨리 하니?

03 다음 단어의 뜻이 맞는 것을 연결하세요.

1. 照相机
2. 摄影
3. 镜头
4. 像素
5. 焦距

a. 초점거리
b. 화소
c. 카메라
d. 촬영
e. 렌즈

모범답안 1-c 照相机 zhàoxiàngjī 카메라   2-d 摄影 shèyǐng 촬영(하다)
3-e 镜头 jìngtóu 렌즈   4-b 像素 xiàngsù 화소
5-a 焦距 jiāojù 초점거리

step 6 학습 요약

아래 요약된 내용을 다시 한 번 숙지하세요.

1 비교 형식의 종류와 주의점 확인하기

- 비교 형식은 쉬운 것 같지만 실전에서는 혼동하기 쉬운 부분이니 학습한 내용을 복습해 정확한 형식과 구조를 파악하세요.

2 비교 형식을 이용한 문장 연습하기

- 정확한 형식을 기억하기 위해 평소 비교 형식을 이용한 문장을 암기하고 연습하세요.

3 학습한 답변을 참고하여 예상 답변 만들기

- 모범 답변을 참고하여 비교 형식을 이용하여 답변할 수 있는 예상 문제를 뽑아 스스로 답변문을 만들어보세요.

step 7 OPIc 궁금증 해결

OPIc 중국어에 대한 궁금증을 시원하게 풀어드립니다.

OPIc 문제의 답변 내용은 많은 수록 높은 점수를 얻나요?

OPIc 문제의 답변 시간은 질문 청취 시간을 제외하고 약 35분 가량입니다. 답변 진행 시 장황한 답변보다는 질문의 내용에 벗어나지 않은 답변을 정확한 문법과 표현을 사용하여 논리적으로 표현할 때 좋은 평가를 받을 수 있습니다. 답변의 시간이 중요한 것은 아닙니다.

8

자기소개

주제 ▌ 자기소개 / 자기소개

오늘의 학습 목표입니다. 학습을 시작하기 전에 목표를 숙지하세요.

'자기소개'에서는
좀 더 완성도 높고 정확한 표현을 사용하여
자기소개를 하는 형식과 순서를 학습합니다.

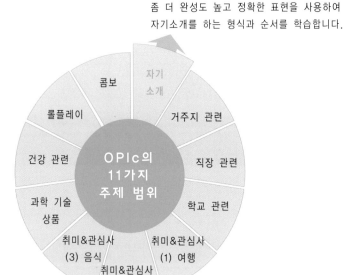

오늘의 목표 ●●●

01 OPIc 중국어 문제의 가장 기본이 되는 자기소개 형식 이해하기

02 자기소개에 사용되는 어휘와 표현법 학습하기

오늘의 학습 목표에 따른 전략입니다.

개 요 ● ● ●

자기소개의 기본적인 구도(이름, 나이, 직업, 취미 등)를 익혀야만 빠르고 자연스럽게 답변할 수 있습니다.

구도 익히기 ● ● ●

我(来)介绍一下。제가 소개를 좀 하겠습니다.
我来介绍一下我自己。제 자신을 좀 소개하겠습니다.
我(先)(来)自我介绍一下。제가 (먼저)자기소개를 좀 하겠습니다.
下面我就做一下自我介绍。아래에 제가 자기소개를 좀 하겠습니다.

1 이름

• **我姓** 성 **叫** 성 + 이름 : 저는 성이 ~이고 ~라고 합니다

• **我叫** 성 + 이름 : 저는 ~라고 합니다

• **我的名字叫** 성 + 이름 : 나의 이름은 ~입니다

   예 我叫郑智民。나의 이름은 정지민입니다.

2 나이

• **今年** … **岁** : 올해 ~살입니다

• **今年** … **岁了** : 올해 ~살이 되었습니다

   예 我今年三十岁了。나는 올해 서른 살이 되었습니다.

3 외모

- **个子**(키) : 高(크다) / 矮(작다) / 身高 … (키가 ~이다)
- **头发**(머리) : 长(길다) / 短(짧다)
- **脸**(얼굴) : 圆脸(동그란 얼굴) / 鹅蛋脸(계란형 얼굴)
- **眼睛**(눈) : 大(크다) / 小(작다) / 单眼皮(홑꺼풀) / 双眼皮(쌍꺼풀) 浓眉大眼(눈썹이 짙고 눈이 크다.)

  예 他有长长的头发，大大的眼睛，个子不高不矮。

  그는 긴머리, 큰 눈을 가지고 있고, 키는 크지도 작지도 않습니다.

4 직업

- **我是 + 직업명** : 公司职员(회사직원) / 老师(선생님) / 医生(의사) / 护士(간호사) / 公务员(공무원)
- **我的职业是 …** : 나의 직업은 ~입니다
- **我是 … 的** : ~ 나는 하는 사람입니다

  예 我是教书的。 / 我是买卖的。

  저는 교사입니다. / 저는 장사하는 사람입니다.

5 성격의 장단점

- **外向**(외향적이다) : 活泼(활발하다), 开朗(명랑하다), 幽默(유머러스하다), 打交道(사귀다), 爽快(솔직하다), 热情(열정적이다)
- **内向**(내향적이다) : 不爱说话(과묵하다), 保守(보수적이다), 缺乏自信(자신감 부족)

  예 我是外向的人，性格很活泼。 나는 외향적인 사람입니다. 성격이 매우 활발합니다.

  我喜欢跟人打交道。 나는 사람들과 교제하는 것을 좋아합니다.

  我性格比较内向，不爱说话。 나는 비교적 내성적이고, 과묵합니다.

6 취미

- **我喜欢 … :** 나는 ~하는 것을 좋아합니다
- **我的爱好是 … :** 나의 취미는 ~입니다
- **我爱好 … :** 나는 ~하기를 좋아합니다

> **예** 我喜欢看书。 나는 책 보는 것을 좋아합니다.
>
> 我的爱好是看电影。 내 취미는 영화를 보는 것입니다.
>
> 我爱好唱歌。 나는 노래하는 것을 좋아합니다.

7 가족 관계

- **我家有 … 口人 :** 우리 집 식구는 ~입니다
- **…, …, … 和我 :** ~, ~, ~와 나입니다(구성원 나열할 때)

> **예** 我家有四口人。 爸爸, 妈妈, 哥哥和我。
>
> 우리집은 네식구가 있습니다. 아빠, 엄마, 오빠(형) 그리고 나입니다.

비결 ▶ 1. 기본 소개 항목 기억하기
2. 기본적인 표현법 기억하기

자기소개는 가장 기본적인 내용입니다. 사실에 근거하여 이름, 나이, 성격, 외모, 직업, 취미, 가족 관계 등을 정확한 표현으로 구성해야 합니다.

오늘 배운 전략을 문제에 적용해보는 시간입니다.

请介绍一下你自己。

질문 자신을 소개해주세요.

브레인스토밍

주제와 관련된 단어들을 연상하여 구조에 맞게 나열한 후 짜임새 있는 문장을 만들어보세요.

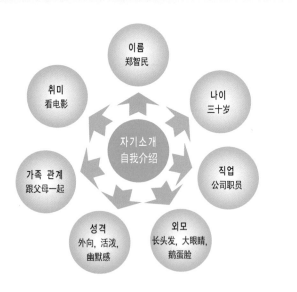

문제 유형 분석

· **주제 범위:** 자기소개 관련
· **주제:** 자기소개
· **과제 설명:** 자기소개 – 이름, 나이, 직업, 외모, 성격, 취미, 가족 관계 소개

적용1 구도 만들기

자기소개는 논리적 구조보다는 자신에 대한 정보를 차례대로 설명하면 됩니다.

1. 이름과 나이 – 정지민 / 30세
2. 외모 – 168cm / 긴 머리 / 큰 눈 / 계란형 얼굴
3. 직업 – 종로에 위치한 회사의 직원
4. 성격 – 장점 위주로 표현 – 외향적 / 활발함 / 유머감각 있음
5. 취미 – 영화 보기 – 할리우드 영화
6. 기타(가족 관계) – 부모님과 함께 생활

적용2 기초 표현 다지기

제가 소개 좀 하겠습니다.
我来介绍一下。

이름 : 저는 정지민이라고 합니다. 올해 서른 살입니다.
我叫郑智民。今年三十岁。

외모 : 저는 머리가 길고 큰 눈과 갸름한 턱, 계란형 얼굴을 가지고 있습니다.
我头发长长的，有一双大眼睛，尖尖的下巴，鹅蛋脸。

직업 : 저는 한 회사에서 일합니다. 일반직 직원입니다.
我在一家公司上班。是一名普通职员。

성격 : 저는 외향적인 사람입니다. 활발하고 명랑하고 사람들과 교류를 좋아합니다.
我是一个外向的人，活泼开朗，喜欢跟人打交道。

취미 : 저는 영화보는 것을 좋아하는데 특히 할리우드 액션 영화를 좋아합니다.
我的爱好是看电影，尤其是喜欢看好莱坞动作片。

가족 관계 : 현재 부모님과 함께 살고 있습니다.
现在我跟父母在一起生活。

답안 我来介绍一下儿。

我叫郑智民，今年三十岁。我一米六八，体重大概52公斤左右。我的头发长长的，有一双大眼睛，尖尖的下巴，鹅蛋脸，大家都说我长得像妈妈。身材不胖也不瘦。现在我在一家公司上班，就在首尔钟路。现在只是一名普通的职员。虽然工作偶尔会让我有一些压力，但是我很喜欢我的工作，俗话说，压力就是动力嘛！我是一个外向的人，性格呢活泼开朗，喜欢跟人打交道。当然，我的朋友们最喜欢的还是我的幽默感。我的爱好是看电影，尤其是喜欢看好莱坞动作片，一看动作片就觉得特别爽快，所有的压力全都没了。所以一有时间我就和家人一起去看电影。现在我跟父母在一起生活，我很珍惜跟父母一起的时光，我觉得他们是我生命当中最宝贵的财富。

제 소개를 하겠습니다. 제 이름은 정지민이고, 올해 서른 살입니다. 키는 168이고, 몸무게는 52킬로그램 정도입니다. 저는 긴 머리와 큰 눈, 그리고 갸름한 턱과 달걀형의 얼굴을 가졌고 사람들이 엄마를 많이 닮았다고들 합니다. 몸매는 뚱뚱하지도 마르지도 않았습니다. 지금 저는 서울 종로의 한 회사에서 일합니다. 지금은 단지 일반 직원이고 가끔 업무 때문에 스트레스를 받기도 하지만 저는 제 일을 무척이나 좋아합니다. 속담에서 말하길 "스트레스는 원동력"이라고 하잖아요! 저는 외향적이고 활발하고 명랑한 성격을 가졌고 사람과 교류하는 것을 좋아합니다. 물론 제 친구들이 제일 좋아하는 것은 저의 유머감각입니다. 제 취미는 영화 감상인데 특히 할리우드 액션 영화를 좋아해서 액션 영화를 보면 아주 통쾌하고 모든 스트레스가 사라집니다. 그래서 시간만 있으면 저는 가족들과 같이 영화를 보러 갑니다. 저는 지금 부모님과 같이 살고 있고 부모님과의 시간을 무척 소중히 여깁니다. 저는 부모님의 제 생명(인생)에서 제일 소중한 보물이라고 생각합니다.

해설 자기소개를 하라는 문제입니다. 기본적인 신상(이름, 나이, 직업, 성격, 취미)을 필수적으로 설명합니다. 성격이나 취미에 대해서는 좀 더 긍정적인 내용으로 구체적으로 부연해주고 가족 관계 등을 추가해주면 좋습니다.

필수 어휘 ● ● ●

岁 suì	~살, 세
工作 gōngzuò	일, 노동, 업무
体重 tǐzhòng	체중 ➡ 公斤 gōngjīn 킬로그램(kg)
压力 yālì	압력. 스트레스 ➡ 受压力 스트레스를 받다 ➡ 缓解压力 스트레스를 풀다
性格, xìnggé	성격
爱好 àihào	취미; 애호하다
开朗 kāiláng	명랑하다
幽默 yōumò	유머; 익살스럽다 ➡ 说话很幽默 말하는 것이 익살스럽다 ➡ 幽默感 유머감각
打交道 dǎjiāodào	사귀다, 교제하다 ➡ 喜欢跟人打交道。 사람과 사귀는 것을 좋아한다. ➡ 打了两年的交道。 2년 동안 사귀었다.
爽快 shuǎngkuài	(성격, 태도) 시원스럽다, 솔직하다
好莱坞动作片 hǎoláiwū dòngzuòpiàn	할리우드 액션 영화
宝贵 bǎoguì	귀중하다, 소중히 하다 ➡ 宝贵的经验 소중한 경험

1) 울다, 지저귀다 (동물)

　예 鸡叫三遍了。 닭이 세 번 울었다.

2) 부르다(사람이 목적어일 때)

　예 把我们叫来干什么? 우리 뭐 하러 불렀니?

3) 부르다(사물이 목적어일 때)

　예 我们叫车去吧。 우리 차를 불러(택시를 부르다) 가자.

4) (이름이) ～이다 - 반드시 명사목적어를 수반

　예 我叫朴英美。 저는 박영미라고 한다.

5) ～라고 부르다 - 이중목적어를 가짐

　예 大家都叫他老张。 그들은 모두 그를 라오짱이라고 부른다.

6) ～에 의하여 ～하게 하다(사역-겸어가 와야 함)

　예 老师叫你去一趟。 선생님이 너한테 한 번 갔다 오래.

❖ 중요 표현

　1. 身材不胖也不瘦。
　2. 虽然工作偶尔会让我有一些压力, 但是我很喜欢我的工作。
　3. 俗话说, 压力就是动力嘛!
　4. 一看动作片就觉得特别爽快。

Go!Go! 고득점 비법

1. 기본 사항을 반드시 기억하라
   · 자기소개에 필요한 기본적인 사항을 반드시 숙지하고 있어야 빠른 답변이 가능합니다.

2. 단점보다는 장점을 부각시켜라
   · 성격을 설명할 때는 단점보다는 장점을 말하는 것이 좋습니다.

step 4 나만의 OPIc

아래 OPIc 질문에 알맞은 답안을 구성해보는 시간입니다.
오늘 배운 전략을 다시 한 번 생각해보고 순서에 맞게 적용해보세요.

请自我介绍一下。
자기소개를 해주세요.

브레인스토밍

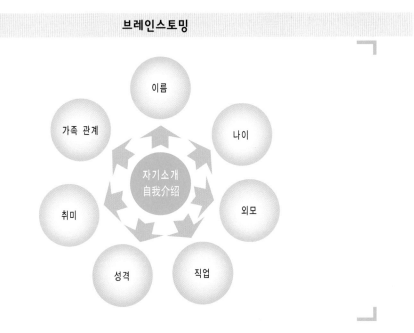

답변하기

자가 진단 테스트

• 주어진 과제를 기억했습니까?　　　　　　　　　　　　　　　□ □
• 주제의 핵심을 파악했습니까?　　　　　　　　　　　　　　　□ □
• 주제에 맞게 구성했습니까?　　　　　　　　　　　　　　　　□ □
• 정확한 어휘와 어법을 사용했습니까?　　　　　　　　　　　　□ □
• 구성에 맞는 풍부한 내용으로 답변했습니까?　　　　　　　　　□ □

예시 我来自我介绍一下儿。我叫金美英，今年三十岁。中等身材。我是个医务工作者。在首尔的一所医院里当护士。我的主要工作是给病人打针，吃药。我是一个外向的人，喜欢跟人打交道。所以很多患者成了我的朋友。我喜欢去旅游。一有时间就去全国各地的旅游景点玩儿。如果有机会的话我还想去世界各地的名胜古迹游览。现在我跟父母住在一起，跟父母在一起很幸福，虽然有一天我会结婚嫁人，但是我很珍惜跟父母一起生活的时光，我觉得他们是我生命当中最宝贵的财富。

자기소개를 하겠습니다. 나의 이름은 김미영입니다. 올해 30살입니다. 보통 체격을 가지고 있습니다. 나는 의료업계 종사자입니다. 서울의 한 병원에서 간호사로 일하고 있습니다. 나의 주요 업무는 환자에게 주사를 놔주고 약을 주는 것입니다. 나는 외향적인 사람입니다. 사람들과 사귀는 것을 좋아합니다. 그래서 많은 환자들이 나의 친구가 되었습니다. 나는 여행을 좋아합니다. 시간이 있으면 전국의 여행지에 놀러 갑니다. 만약 기회가 된다면 세계를 여행해보고 싶습니다. 현재 나는 부모님과 함께 생활하고 있습니다. 부모님과 같이 있으면 행복합니다. 비록 언젠가는 시집을 가겠지만 부모님과 함께 하는 시간은 정말 소중합니다. 나는 그들이 내 생애의 가장 귀한 보물이라고 생각합니다.

해설 자기소개문입니다. 자기소개를 할 때는 이름, 나이, 직업 등을 언급하고 그 외 성격의 장점이나 취미, 가족 관계 등을 추가해주면 좋습니다.

어휘&표현 ● ● ● ●

医务工作者 yīwùgōngzuòzhě	의료계 종사자	打针 dǎzhēn	주사를 놓다
患者 huànzhě	환자	世界各地 shìjiègèdì	세계 각지
名胜古迹 míngshènggǔjì	명승고적	游览 yónlǎn	유람(하다)
幸福 xìngfú	행복(하다)	珍惜 zhēnxī	소중히 여기다
财富 cáifú	재산, 자원		

一… 就…
yī jiù

➡ ~하기만 하면 바로 ~하다
他一喝酒就哭。 그는 술만 마시면 운다.

➡ ~하자마자 ~하다
一下班就回家了。 퇴근하자마자 귀가했다.

오늘 배운 내용을 문제를 통해 확인해보는 시간입니다.

01 다음 문장을 不… 不…의 형식을 이용하여 작문하세요.

(1) 뚱뚱하지도 마르지도 않다.

_____

모범답안 | 不胖不瘦

(2) 크지도 작지도 않다. (키)

_____

모범답안 | 不高不矮

(3) 비싸지도 싸지도 않다.

_____

모범답안 | 不贵不便宜

(4) 춥지도 덥지도 않다

_____

모범답안 | 不冷不热

(5) 길지도 짧지도 않다

_____

모범답안 | 不长不短

※ 不… 不…의 형식은 뜻이 서로 반대되는 단음절 형용사 등을 이용해 '적당하다, 알맞다'의 의미로 쓰입니다.

02 다음 빈칸에 들어갈 말을 쓰세요.

(1) 大家都说我 ＿＿＿＿＿＿＿＿＿＿＿ 像妈妈。(생기다)

모범답안 ┃ 长得 모두가 내가 엄마를 닮았다고 합니다.

(2) 我的朋友们最喜欢的还是我的 ＿＿＿＿＿＿＿＿＿＿＿。(유머 감각)

모범답안 ┃ 幽默感 나의 친구는 여전히 나의 유머감각을 가장 좋아합니다.

(3) 俗话说, ＿＿＿＿＿＿＿＿＿＿＿ 就是动力嘛! (스트레스)

모범답안 ┃ 压力 속담에서 스트레스가 바로 원동력이라고 하잖아요!

(4) ＿＿＿＿＿＿＿＿＿＿＿ 是喜欢看好莱坞动作片。(특히)

모범답안 ┃ 尤其 또는 特别 특히 할리우드 액션 영화 보는 것을 가장 좋아합니다.

(5) ＿＿＿＿＿＿＿＿ 看动作片 ＿＿＿＿＿＿＿＿＿＿＿ 觉得特别爽快。(~하기만 하면~)

모범답안 ┃ 一 … 就 액션 영화를 보기만 하면 굉장히 후련해집니다.

03 다음에 제시된 단어로 문장을 만드세요.

(1) 이름 : 이미영(李美英)　　她 ＿＿＿＿＿＿＿＿＿＿＿＿＿＿＿＿＿。

모범답안 ┃ 叫李美英 또는 姓李, 叫李美英 또는 的名字叫李美英
그녀의 이름은 이미영 입니다. / 이름을 말할 때는 성과 이름을 같이 말하거나 성을 먼저 말하고 뒤에 성과 이름을 같이 말하는 경우 모두 가능합니다.

(2) 직업 : 중국어 선생님　　她是 ＿＿＿＿＿＿＿＿＿＿＿＿＿＿＿＿＿。

모범답안 ┃ 汉语老师 또는 中文老师 그녀는 중국어 선생님입니다.

(3) 성격 : 매우 활발함　　她的性格 ＿＿＿＿＿＿＿＿＿＿＿＿＿＿＿＿＿。

모범답안 ┃ 很活泼 그녀의 성격은 매우 활발합니다. / '활발하다'는 라는 단어는 活泼 huópo입니다.

(4) 취미 : 중국 영화 보기　　她喜欢 ＿＿＿＿＿＿＿＿＿＿＿＿＿＿＿＿＿。

모범답안 ┃ 看中国电影 그녀는 중국 영화 보는 것을 좋아합니다.

(5) 가족 : 4식구　　她家有 ＿＿＿＿＿＿＿＿＿＿＿＿＿＿＿＿＿。

모범답안 ┃ 四口人 그녀의 집은 네 식구가 있습니다. / 식구 수를 말할 때는 …口人이라고 합니다.

step 6 학습 요약

아래 요약된 내용을 다시 한 번 숙지하세요.

1 자기소개에 필요한 기본 표현법 기억하기

• 자기소개 내용은 OPIc 중국어 시험뿐만 아니라 여러분의 일상 생활에서도 기본적으로 익혀야 할 내용입니다.

• 기초 필수 항목을 기억하고 좀 더 구체적인 표현을 이용하여 풍부한 내용을 만들 수 있도록 연습하세요.

2 학습한 답변을 참고하여 자신만의 답변 만들어보기

• 브레인 스토밍 연습을 하면서 여러분의 답변을 만들어 연습하세요.

• 자신의 특징을 표현할 수 있는 어휘를 익히고, 각 특징에 맞는 생동감 있는 표현을 연습하세요.

step 7 OPIc 궁금증 해결

OPIc 중국어에 대한 궁금증을 시원하게 풀어드립니다.

OPIc 문제 중 사전 조사 내용과 관련이 없는 내용이 나오면 답변하지 않아도 되나요?

아닙니다. 수험자는 주어진 문항에 대해서 모두 답변을 진행해야 합니다.

OPIc은 사전 Backgroud survey를 통해 수험자의 개인 맞춤형 문항의 출제가 가능하지만 다른 영역의 질문 또한 출제되어 수험자가 예상하지 못한 문제에 대하여 상황 대처 능력 및 순발력 또한 평가합니다.

질문에 대한 답변이 진행되지 않는 경우 감점의 요인이 될 수 있습니다.

그러므로 답변할 때 모르는 문제가 나왔다고 해서 당황해서는 안 됩니다. 설령, 여러분이 사전 조사에서 선택한 내용이 아니라고 하더라도 가정해서 답변하는 것이 좋습니다.

Lesson

9

거주지 관련

주제 ▌ 집 / 침실

오늘의 학습 목표입니다. 학습을 시작하기 전에 목표를 숙지하세요.

'거주지 관련' 주제에서는
문제에서 요구하는 대로 정확하게 거주지를 소개할 수
있도록 구체적인 장소 묘사 방법을 학습합니다.

오늘의 목표 ●●●

01 거주지 관련 문제 파악하기(집 묘사)

02 거주지 묘사 표현을 이해하고 정확한 답변 능력 키우기

step 2 전략 설정

오늘의 학습 목표에 따른 전략입니다.

개 요 ● ● ●

거주지 소개 형태는 장소의 위치와 특징 등을 잘 관찰하여 이해하기 쉽게 묘사하는 것이 중요합니다.

구도 익히기 ● ● ●

1 거주지 소개

(1) 거주지 설명

• **我住在 …** : 나는 ~에 산다

　예　我住在首尔。 나는 서울에 삽니다.

　예　我住在首尔的一所公寓。 나는 서울에 있는 아파트에 삽니다.

　예　我住在首尔附近(근처)的一所公寓。 나는 서울 근처 아파트에 삽니다.

• **楼** : 층

　예　我家在九楼。 우리 집은 9층입니다.

2 구조물 설명

(1) 집의 구조와 구조물의 위치 설명

1) 전체 구조 표현

• **两室一厅** : 방 두 개, 거실 하나

• **两室一厅一卫** : 방 두 개, 거실 하나, 화장실 하나

　예　房子不太大。两室一厅。 집이 별로 크지 않습니다. 방 두 개 거실 하나입니다.

2) 방위사를 활용한 위치 표현

- **一进门有(是)** : 문으로 들어가면 ~이 있다(이다)
- **左边(右边, 旁边, 对面)有(是)…** : 왼쪽 (오른쪽, 옆쪽, 맞은 편) 있다(이다)~
- **穿过…** : ~을(를)통과하다
- **往里边是…** : 안으로 들어가면 ~이다
- **放(立, 摆)着…** : 놓여져(세워져, 펼쳐져) 있다

> 예 一进门左边是卧室, 右边是书房, 中间是客厅。
>
> 문을 들어서 왼쪽은 침실, 오른쪽은 서재이고 중간은 거실입니다.

(2) 분위기, 용도에 대한 설명

- **雅致**(품위 있고 우아하다), **素净**(수수하다), **整洁**(단정하고 깨끗하다), **柔和**(느낌이 부드럽다), **朴素**(소박하다)

> 예 我的卧室整洁, 漂亮。 내 침실은 깨끗하고 예쁩니다.
>
> 父母的卧室素净, 整洁。 부모님의 침실은 수수하고 깔끔합니다.
>
> 我的卧室很干净, 整洁。 내 침실은 매우 깨끗하고 단정합니다.
>
> 我家的客厅不算大, 但很雅致。 우리 집 거실은 그리 크지 않지만, 매우 우아합니다.

3 의미 및 느낌

집이 주는 느낌 등

- **充满欢乐**(기쁨이 충만하다), **幸福的记忆**(행복한 기억), **深爱**(깊이 사랑하다), **舒适**(편안하다), **温馨**(따뜻하다)

> 예 这就是我的家, 虽然不是那么大, 但我们一家三口人在这个空间里充满欢乐。
>
> 이것이 바로 나의 집입니다. 비록 그렇게 크지는 않지만, 우리 세 가족은 이 공간에서 기쁨이 넘칩니다.
>
> 每天都是幸福的记忆。 매일 매일이 행복한 기억입니다.
>
> 我深爱我的家。 나는 우리 집을 너무 사랑합니다.
>
> 这就是属于我的舒适,温馨的小天地。
>
> 이것이 바로 편안하고 따뜻한 나만의 작은 세상입니다.

비결

1. 우리 집의 구조 파악하기
2. 각각의 공간의 구조와 기능을 그림으로 상상하기
3. 각각의 공간의 구조와 기능을 생동감 있게 표현하기

여러분의 집을 머릿속에 그려보세요. 집의 구조를 그림으로 그리듯이 이해하기 쉽게 설명하고 각각의 공간마다 특색 있는 구조와 기능, 느낌 등을 생동감 있게 설명해주면 답변을 듣는 사람에게 그 집을 구경하는 기분이 들게 할 수 있습니다.

오늘 배운 전략을 문제에 적용해보는 시간입니다.

请描述一下你家。你家有几个房间？

질문 당신 집을 묘사해주세요. 당신 집에는 몇 개의 방이 있습니까?

브레인스토밍

주제와 관련된 단어들을 연상하여 구조에 맞게 나열한 후 짜임새 있는 문장을 만들어보세요.

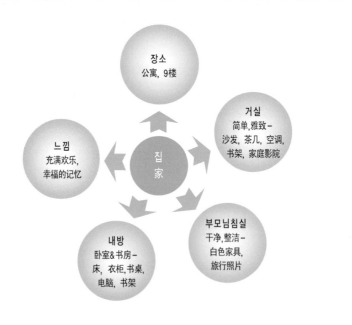

문제 유형 분석

- **주제 범위:** 거주지 관련
- **주제:** 나의 집
- **과제 설명:** 나의 집 묘사 – 집의 구조, 각 구조물의 특징, 집에 대한 느낌 묘사

적용1 구도 만들기

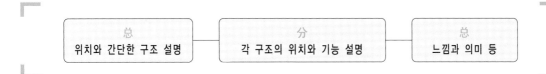

❶ 总 위치와
　　간단한 구조
　　설명
* 집의 각 구조물의 위치를 간단히 설명
  - 아파트 9층
  - 침실 2개, 거실 하나

❷ 分 각 구조의
　　위치와 기능
　　설명
* 각 구조의 분위기나 특징 등을 자세히 설명
* 방위사를 이용한 자세하고 구체적인 위치 표현
  - 진입 후 왼쪽 화장실, 오른쪽 나의 방, 다시 안쪽으로 진입, 오른쪽 주방,
    맞은편 부모님 침실
  - 부모님 침실 : 조용함, 정갈함(흰색 가구, 여행 사진)
  - 거실 : 우아함(소파, 티테이블, 에어컨, 책장, 홈시어터 등)
  - 나의 방 : 침실 & 서재(침대, 옷장, 책상, 책장)

❸ 总 느낌과 의미 등
* 집이 나에게 주는 의미 등
  - 크진 않지만 기쁨이 넘치는 가정, 매일이 행복한 기억임

总 ▸ 나는 서울 종로 부근의 한 아파트에 사는데 우리 집은 9층입니다.

　　我住在首尔钟路附近的一所公寓，我的家在9楼。

▸ 방이 2개이고 거실이 하나입니다.

　　两室一厅。

分 ▸ 왼쪽은 화장실이고 오른쪽이 나의 방입니다. 가운데는 거실이고 거실을 지나 오른쪽은 주방, 맞은편은 부모님의 침실입니다.

　　左边是卫生间，右边就是我的房间，中间是客厅，过了客厅以后右边就是厨房，对面是我父母的房间。

▸ 부모님 침실은 굉장히 깨끗하게 정돈되어 있습니다.

　　爸爸妈妈的卧室特别干净，整洁。

▸ 거실은 크지 않습니다. 단순하지만 매우 우아합니다.

　　客厅不算大，很简单，但很雅致。

▸ 신식 소파가 거실 양쪽에 있습니다. 소파의 중간에는 티테이블, 소파의 왼쪽에는 에어컨이 있습니다.

　　新式沙发分别在客厅的两边儿。中间是一个茶几，左边儿有一台空调。

▸ 거실에는 또 홈시어터가 있는데, 음향 효과와 화면은 정말 끝내줍니다!

　　客厅里还有一套家庭影院，音效和画面超级棒。

▸ 나의 방은 침실이고 서재입니다.

　　我的房间既是卧室又是书房。

▸ 오른쪽은 침대이고, 옆은 옷장, 왼쪽에는 책상이 있고, 책상 옆에는 책장입니다.

　　右边是我的床，旁边儿是一个衣柜，左边有一张书桌，书桌旁边儿是我的书架。

总 ▸ 비록 그리 크지는 않지만 기쁨이 충만하고 매일 매일이 행복한 기억입니다.

　　虽然不是那么大，但这个空间里充满欢乐，每天都是幸福的记忆。

적용 3 내용 더하기

답안 我住在首尔钟路附近的一所公寓，我的家在9楼。房子不是特别大，两室一厅，但是很舒服。一进门左边是卫生间，右边就是我的房间，中间是客厅，过了客厅以后右边就是厨房，对面是我父母的房间。

爸爸妈妈的卧室特别干净，整洁，里面的家具和床全都是白色的，墙上挂着他们俩一起旅行时的照片。

我家的客厅不算大，很简单，但很雅致 。一大两小的新式沙发分别在客厅的两边儿。沙发中间是一个透明的茶几，沙发左边儿有一台空调，右角是一个小型书架。客厅里还有一套家庭影院，每个周末我都和家人一起看电影，音效和画面超级棒！

我的房间既是卧室又是书房，右边是我的床，旁边儿是一个衣柜，屋子左边有一张书桌。桌子上放着一台电脑，书桌旁边儿是我的书架，一共三层，都是从中国带来的中文书和一些小说。

这就是我的家。虽然不是那么大,但我们一家三口人在这个空间里充满欢乐， 每天都是幸福的记忆。

나는 서울 종로 부근의 한 아파트에 살고 있고 우리 집은 9층입니다. 건물은 아주 크진 않고, 방이 2개에 마루가 하나인데 아주 편안합니다.

문을 들어서면 왼쪽에 화장실, 오른쪽에 내 방, 중간이 거실이고, 거실을 지나 오른쪽이 주방이고 맞은편은 부모님 방입니다. 부모님의 침실은 아주 깨끗하게 정돈되어 있으며 안쪽의 가구와 침대 모두가 흰색이고, 벽에는 부모님이 함께 찍은 여행 사진이 걸려 있습니다. 우리 집의 거실은 그리 크지 않고 단순하지만 우아합니다. 하나는 크고 두 개는 작은 신식 소파가 거실의 양쪽에 나누어져 있습니다. 소파의 중간은 투명한 티테이블이고, 소파의 왼쪽에 에어컨이 한 대 있으며, 우측 구석에는 작은 책장이 하나 있습니다. 거실에는 또 홈시어터가 있어서 주말마다 나는 가족들과 함께 영화를 보는데 음향 효과와 화면은 정말 끝내줍니다! 나의 방은 침실과 서재 겸용으로 오른쪽에는 침대, 옆에는 옷장, 방 좌측에는 책꽂이가 한 개 있습니다. 책상 위에는 컴퓨터가 한 대 놓여 있고 책상 옆에는 3단짜리 책장이 한 개 있는데 모두 중국에서 가져온 중문 서적과 소설책 몇 권입니다.

이게 바로 우리집입니다. 비록 그리 크지는 않지만 우리 3명의 가족은 이 공간 안에서 기쁨이 충만하고 매일 매일이 행복한 기억입니다.

해설 자신의 집을 묘사하라는 문제입니다. 자기 집을 소개할 때 집의 위치와 각 구조의 위치 등을 설명하는 것 이외에도 특징이 되는 장소, 즉 가족 활동의 중심이 되는 곳 혹은 휴식을 취하는 장소의 기능과 의미 등을 추가해서 설명해주면 좋습니다.

公寓 gōngyù	아파트
卫生间 wèishēngjiān	화장실 ➡ 동의어) 洗手间 / 厕所
厨房 chúfáng	주방
卧室 wòshì	침실
客厅 kètīng	거실
雅致 yǎzhì	(의복, 기물, 건물) 품위 있고 우아하다
整洁 zhěngjié	단정하고 깨끗하다, 말끔하다
沙发 shāfā	소파
茶几 chájī	티테이블
空调 kōngtiáo	에어컨
书架 shūjià	책장
家庭影院 jiātíngyǐngyuàn	홈시어터

tip!tip! 중국어로 뭐라고 할까?

복층집 楼房 lóufáng

단층집 平房 píngfáng

단독주택 单独住宅 dāndú zhùzhái

빌라 别墅 biéshù

하우스 리모델링 旧房改造 jiùfáng gǎizào

인테리어 室内外建筑装潢 shìnèiwài jiànzhù zhuānghuáng

베란다 阳台 yángtái

디지털 텔레비전 数码电视 shùmǎ diànshì

❖ 중요 표현

1. 一 进门左边是卫生间，右边就是我的房间，中间是客厅。
2. 我的房间既是卧室又是书房。
3. 墙上挂着他们俩一起旅行时的照片。

Go!Go! 고득점 비법

1. 머릿속에 집의 구조도를 그려라
   - 좀 더 풍부한 내용을 만들려면 먼저 집의 구조도를 머릿속에 그려보는 것이 좋습니다.

2. 각 구조물의 특징을 파악하고 관찰하라
   - 특징을 가장 많이 반영해줄 수 있는 구조물들을 선택하여 구체적이고 자세하게 관찰합니다.
   - 관찰한 후에는 각 구조물의 기능 등을 부연 설명해줍니다.

3. 구조물의 분위기를 생동감 있게 묘사하라
   - 친구에게 알려주듯이 이해하기 쉽고 생동감 있는 표현을 사용하는 것이 중요합니다.

아래 OPIc 질문에 알맞은 답안을 구성해보는 시간입니다.
오늘 배운 전략을 다시 한 번 생각해보고 순서에 맞게 적용하여 보세요.

请介绍一下你的卧室。
당신의 침실을 묘사해주세요.

브레인스토밍

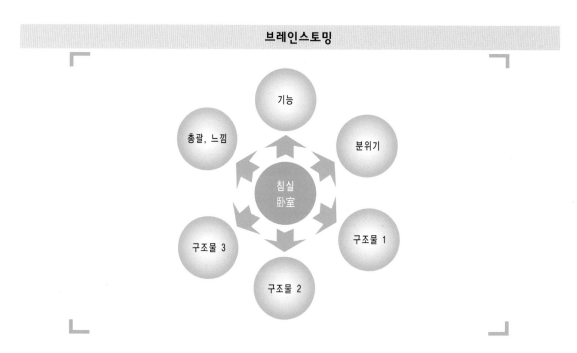

답변하기

자가 진단 테스트		

• 주어진 과제를 기억했습니까? ☐ ☐
• 주제의 핵심을 파악했습니까? ☐ ☐
• 주제에 맞게 구성했습니까? ☐ ☐
• 정확한 어휘와 어법을 사용했습니까? ☐ ☐
• 구성에 맞는 풍부한 내용으로 답변했습니까? ☐ ☐

예시 我的卧室既整齐雅致又简单朴素，我在那儿感到非常充实，丰富。

在门边有衣柜，右边是我的床，左边是明亮的玻璃窗，灿烂的阳光透过我的房间，照在我的床上很舒服。床的旁边是一个书架，床对面有一只音乐电子钟，每天早晨，它把我从梦中叫醒，让我去迎接新的一天。

这间卧室看上去并不起眼，但却是我得天独厚的小天地。

나의 침실은 정리가 잘되어 있고 소박합니다. 그곳에선 나는 풍성함과 넉넉함을 느낍니다.
문 쪽에는 옷장이 있고 오른쪽은 내 침대입니다. 왼쪽은 투명한 유리창이 있습니다. 찬란한 태양이 나의 방을 통과해 침대 위를 비추면 매우 편안합니다. 침대 옆쪽은 책장입니다. 책장 맞은편에는 알람시계가 있습니다. 매일 아침 나를 꿈에서 깨워 새로운 하루를 맞게 해줍니다.
나의 침실은 그리 좋진 않지만 잘 갖추어진 나만의 작은 세상입니다.

해설 침실을 묘사하라는 질문입니다. 장소 묘사를 할 때는 전체적인 방의 분위기를 말하고 침실에 있는 사물의 위치를 말해주면 됩니다. 마지막에 침실에 대한 느낌을 더해주면 좋습니다.

어휘&표현 ● ● ●

整齐 zhěngqí	정연하다, 단정하다, 깔끔하다	既…又… jì ~yòu~	~할뿐만 아니라 ~ 동의어) 又…又…
充实 chōngshí	충실하다, 풍부하다	灿烂 cànlàn	찬란하다, 눈부시다
早晨 zǎochen	이른 아침	迎接 yíngjiē	영접하다, 맞이하다
不起眼 bùqǐyǎn	눈에 띄지 않다, 볼품없다	得天独厚 détiāndúhòu	특별히 좋은 조건을 갖추다
小天地 xiǎotiāndì	소천지(자기만의 작은 세상)		

거주지 관련 **197**

오늘 배운 내용을 문제를 통해 확인해보는 시간입니다.

01 다음 단어의 병음과 뜻을 연결하세요.

1. 卧室	shāfā	소파
2. 厨房	chájī	베란다
3. 客厅	yángtái	주방
4. 茶几	wèishēngjiān	화장실
5. 沙发	kètīng	거실
6. 阳台	chúfáng	티테이블
7. 卫生间	wòshì	침실

모범답안 ┃ 1. 卧室 wòshì 침실   2. 厨房 chúfáng 주방   3. 客厅 kètīng 거실   4. 茶几 chájī 티테이블   5. 沙发 shāfā 소파
6. 阳台 yángtái 베란다   7. 卫生间 wèishēngjiān 화장실 = 厕所 = 洗手间

02 다음 한국어를 중국어로 쓰세요.

一进门 왼쪽 是卫生间 오른쪽 就是我的房间, 중간 是客厅, 过了客厅以后右边就是厨房, 맞은편 是我父母的房间, 爸爸妈妈的卧室特别干净, 整洁, 里面的家具和床全都是白色的, 墙上 걸려져 있다. 他们俩一起旅行时的照片… 오른쪽 是我的床, 옆쪽 是一个衣柜, 屋子 왼쪽 有一张书桌。桌子上 놓여져 있다. 一台电脑, 书桌 옆쪽 是我的书架, 一共三层, 都是从中国带来的中文书和一些小说。

_____

_____

_____

모범답안 ┃ 左边、右边、中间、对面、挂着、右边、旁边儿、左边、放着、旁边儿

198

03 다음 단어와 맞는 뜻을 연결하세요.

1. 雅致
2. 素净
3. 整洁
4. 柔和
5. 朴素
6. 干净
7. 漂亮

a. 예쁘다
b. 깔끔하다
c. 소박하다
d. 품위 있고 우아하다
e. 단정하고 깨끗하다
f. 느낌이 부드럽다
g. 수수하다, 점잖다

모범답안 ▮ 1-d 雅致 yǎzhì 품위 있고 우아하다   2-g 素净 sùjing 수수하다, 점잖다
3-e 整洁 zhěngjié 단정하고 깨끗하다   4-f 柔和 róuhé 느낌이 부드럽다   5-c 朴素 pǔsù 소박하다
6-b 干净 gānjìng 깔끔하다   7-a 漂亮 piàoliang 예쁘다

아래 요약된 내용을 다시 한 번 숙지하세요.

1 거주지 묘사와 관련된 표현 기억하기

• 집을 소개할 때 사용할 수 있는 어휘와 관련 표현을 기억하세요.

2 묘사에 사용되는 구성 형태 기억하기

• 묘사할 때 관찰 대상의 특징을 잘 파악하고 구체적으로 표현하여 생동감 있는 문장을 구성해야 합니다.
• 집안의 특징이 될 만한 대상을 찾아 이를 묘사할 수 있는 유용한 표현법을 익혀두세요.

3 학습한 답변을 참고하여 자신만의 답변 만들어보기

• 학습한 모범 답변을 참고하여 자신만의 개성이 넘치는 예상 답변을 만들어보세요.

##

OPIc 중국어에 대한 궁금증을 시원하게 풀어드립니다.

 OPIc 시험 일정은 1년에 몇 번 정도 있나요?
월 6회(수, 일) 진행되며 채용 시즌에는 매일 정기 시험이 진행됩니다. 자세한 내용은 OPIc 홈페이지(www.opic.or.kr)를 확인하시기 바랍니다.

직장 관련

주제 ▌회사 & 업무 / 사무실 / 학교

step 1 목표 설정

'직장 관련'에서는
기본적인 직장 소개와 함께 사무실 공간을
묘사하는 표현법과 구성 방법을 학습합니다.

오늘의 목표 ●●●

01 직장 관련 문제 이해하기(직장 소개, 사무실 묘사)

02 직장 관련 내용을 설명하는 문장의 기본 형태 파악하기

step 2 전략 설정

> 오늘의 학습 목표에 따른 전략입니다.

개 요 ● ● ●

> 직장 소개, 사무실 묘사 문제에 대비하여 관련 어휘를 숙지하고 소개와 묘사의 기본 형태를
> 기억하는 것이 중요합니다.

구도 익히기 ● ● ●

1 직장 소개

(1) 회사 위치와 간단한 소개

- 我在 …工作 : 나는 ~에서 일한다
- 我们(的)公司叫… : 우리 회사는 ~라고 한다
- 成立于… : ~(성립년도)에 성립되었다

  > 예 我在明洞工作，我们的公司叫大信公司，成立于1980年。
  >
  > 나는 명동에서 일합니다. 우리 회사는 대신(大信)이라고 합니다. 1980년에 설립되었습니다.

(2) 업무 소개

- 我在 …部(门)工作 : 나는 ~부(부서)에서 근무한다
- 我的工作是… : 나의 업무는 ~이다

  > 예 我在市场部(公关部 / 购买部)工作。 나는 마케팅팀(대외 협력팀 / 구매팀)에서 일합니다.

(3) 회사에 나 업무에 대한 느낌

> 예 我喜欢我的工作。 나는 나의 일을 좋아합니다.
>
> 公司的发展会越来越好的。 회사의 발전은 점점 좋아질 것입니다.

2 사무실 묘사

(1) 직장 및 위치 소개

• 직장의 장소나 위치, 근무 층수, 부서 등

> 예 我在总公司(分公司)工作。 나는 본사(지점)에서 근무하고 있습니다.
>
> 我在首儿郊区工作。 나는 서울 외곽에서 근무합니다.
>
> 我在5楼工作。 나는 5층에서 근무합니다.
>
> 我们购买部在十一楼。 내가 일하는 구매팀은 11층에 있습니다.

(2) 사무실 묘사

• 사무 기구나 책상, 회의실, 휴게실 등의 위치를 관찰자의 시각에 따라 차례로 설명

> 예 左边是会议室，右边是休息室。 왼쪽은 회의실, 오른쪽은 휴게실입니다.
>
> 里边有会客室。 안쪽에는 접견실이 있습니다.

step 3 적용 학습

오늘 배운 전략을 문제에 적용해보는 시간입니다.

1 직장 소개

调查中表明你是公司职员。你们的公司在哪儿？你做什么工作？请介绍一下。

질문 당신은 조사에서 회사 직원이라고 하였습니다. 회사는 어디에 있습니까? 어떤 일을 합니까?
소개해주세요.

브레인스토밍

주제와 관련된 단어들을 연상하여 구조에 맞게 나열한 후 짜임새 있는 문장을 만들어보세요.

문제 유형 분석

· **주제 범위:** 직장 관련
· **주제:** 직장 & 업무
· **과제 설명:** 직장 & 업무 소개 – 위치, 설립연도, 상황, 업무 부서, 업무 내용, 느낌

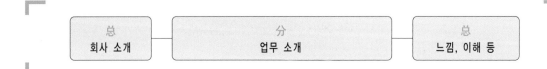

❶ 总 회사 소개 · 회사명과 위치 및 성립일 소개
－ 종로의 통신회사 1996년 설립
－ 선두에 있음, 전국에 지점 설립

❷ 分 업무 소개 · 부서명, 업무 내용, 만족도 등을 설명
－ 구매팀 대리 : 매일 고객과 상대해야 함
－ 본인의 업무를 좋아함

❸ 总 느낌, · 회사에 대한 느낌이나 전망 등으로 마무리
이해 등 － 장래 회사가 더욱 발전할 것임

적용 2 기초 표현 다지기

总 ▸ 나는 종로의 통신회사에 근무합니다. 1996년에 설립되었습니다.

我在钟路的一家电讯公司工作，成立于1996年。

▸ 우리 회사는 전국의 1, 2위를 다투는 통신사이고 여러 도시에 지점을 설립하였습니다.

我们公司是全国数一数二的通讯公司，在多个城市设立了分公司。

分 ▸ 나는 구매팀에서 일합니다.

我在购买部工作。

▸ 매일 고객을 상대해야 해서 지금은 많은 고객들이 나의 친구가 되었습니다.

每天需要跟客户打交道，所以现在很多客户都成了我的好朋友。

▸ 비록 업무가 바쁘고 가끔 출장도 가지만 나의 일을 좋아합니다.

虽然工作很忙，偶尔也要出差，但我很喜欢我的工作。

总 ▸ 우리의 노력하에 회사가 더욱 발전할 것이라고 생각합니다.

我们的努力之下，公司的发展会越来越好的。

답안　我在钟路的一家电讯公司工作，我们公司成立于1996年。

现在已经发展为全国数一数二的通讯公司。在韩国釜山，大田，仁川等多个城市设立了分公司。

我在购买部工作，每天需要跟客户打交道，所以现在很多客户都成了我的朋友。虽然每天工作都很忙，而且偶尔也要出差，但是我很喜欢我的工作。

我相信在我们的努力之下，我们公司的发展会越来越好的。

저는 종로(鐘路)의 한 통신회사에 다닙니다. 우리 회사는 1996년에 설립되었습니다. 지금은 이미 전국 1, 2위를 다투는 통신사가 되었습니다. 한국의 부산, 대전, 인천 등 많은 도시에 지점을 세웠습니다. 저는 구매팀에서 일하고 매일 고객과의 대화를 필요로 해서 지금은 많은 고객들이 저의 친구가 되었습니다. 비록 매일의 일이 매우 바쁘고 가끔씩 출장을 가기도 해야 하지만 저는 제 일을 아주 좋아합니다. 저는 우리의 노력 아래 우리 회사가 갈수록 더 발전할 것이라고 믿습니다.

해설　회사 소개 문제입니다. 업종과 업무 소개 이외에도 회사의 좋은 이미지를 부각시키고 업무의 만족도 등을 더해 밝고 긍정적인 분위기로 표현하는 것이 좋습니다.

필수 어휘 ◌ ◍ ●

电讯公司 diànxùngōngsī	통신회사 ➡ =通讯公司
成立 chénglì	(기구, 사회조직, 정당, 회사, 협회 등) 창립하다
数一数二 shǔyīshǔèr	1~2등을 다투다 예 他是在韩国数一数二的科学家。 　그는 한국에서 1~2등을 다투는 과학자이다.
设立 shèlì	세우다, 설립하다
分公司 fēngōngsī	지점 ➡ 总公司 본점 / 子公司 자회사
偶尔 ǒuěr	간혹, 가끔

tip!tip! 偶尔 & 偶然

1) 偶尔 : 간혹, 가끔
   횟수가 적음을 나타내는 부사
   > 예 他经常打球，偶尔也下棋。 그는 축구를 자주 하지만 간혹 장기도 둡니다.

2) 偶然 : 우연히
   必然(필연적이다)의 상대말로 예상하지 못한 의외의 상황을 강조할 때 쓰임
   > 예 发生这种现象，非常偶然。 이런 현상의 발생은 매우 우연적인 것입니다.

♣ 중요 표현

1. 我们公司成立于1996年。
2. 每天需要跟客户打交道。

Go!Go! 고득점 비법

1. 직장 소개의 기본 틀을 기억하라
   • 직장을 소개하는 기본 표현들을 기억해두고 빨리 답변할 수 있도록 연습하세요.

2. 회사의 좋은 이미지를 부각시켜라
   • 자신의 회사에 대한 좋은 이미지를 부각시키고 업무에 대한 좋은 느낌을 표현하여 좀 더 긍정적이고 밝은 분위기로 답변하는 것이 좋습니다.

2 사무실 묘사

调查中表明你是公司职员。你的工作环境怎么样？请详细讲一讲。

질문 조사에서 당신은 회사 직원이라고 하였습니다. 당신의 업무 환경은 어떻습니까? 자세하게 얘기해 주세요.

브레인스토밍

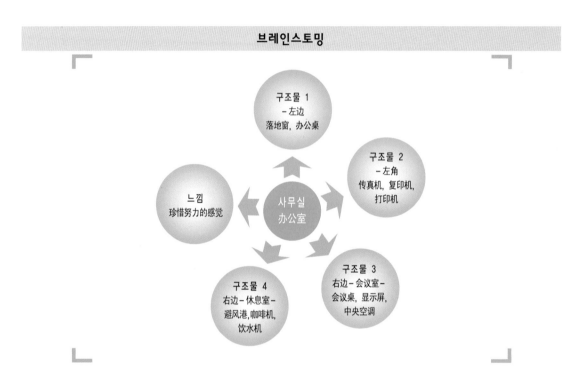

문제 유형 분석

- **주제 범위:** 직장 관련
- **주제:** 업무 환경 설명
- **과제 설명:** 사무실 묘사 – 사무실 위치, 구조 및 분위기, 느낌 설명

적용1 구도 만들기

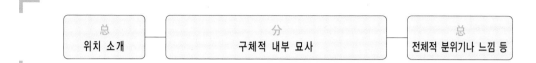

❶ 总 위치 소개
• 사무실 위치 소개
– 종로에 위치한 한 회사의 16층

❷ 分 내부 묘사
• 특징적 구조물과 기능의 구체적 설명
– 사무실 좌측 : 창문, 사무 책상 및 사무 설비(팩스, 복사기, 프린터)
– 사무실 우측 : 회의실과 휴게실
– 회의실 내부 : 회의 탁자, 스크린, 중앙 에어컨
– 휴게실 내부 : 커피 메이커, 정수기 – 회사 생활의 휴식처

❸ 总 전체적인 분위기나 느낌
• 사무실에 대한 느낌이나 의미 분위기 등으로 마무리
– 업무가 매우 바쁘지만 모두가 함께 노력하는 느낌이 매우 소중함

总 ▸ 나는 종로의 한 회사에서 일하는데 사무실은 16층입니다.

我在钟路的一家公司工作。我的办公室在16楼。

分 ▸ 왼쪽은 창문과 사무용 책상이 있습니다. 나의 책상은 왼쪽에서 첫 번째입니다.

左边是落地窗和办公桌，我的办公桌是左边第一个。

▸ 왼쪽 모서리에는 많은 사무기구가 있습니다. 예를 들어 팩스, 복사기, 프린터 등입니다.

办公室的左角有许多办公用品，比如：传真机，复印机，打印机什么的。

▸ 사무실 오른쪽에는 두 개의 방이 있는데 하나는 회의실이고 다른 하나는 휴게실입니다.

右边有两个房间一个是会议室，另一个是休息室。

总 ▸ 회의실은 비교적 큽니다. 중간에 큰 회의 탁자가 있고 앞에는 스크린이 있고 뒤에는 중앙 에어컨이 있습니다.

会议室比较大，中间大大的会议桌，前面有显示屏 后面有一台中央空调。

▸ 휴게실은 휴식을 취하는 휴식처입니다. 커피를 마시고 수다도 떨곤 합니다.

休息室是我们休息的避风港 喝喝咖啡，聊聊天儿什么的。

▸ 벽 구석에는 커피 메이커가 있고 옆에는 정수기가 있습니다.

墙角有一台咖啡机 旁边还有一台饮水机。

▸ 우리는 매일의 업무가 바쁘지만 모두가 노력하는 느낌이 소중합니다.

我们每天工作很忙，但是很珍惜大家一起努力的感觉。

적용 3 내용 더하기

답안 我在首尔钟路的一家公司工作。我的办公室在16楼。一进去你就能感受到大家认真工作的氛围。

办公室左边是大大的落地窗和一排排整齐的办公桌，我的办公桌是左边第一个。办公室的左角有许多办公用品，比如：传真机，复印机，打印机什么的，因此我们在工作时很方便。

办公室的右边有两个房间，一个是会议室，另一个是休息室。会议室比较大，里面的设施很齐全，中间大大的会议桌，前面有显示屏，在开会的时候，把录像机打开就能清楚地演示会议的内容。后面有一台中央空调。而休息室是我们工作时休息的避风港，喝喝咖啡，聊聊天儿什么的。墙角有一台咖啡机，可以自制咖啡，旁边还有一台饮水机，虽然不太大，但是很温馨。

我们每天工作很忙，但是很珍惜大家一起努力的感觉。

나는 서울 종로에 있는 한 회사에 다닙니다. 우리 회사 사무실은 16층에 있습니다. 일단 들어가면 사람들이 정말 열심히 일하고 있는 분위기를 느낄 수 있을 겁니다. 사무실의 왼쪽은 아주 큰 길고 높은 창문과 잘 배열되어 있는 사무용 책상이 있는데, 내 책상은 좌측 첫 번째 책상입니다. 사무실의 왼쪽 모퉁이에는 많은 사무용품이 있는데 예를 들면, 팩스, 복사기, 프린터 등이고 이 덕분에 우리 사무실은 아주 편리합니다.

사무실의 우측에는 2개의 방이 있는데 하나는 회의실, 또 하나는 휴게실입니다. 회의실은 꽤 큰 편이고 안에는 모든 설비가 갖춰져 있습니다. 중간에 큼지막한 회의 책상이 있고, 앞쪽에는 스크린이 있어 회의를 시작할 때에는 VTR을 켜고 상세하고 정확하게 내용을 설명할 수 있습니다. 뒤쪽에는 중앙 냉방식 에어컨이 한 대 있습니다. 그리고 휴게실은 우리가 일할 때 "쉴 수 있는 도피처"가 됩니다. 커피도 마시고 수다도 떨고 합니다. 벽 한 쪽 구석에 커피 메이커가 한 대 있는데 커피를 직접 만들어 마실 수 있습니다. 그 옆에는 정수기가 한 대 있습니다. 사무실이 크지는 않지만 아주 화기애애합니다. 우리는 매일 바쁘게 일을 하지만 사람들이 함께 노력하는 것을 소중하게 생각합니다.

해설 사무실 묘사 문제입니다. 집 묘사 부분에서 학습했던 구조를 잘 기억하세요.
사무실의 위치에 따른 구조물을 관찰하고 위치와 모양, 기능과 느낌 등을 차례로 생동감 있게 표현하는 것이 고득점의 비결입니다!

办公室 bàngōnhshì	사무실
落地窗 luòdìchuāng	(아래가 땅이나 마루 바닥에 닿는) 높고 긴 창문
氛围 fēnwéi	분위기 ⇒ 동의어 气氛
设施 shèshī	시설
齐全 qíquán	완전히 갖추다, 완비하다 ⇒ = 应有尽有, 完备
演示 yǎnshì	(모형, 도형 따위) 설명하다, 시범을 보이다 ⇒ 演示了一番 한차례 시범을 보이다.
避风港 bìfēnggǎng	(배가) 큰 풍랑에 대피하는 항구 / 대피소
温馨 wēnxīn	온화하고 향기롭다, 따스하다
会议室 huìyìshì	회의실
休息室 xiūxishì	휴게실
办公用品 bàngōngyòngpǐn	사무용품
复印机 fùyìnjī	복사기
打印机 dǎyìnjī	프린터
传真机 chuánzhēnjī	팩스
咖啡机 kāfēijī	커피 메이커
饮水机 yǐnshuǐjī	정수기
显示屏 xiǎnshìpíng	스크린

tip!tip! 중국어로 뭐라고 할까?

접견실	会客室	huìkèshì
블라인드	百叶窗	bǎiyèchuāng
파티션(칸막이)	隔板	gébǎn
난로	取暖器	qǔnuǎnqì
포스트잇	报事帖	bàoshìtiē
형광펜	萤光笔	yíngguāngbǐ
화이트	立刻白	lìkèbǎi

❖ 중요 표현

1. 一进去你就能感受到大家认真工作的氛围。
2. 休息室是我们工作时休息的避风港。
3. 虽然不太大, 但是很温馨。

Go!Go! 고득점 비법

1. 장소(사무실 등) 묘사에는 전체적인 모습과 세부적인 구조 및 형상, 위치, 특징 등을 기억하라
   - 장소나 공간을 묘사를 할 때는 전체 − 세부, 위치 − 형태 − 기능 등의 순으로 특징을 잘 기억해 답변하는 것이 좋습니다.

2. 자신의 느낌과 감정을 부여하라
   - 단순한 관찰과 묘사보다는 사물에 대한 혹은 장소에 대한 느낌과 감정을 부여해주는 것이 좀 더 생동감을 줍니다.

아래 OPIc 질문에 알맞은 답안을 구성해보는 시간입니다.
오늘 배운 전략을 다시 한 번 생각해보고 순서에 맞게 적용하여 보세요.

调查中表明你是学生。请介绍一下你们的学校。
조사에서 당신은 학생이라고 했습니다. 당신의 학교를 소개해주세요.

브레인스토밍

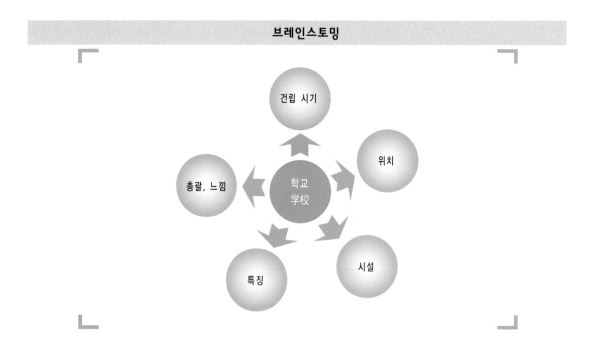

답변하기

자가 진단 테스트

• 주어진 과제를 기억했습니까?　　　　　　　　　　　　　　☐ ☐
• 주제의 핵심을 파악했습니까?　　　　　　　　　　　　　　☐ ☐
• 주제에 맞게 구성했습니까?　　　　　　　　　　　　　　　☐ ☐
• 정확한 어휘와 어법을 사용했습니까?　　　　　　　　　　　☐ ☐
• 구성에 맞는 풍부한 내용으로 답변했습니까?　　　　　　　☐ ☐

예시　我的学校建立于1946年，位于首尔郊区。校园坐落于公园附近，绿化得非常好，也很安静。
我们学校不但大而且校园也很美。学校有行政大楼，教学楼，健身房，运动场，户外游泳池，还具有现代化的图书馆和博物馆等。所以学习氛围非常好。学校校区内有一个很大的绿地操场，里面是标准的足球场，外面是跑道。每天下午大家都会在这里踢足球，跑步… 。学校里有好几家不同风味的餐厅，还有商店，邮局，医院等等，所以学生们在这里的生活非常方便。
我觉得这里是学习的好地方。我热爱学校的一切。

우리 학교는 1946년에 건립되었습니다. 서울 외곽에 위치해 있습니다. 학교가 공원 근처에 있어서 녹화(綠化)가 잘 되어 있고 매우 조용합니다. 우리 학교는 구역 규모가 클 뿐만 아니라 풍경 또한 매우 아름답습니다. 학교에는 행정 빌딩, 강의 건물, 체육관, 운동장, 실외 수영장 등이 있습니다. 그리고 현대식 도서관과 박물관 등이 있습니다. 그래서 학업 분위기가 매우 좋습니다. 교내에는 녹색 잔디 구장이 있습니다. 안쪽은 표준화된 축구장이고 바깥쪽은 육상 레일입니다. 매일 오후 모두가 여기서 축구를 하거나 조깅을 합니다.
학교 안에는 여러 종류의 식당이 있습니다. 그리고 상점과 우체국, 병원 등도 있습니다. 그래서 학생들의 이곳 생활은 매우 편리합니다. 나는 이곳이 공부하기 좋은 장소라고 생각합니다. 나는 우리 학교의 모든 것을 사랑합니다.

해설　학교 소개문입니다. 학교가 건립된 연도와 위치를 설명하고 교내 시설이나 특징, 분위기 등을 설명합니다.
마지막으로 학교에 대한 자신의 느낌을 말해주면 좋습니다.

어휘&표현 ●　●　●

建立于 jiànlìyú	～에 건립하다	**位于** wèiyú	～에 위치하다
郊区 jiāoqū	교외 지역	**坐落于** zuòluòyú	건물이 ～에 자리잡다 (위치하다)
绿化 lǜhuà	녹(지)화(하다)	**健身房** jiànshēnfáng	체육관
游泳池 yóuyǒngchí	수영장	**博物馆** bówùguǎn	박물관
标准 biāozhǔn	표준, 기준	**跑道** pǎodào	(경주용) 트랙
风味 fēngwèi	특색, 맛, 기분	**热爱** rèài	열렬히 사랑하다, 애착을 가지다

step 5 연습 활동

오늘 배운 내용을 문제를 통해 확인해보는 시간입니다.

01 다음 문장에 알맞은 어휘를 골라 빈칸을 채우세요.

(1) 我在 ＿＿＿＿＿＿＿ 工作。(나는 본사에서 근무합니다.)

모범답안 ┃ 总公司

'본사'는 总公司, '지사'는 分公司라고 합니다.

(2) 我在 ＿＿＿＿＿＿＿ 工作。(나는 구매팀에서 근무합니다.)

모범답안 ┃ 购买部

(3) 我们公司 ＿＿＿＿＿＿＿ 1996年。(우리 회사는 1996년에 창립되었습니다.)

모범답안 ┃ 成立于

(4) 已经发展成为 ＿＿＿＿＿＿ 的通讯公司。(이미 손꼽힐 만한 통신회사로 발전하였습니다.)

모범답안 ┃ 数一数二

(5) 里面的设施很 ＿＿＿＿＿＿＿＿。(안의 설비가 잘 갖추어져 있습니다.)

모범답안 ┃ 齐全

02

각 단어의 발음과 뜻이 맞는 것을 연결하세요.

1. 文件　　　　　　jiāodài　　　　　　문서
2. 电子计算机　　　dìngshūjī　　　　　전자계산기
3. 穿孔机　　　　　bàoshìtiē　　　　　펀치
4. 装订机　　　　　chuānkǒngjī　　　　제본기
5. 钉书机　　　　　wénjiàn　　　　　　스테이플러
6. 打印机　　　　　diànzijìsuànjī　　　프린터기
7. 报事帖　　　　　dǎyìnjī　　　　　　포스트잇
8. 胶带　　　　　　zhuāngdìngjī　　　　테이프

모범답안 ┃ 1. 文件 wénjiàn 문건, 문서　　2. 电子计算机 diànzijìsuànjī 전자계산기　　3. 穿孔机 chuānkǒngjī 펀치
　　　　　 4. 装订机 zhuāngdìngjī 제본기　　5. 钉书机 dìngshūjī 스테이플러　　6. 打印纸 dǎyìnzhǐ 프린터기
　　　　　 7. 报事帖 bàoshìtiē 포스트잇　　8. 胶带 jiāodài 테이프

※ 문건이나 이메일, 팩스를 보낸다고 할 때는 동사 发를 씁니다. '컬러 프린트'는 彩色打印机라고 합니다. '투명 테이프'는 透明胶带라고 하면 됩니다.

03

다음 단어와 맞는 뜻을 연결하세요.

1. 财务部　　　　　a. 인사 관리팀
2. 经营部　　　　　b. 대외 협력팀
3. 管理人员　　　　c. 마케팅팀
4. 购买部　　　　　d. 경리팀
5. 公关部　　　　　e. 관리직
6. 市场部　　　　　f. 구매팀
7. 人事管理部　　　g. 경영팀

모범답안 ┃ 1-d 财务部 cáiwùbù 경리팀　　2-g 经营部 jīngyíngbù 경영팀　　3-e 管理人员 guǎnlǐrényuán 관리직
　　　　　 4-f 购买部 gòumǎibù 구매팀　　5-b 公关部 gōngguānbù 대외 협력팀　　6-c 市场部 shìchǎngbù 마케팅팀
　　　　　 7-a 人事管理部 rénshìguǎnlǐbù 인사 관리팀

step 6 학습 요약

아래 요약된 내용을 다시 한 번 숙지하세요.

1 직장 관련 어휘 익히기

- 직장의 위치와 상황, 부서 및 업무 내용, 사무실 분위기 및 구조, 사무용품 등과 관련된 기본 어휘를 익히세요.

2 직장과 관련된 기본 표현 기억하기

- 앞에서 학습한 직장 소개와 사무실 묘사에 유용하게 사용할 수 있는 기본 표현법을 기억해두세요.

3 학습한 답변을 참고하여 자신만의 답변 만들기

- 내용을 구성하는 기본 틀을 숙지한 후 여러분의 상황에 맞는 내용을 채워갈 수 있도록 준비하세요.
- 모범 답안 내용을 숙지하고 여러분의 상황에 맞는 예상 답변을 만들어보세요.

OPIc 중국어에 대한 궁금증을 시원하게 풀어드립니다.

 OPIc 시험의 활용 현황과 회사에서 요구되는 점수에 대해 알려주세요.

기업의 비즈니스 환경이 점차적으로 글로벌화됨에 따라 기업에서는 인재들의 말하기 능력의 중요성에 대해 관심이 점차적으로 높아지고 있습니다. 현재 OPIc은 삼성, LG, 두산, 포스코, SK, CJ, STX, KT 등 1,000여 개 기업의 채용, 인사, 교육 평가에 활용되고 있습니다.

회사마다 차이가 있지만 보통 IL에서 IH까지의 등급을 요구됩니다.

Lesson

11

학교 관련

주제 ▌ 잊기 어려운 선생님 / 잊기 어려운 수업

오늘의 학습 목표입니다. 학습을 시작하기 전에 목표를 숙지하세요.

'학교 관련'에서는 관련 인물 묘사 문제를 통해
인물을 설명하는 문장의 구성과 표현법을
학습합니다.

오늘의 목표 ● ● ●

01 학교 관련 문제 이해하기(인물 묘사)

02 인물 묘사 표현법과 구성 익히기

step 2 전략 설정

오늘의 학습 목표에 따른 전략입니다.

개 요 ●●●

인물 묘사 형태는 외모, 언어, 행위, 심리를 이용한 인물에 대한 생동감 있는 묘사가 중요합니다.

구도 익히기 ●●●

1 인물 소개
소개할 인물을 언급함

(1) 직접적으로 시간 언급

• **小时候** ⋯ 어릴 적에~

• **上小学的时候** ⋯ 초등학교 다닐 때~

• **大学毕业之前** ⋯ 대학 졸업하기 이전에~

• **刚上大学的时候** ⋯ 막 대학에 들어갔을 때~

• **来 ⋯ 的第二年** ⋯ ~ 온지 두 번째 해에 ~

> 예 来中国的第二年，我认识了李老师。
>
> 중국에 온지 두 번째 해 나는 이(李) 선생님을 알게 되었습니다.

(2) 회상

• **那时**⋯ 그때~

• **记得**⋯ 기억으로는(기억하다)~

• **记得小时候**⋯ 기억으로는 어릴 적에~

> 예 那时，我还是个孩子。 그 때는 나는 아직 아이였습니다.
>
> 那时，我还不懂事。 그 때는 나는 아직 철이 없었습니다.
>
> 记得老师对我多么好。 선생님이 나에게 얼마나 잘해 주셨는지를 기억합니다.

(3) 선택

• 其中 : 그 중에서

예 我来中国以后, 认识了好多朋友, 其中, 跟我最要好的是…

내가 중국에 온 이후에, 많은 친구들을 알게 되었습니다. 그 중에서 나와 가장 친했던 사람은 …

上学的时候我遇到过很多老师, 其中印象最深刻的就是…

학교에 다닐 때 나는 많은 선생님들을 만났고, 그 중 인상이 가장 깊었던 사람은 바로 …입니다.

• 尤其是(特别是)… : 특히

예 我遇到过很多好老师, 尤其是初中一年级的班主任李老师…

나는 많은 선생님을 만나보았습니다. 특히 중학교 1학년 때 담임 선생님인 이(李) 선생님은…

… 特别是李老师给我留下了深刻的印象。

… 특히 이 선생님은 나에게 깊은 인상을 남겨주었습니다.

2 인물 묘사

인물의 특징이 될 만한 사항들을 생동감 있게 묘사

• 高高的个子 - 아주 큰 키
• 长得很潇洒 - 멋스런 생김새(얼굴)
• 白白净净的脸 - 희고 깨끗한 얼굴
• 满头银发 - 빽빽한 은발머리
• 花白的头发 - 반백의 머리
• 高高的额头 - 높이 솟은 이마
• 一双大大的眼睛 - 한 쌍의 큰 눈
• 乌黑的眼睛和那纤巧的嘴巴 - 짙고 검은 눈동자와 섬세하게 생긴 입
• 一双眼睛显得炯炯有神 - 초롱초롱한 한 쌍의 눈
• 跟人说话时总是面带微笑 - 사람과 얘기할 때 항상 미소를 진다
• 含着天真的微笑 - 천진함을 담은 미소
• 非常和蔼可亲 - 아주 상냥하고 친절함
• 总是笑眯眯的 - 항상 웃는 모습
• 胖胖的 - 통통한
• 显得很健壮 - 건장하게 보임

• **身材魁梧** – 건장(훤칠)한 몸매

예 他个子高高的，白白净净的脸，长得很潇洒。

그는 키도 아주 크고 얼굴도 희고 깨끗해서 매우 멋스럽게 생겼습니다.

※ 그 외 언어, 행위, 심리 등을 이용하여 묘사할 수 있습니다. – lesson 5 참조

3 인물 총평

인물에 대한 느낌이나 감정 등을 총괄

예 他是我永远的好朋友。 그는 나의 영원한 좋은 친구이다.

他是我的好同事。 그는 나의 좋은 직장 동료이다.

他不但是我的好老师也是我的好朋友。

그는 좋은 선생님일 뿐만 아니라 나의 좋은 친구이다.

他不仅是我们的良师，也是我们的益友。

그는 훌륭한 스승일 뿐만 아니라 나에게 도움이 되는 친구이다.

郑老师就是这样一位热爱事业，关心学生的好老师。

정선생님은 일에 열정적일 뿐만 아니라, 학생에게 관심을 기울이는 좋은 선생님이다.

妈妈就是这样的人，妈妈的爱是最伟大的。

어머니는 바로 이런 사람이며, 어머니의 사랑은 가장 위대한 것이다.

 비결

1. 인물 묘사 구성의 기본틀 기억하기
2. 생동감 있는 묘사 연습하기

묘사를 할 때에는 대상의 특징을 잘 파악하여 외모, 언어, 행위, 심리 상태 등을 구체적이고 생동감 있게 표현하세요. 또한, 스토리의 구성도 중요합니다.

오늘 배운 전략을 문제에 적용해보는 시간입니다.

请讲一讲你最难忘的一节课或老师或学友(同学)。

질문 가장 기억에 남는 수업 혹은 선생님(학우)에 대해 이야기해주세요.

브레인스토밍

주제와 관련된 단어들을 연상하여 구조에 맞게 나열한 후 짜임새 있는 문장을 만들어보세요.

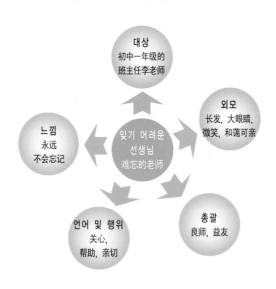

문제 유형 분석

- **주제 범위:** 학교 관련
- **주제:** 잊지 못할 선생님
- **과제 설명:** 선생님 묘사 – 외모, 언어, 행위, 느낌 묘사

적용1 구 도 만 들 기

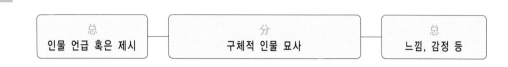

总	分	总
인물 언급 혹은 제시	구체적 인물 묘사	느낌, 감정 등

❶ **总** 인물 언급 　● 묘사할 인물 소개
　　　　　　　　　 － 중학교 1학년 때의 담임 선생님

❷ **分** 구체적　● 인물의 외모, 언어, 행위 등을 묘사
　　　인물 묘사　　 － 외모 : 새까만 머리결, 커다란 두 눈, 미소를 머금은 얼굴
　　　　　　　　　 － 성격 : 상냥하고 친절함 느낌
　　　　　　　　　 － 언어 : 수업 중에 긴장하는 학우에게 긴장하지 말라고 친절하게 말함
　　　　　　　　　 － 행위 : 학생들을 주말에 집에 초대함

❸ **总** 느낌,　　● 인물의 특징 등을 총괄해주고 느낌 감정 등으로 마무리
　　　감정 등　　 － 우수한 교사이자 유익한 벗
　　　　　　　　　 － 선생님의 관심과 도움을 잊을 수 없음

적용2 기 초 표 현 다 지 기

总　▸ 나는 여러 선생님을 만났습니다.
　　　　 我遇到过很多老师。

　　　▸ 그 중 가장 인상 깊은 분은 바로 중학교 1학년 담임이신 이(李) 선생님입니다.
　　　　 其中印象最深的就是初中一年级的班主任李老师。

分	▶ 새까만 긴 머리, 한 쌍의 큰 눈, 얼굴에는 늘 미소를 머금어 친절한 느낌을 줍니다.
	乌黑的长发, 一双大大的眼睛, 脸上时常挂着微笑, 给人一种和蔼可亲的感觉。
	▶ 선생님이 질문에 대답하라고 할 때, 심장은 쿵쾅거리고, 머리는 온통 땀에 젖고 한 마디도 못 했습니다.
	老师让我回答问题时, 心怦怦直跳, 满头都是汗, 一句话也说不出来。
	▶ 그러나 그녀는 나를 탓하지 않고 오히려 친절하게 말했습니다. "긴장하지 말고 천천히 말하렴! 선생님이 도와줄게."
	可是她没责怪我, 反而亲切地说: "别紧张, 慢慢说! 老师会帮你的。"
	▶ 주말에 선생님은 또 자주 학우들을 집에 초대했습니다.
	周末的时候老师还常常请同学们到她家去玩。
总	▶ 나는 선생님이 우리의 훌륭한 스승이고 유익한 벗이라고 생각합니다.
	我觉得老师不仅是我们的良师, 也是我们的益友。
	▶ 선생님이 우리에게 준 관심과 도움을 나는 영원히 잊지 못할 것입니다.
	老师给我们的关心和帮助, 我永远都不会忘记。

적용 3 내용 더하기

답안 上学的时候我遇到过很多老师, 其中印象最深的就是初中一年级的班主任李老师。

李老师乌黑的长发, 一双大大的眼睛, 脸上时常挂着微笑, 给人一种和蔼可亲的感觉。还记得有一天上课时老师提了一个问题, 大家都不敢举手回答, 心里很紧张, 头也不敢抬起来。我是性格比较内向的人, 因此老师让我回答问题时, 心怦怦直跳, 急得满头都是汗, 一句话也说不出来, 可是她没责怪我, 反而亲切地说: "别紧张, 慢慢说! 老师会帮你的。", 我的心里特别感谢她。别看我们的老师相貌平平, 但是魅力十足, 平时的一举一动总能打动我们的心。周末的时候老师还常常请同学们到她家去玩。

我觉得老师不仅是我们的良师, 也是我们的益友。她温柔的目光和亲切的笑容一直深深的印在我的脑海里。老师给我们的关心和帮助, 我永远都不会忘记。

내가 학교를 다닐 적에 많은 선생님을 만났는데, 그 중 가장 인상 깊었던 분은 바로 중학교 1학년 때의 담임인 이(李) 선생님입니다. 이(李) 선생님은 새까만 머리, 큰 눈, 항상 미소 띤 얼굴로 사람들에게 따뜻하고 친근한 느낌을 주었습니다. 아직도 기억하는 것은 어느 날 수업 시간에 선생님이 문제를 냈는데 모든 학생들이 손을 들고 대답할 엄두를 못 내고 아주 긴장된 분위기 속에서 머리도 제대로 들지 못하고 있었습니다. 나는 비교적 내성적인 성격을 가졌기 때문에 선생님이 질문을 하시면 심장이 두근두근하고 머리가 땀범벅이 될 정도로 초조해서 한 마디도 할 수가 없었지만 선생님은 한 번도 나를 나무라시지 않으시고 오히려 친절하게 "긴장하지 말고 천천히 말해봐! 선생님이 도와줄게."라고 말씀하셔서 나는 마음속으로 항상 감사했습니다. 우리 선생님의 외모는 평범한 편이지만 매력이 있으시고, 또 평소의 행동 하나하나가 항상 우리의 마음을 움직였습니다. 주말에 선생님은 자주 반 친구들을 집으로 초대하셔서 같이 시간을 보내곤 하셨습니다.

나는 선생님은 우리의 훌륭한 스승일 뿐만 아니라 또 좋은 친구라고 생각했습니다. 선생님의 부드러운 눈빛과 친절한 웃음은 여전히 내 머릿속에 새겨져 있습니다. 선생님이 우리에게 주셨던 관심과 도움을 나는 영원히 잊을 수 없을 것입니다.

해설 인물 묘사 중 선생님을 묘사하라는 질문입니다. 서론 부분에서 선생님을 만난 시기를 언급하고 선생님 외모, 언어, 행위 등을 설명하면서 선생님의 특징을 보여주는 사건을 예로 들어주면 좀 더 생동감 있고 구체적인 느낌을 줄 수 있습니다.

遇到 yùdào	만나다, 마주치다 → 遇到(遇见)朋友 친구를 만나다 → 遇到困难 어려움에 부딪히다
印象 yìnxiàng	인상 → 第一印象 첫인상 → 留下深刻的印象 깊은 인상을 남기다
乌黑 wūhēi	새까맣다
微笑 wēixiào	미소
和蔼可亲 héǎikěqīn	상냥하고 친절하다
不敢 bùgǎn	감히 ~하지 못하다, ~할 용기가 없다 → 敢说 대담하게 말하다 / 敢想 대담하게 생각하다 / 不敢当 황송합니다
怦怦直跳 pēngpēngzhítiào	가슴이 쿵쾅거리다
责怪 zéguài	책망하다, 원망하다, 나무라다
反而 fǎnér	오히려, 역으로
魅力 mèilì	매력 → 很有魅力 매력이 있다 / 富有魅力 매력이 넘치다 / 魅力十足 매력이 넘치다
良师 liángshī	좋은 스승
益友 yìyǒu	유익한 친구

tip!tip! 满의 여러 용법

1) 형) 가득 차다 - 용량이 가득 참을 의미
  - 술어로 쓰일 경우

    예 客满了。 손님이 꽉 찼다.

    杯里的酒太满了。 잔에 술이 너무 가득 찼다.
  - 보어(결과보어)로 쓰일 경우 - 동사 + 满

    예 屋里坐满了人。 방안에 사람들이 가득 앉아 있다.

    桌子上摆满了妈妈做的菜。 탁자 위에 엄마가 만든 음식이 가득 찼다.

2) 형) 전부, 모든 - 全, 整个의 의미

满身 온몸 / 满手 양손 / 满脸 온 얼굴 / 满头大汗 얼굴이 땀투성이다

❖ 중요 표현

1. 其中印象最深的就是初中一年级的班主任。
2. 我觉得老师不仅是我们的良师，也是我们的益友。
3. 老师给我们的关心和帮助，我永远都不会忘记。

Go!Go! 고득점 비법

1. 생동감 있게 인물을 묘사하라
  - 인물 묘사할 때는 살아있는 듯한, 생동감 있는 묘사가 중요합니다.

2. 상상의 날개를 펼쳐라!
  - 생동감 있는 묘사는 바로 여러분의 상상력으로 만들어집니다.
  - 청자가 인물을 상상할 수 있도록 재미있고 다양한 표현을 연습해 사용하세요.

3. 다양한 표현법을 활용하라
  - 인물 묘사 방법은 외모 묘사만 있는 것은 아닙니다. 언어, 행위, 심리 등 다양한 묘사 방법을 사용하세요.

아래 OPIc 질문에 알맞은 답안을 구성해보는 시간입니다.
오늘 배운 전략을 다시 한 번 생각해보고 순서에 맞게 적용하여 보세요.

请说一说你最难忘的一节课。
가장 기억에 남는 (잊기 어려운) 수업을 말해주세요.

브레인스토밍

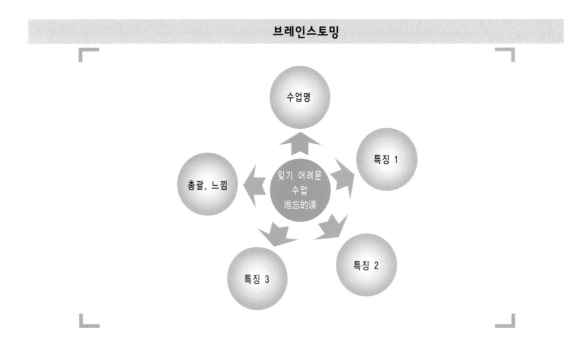

답변하기

자가 진단 테스트		
• 주어진 과제를 기억했습니까?	☐	☐
• 주제의 핵심을 파악했습니까?	☐	☐
• 주제에 맞게 구성했습니까?	☐	☐
• 정확한 어휘와 어법을 사용했습니까?	☐	☐
• 구성에 맞는 풍부한 내용으로 답변했습니까?	☐	☐

예시 在我的记忆中令人最难忘的课是高一夏天的那堂英语课。当时我们英语老师给我的印象非常深刻。

"叮铃铃"，铃声打响了，老师走了进来就大声地对我们说"good morning Everyone!" 哈哈！她每次上课时都准备一些有趣的图片。先让我们仔细观察图片上的内容，再让我们描述图片中包含的单词或句子。然后用学生们说过的词汇做句子了解这幅画的内容。有时候拿出一张很帅的明星的照片。让我们一起说明他的长相和穿着等等。然后让我们描述同学外貌。开始自然地介绍班里同学的特征，笑声荡漾整个课堂。

我从来没想到上英语课这么有意思！ 这么有趣与众不同的办法让我们对英语产生了无比的兴趣。过了一年我们班的英语成绩成了全校第一…哈哈！

나의 기억에서 가장 잊기 어려운 수업은 고등학교 1학년 때 여름의 영어 수업입니다. 당시 우리 영어 선생님은 우리에게 깊은 인상을 남겼습니다. '딩동 딩동' 수업 벨이 울리면 선생님은 교실로 들어와 모두에게 "하하! good morning Everyone!"이라고 말합니다. 선생님은 수업 때마다 재미있는 그림을 가지고 옵니다. 먼저 우리들에게 그림의 내용을 자세히 관찰하게 한 후 그림 속에 내포된 단어와 문장을 묘사하게 합니다. 그 다음 학생들이 말한 단어를 이용해 문장을 만들어 내용을 이해하게 합니다. 어떤 때는 유명 연예인의 사진을 가져와 우리로 하여금 외모나 옷차림 등을 설명하게 합니다. 그 다음 급우의 외모를 묘사하게 합니다. 반의 학우들의 특징을 소개하면서 웃음소리가 교실에 가득해졌습니다. 나는 영어가 이렇게 재미있는 줄 몰랐습니다. 이렇게 재미있고 특별한 방법은 자연히 영어에 무한한 관심을 가지게 하였습니다. 1년 후 우리 반이 영어를 1등 했습니다…. 하하!

해설 학교 관련 질문으로 수업 상황을 설명하는 내용입니다. 선생님의 수업을 생생하게 묘사해야 합니다. 결론 부분에 경험을 통해 알게 된 사실로 재미있는 수업 방식이 학생에게 미치는 긍정적인 영향이나 결과를 말해주면 좋습니다.

铃声 língshēng	벨소리	图片 túpiàn	사진, 그림 등의 총칭
仔细 zǐxì	꼼꼼하다, 자세하다	观察 guānchá	관찰(하다)
描述 miáoshù	묘사(하다)	明星 míngxīng	스타(인기 연예인이나 운동선수)
长相 zhǎngxiàng	용모	穿着 chuānzhuó	옷, 복장
外貌 wàimào	외모	笑声荡漾 xiàoshēngdàngyàng	웃음소리가 울려 퍼지다
无比 wúbǐ	비할 바 없다, 아주 뛰어나다		

step 5 연습 활동

오늘 배운 내용을 문제를 통해 확인해보는 시간입니다.

01 아래 뜻과 어울리는 단어와 발음을 고르세요.

宿舍　教师　班主任　体育馆　校长　班长　体育场　校园　学校　教室

bānzhǔrèn　xiàoyuán　tǐyùguǎn　sùshè　xiàozhǎng　jiàoshī　bānzhǎng　jiàoshì　xuéxiào　tǐyùchǎng

(1) 체육관 → _____

모범답안 ┃ 体育馆 tǐyùguǎn

(2) 교장 → _____

모범답안 ┃ 校长 xiàozhǎng

(3) 교사 → _____

모범답안 ┃ 教师 jiàoshī

(4) 담임 → _____

모범답안 ┃ 班主任 bānzhǔrèn

(5) 반장 → _____

모범답안 ┃ 班长 bānzhǎng

(6) 캠퍼스 → _____

모범답안 ┃ 校园 xiàoyuán

(7) 기숙사 → _____

모범답안 ┃ 宿舍 sùshè

02 다음 단어에 맞는 중국어를 골라 연결하세요.

1. 수업이 끝나다   a. 逃课

2. 결석하다   b. 补课

3. 수업을 빼먹다   c. 期中考试

4. 보충 수업하다   d. 不及格

5. 중간고사   e. 期末考试

6. 기말고사   f. 下课

7. 불합격하다   g. 作弊

8. 컨닝하다   h. 缺课

모범답안 | 1-f 下课 xiàkè 수업이 끝나다   上课 shàngkè 수업을 하다   2-h 缺课 quēkè 결석하다

3-a 逃课 táokè 수업을 빼먹다   4-b 补课 bǔkè 보충수업하다   5-c 期中考试 qīzhōngkǎoshì 중간고사

6-e 期末考试 qīmòkǎoshì 기말고사   7-d 不及格 bùjígé 불합격하다   8-g 作弊 zuòbì 컨닝하다

03 다음 문장을 어순에 맞게 배열하세요.

(1) 时候　上学　遇到　的　很多　老师　过　我

_____

모범답안 | 上学的时候我遇到过很多老师. 학교 다닐 때 나는 여러 선생님을 만났습니다.

(2) 其中　班主任　最　深　就是　印象　初中　一年级　的　的　李老师

_____

모범답안 | 其中印象最深的就是初中一年级的班主任李老师.

그 중 가장 인상 깊었던 사람은 중학교 1학년 때의 담임인 이(李) 선생님이십니다.

(3) 我老师　是　觉得　不仅　我们　的　良师, 益友　也　我们　是　的

_____

모범답안 | 我觉得老师不仅是我们的良师, 也是我们的益友.

나는 선생님이 우리들의 스승이고 또한 우리들의 좋은 친구(益友)라고 생각합니다.

(4) 我们　给　老师　和的　关心　帮助, 忘记　我们　不会　永远　都

_____

모범답안 | 老师给我们的关心和帮助, 我们永远都不会忘记.

선생님이 우리들에게 준 관심과 도움을 우리는 영원이 잊지 못할 것입니다.

step 6 학습 요약

아래 요약된 내용을 다시 한 번 숙지하세요.

1 주변 인물 관찰하기

• 여러분 주위의 인물을 관찰해보세요.
• 평소에 인물의 특징, 성격, 언어 습관 등을 관찰하는 연습이 필요합니다.

2 인물 묘사와 관련된 어휘와 표현 기억하기

• 특징, 성격, 언어 습관 등에 관련된 기본 어휘를 익히세요.
• 인물 묘사와 관련된 생동감 있는 표현법을 익히세요.
• 외모뿐만 아니라 언어나 행위 등을 묘사하는 표현도 연습하세요.

2 학습한 답변을 참고하여 자신만의 답변 만들기

• 주변 인물들을 관찰하는 연습을 통해 상기되는 어휘들을 중국어로 학습하세요.
• 학습한 모범 답변을 참고하여 필수 어휘와 표현 등을 익히고 여러분의 예상 답변을 만들어보세요.

OPIc 중국어에 대한 궁금증을 시원하게 풀어드립니다.

 중국어 OPIc 시험을 볼 때, 발음을 정확하게 하는 것이 중요한가요?

물론입니다. 중국어는 발음과 성조의 정확성에 따라 뜻이 달라지므로 다른 언어에 비해 발음의 정확성이 더욱 요구되는 언어입니다. 표준어를 학습하신 여러분이라면 당연히 평소에 정확한 발음과 성조를 연습해 두셔야 합니다. OPIc은 직접 사람과 대면하는 것이 아니라 녹음을 하게 되므로 높은 등급 취득을 위해서는 더욱 더 정확한 발음이 요구됩니다.

취미 & 관심사 (1) 여행

주제 ▋ 휴가 경험 / 호텔 경험

오늘의 학습 목표입니다. 학습을 시작하기 전에 목표를 숙지하세요.

'취미 & 관심사(1) 여행'에서는
경험을 서술하는 문장의 구성을
파악하고 구체적인 표현법을 학습합니다.

오늘의 목표 ●●●

01 여행 관련 문제 이해하기(기억에 남는 여행지 설명)

02 여행 에피소드 관련 구성 형태를 파악하고 익히기

step 2 전략 설정

오늘의 학습 목표에 따른 전략입니다.

개 요 ● ● ●

경험 내용을 온전하게 재구성하여 생동감 있게 표현해야 합니다.

구도 익히기 ● ● ●

1 사건 제시
시간, 장소, 인물 등을 통한 사건 제시나 언급

- …, 那件事让我记忆犹新!

  그 일은 나로 하여금 기억을 새롭게 합니다!

- 在我的一生中, 经历了许多事。

  내 일생에서 많은 일들을 경험했습니다.

- 在我经历的许多事情中, 有一件事让我终身难忘。

  내가 경험했던 많은 일들 중 한 가지는 평생 잊지 못합니다.

- 我经历过许多事, 但惟有一件事让我至今很难忘记。

  내가 많은 일들을 겪었습니다. 유일하게 한 사건이 지금까지 잊기 어렵습니다.

  예 在我经历的许多事情中, 有一件事让我终身难忘。那是十年前的一个冬天。

  내가 경험했던 많은 일들 중 한 가지는 평생 잊지 못합니다. 그것은 십 년 전의 한 겨울이었습니다.

2 경험에 대한 묘사

사건의 구체적인 상황을 순서대로 표현
대화, 심리 묘사 등을 통한 자세하고 생동감 있는 묘사

예 我恳求妈妈："妈，你再让我睡一会儿，好吗？"妈严肃地说"不行，快起来预习功课！"我可害怕妈妈的唠叨，只好起床了。

나는 엄마에게 간절히 부탁하기를："엄마, 나 좀 더 자게 해주시면 안 되요?" 어머니께서 엄하게 "안돼, 얼른 일어나서 수업 예습해!"라고 하셨다. 나는 엄마의 잔소리가 너무 무서워 어쩔 수 없이 일어났습니다.

3 내용 총괄

사건을 통한 느낀, 감정, 교훈 등으로 마무리

예 这次活动，真是令人难忘的活动呀！

이번 활동은 정말 잊기 어려운 활동이었어요!

通过这件事我懂得了不少知识，这也让我的生活格外充实了。

이번 일을 통해서 적지 않은 지식을 이해하게 되었어요. 이는 또한 나의 생활을 좀 더 풍부하게 만들었습니다.

通过这次经历懂得了一个道理。 이번 경험을 통해서 하나의 이치를 깨달았습니다.

我终于学会了一个道理，心里美滋滋的。

나는 마침내 하나의 이치를 배우게 되었습니다. 기분이 매우 좋습니다.

我深深地感到了幸福和欢乐。 나는 굉장한 행복과 즐거움을 느꼈습니다.

永远铭记在人们心中。 영원히 사람들의 마음에 새겨집니다.

永远不会忘记的。 영원히 잊을 수 없습니다.

这次的经历对我来说终身难忘。 이번 경험은 나로서는 평생 잊기 어려운 경험입니다.

비결 ➤ 1. 아래의 내용에 주의하기!　　　　2. 정확한 구조 만들기
3. 사건 서술은 복잡하지 않게!　　　4. 사건에 대한 생동감 있는 묘사하기
5. 사건의 묘사는 대화나 심리 상태 묘사 등을 이용하기

경험에 관한 서술문은 확실한 주제를 선정한 후 정확한 구조를 만드는 것이 중요합니다. (언제, 어디서, 누구와, 무엇을, 어떻게) 즉, 정확한 구조가 아니면 생동감 있게 전달하기가 어려워집니다. 또한, 내용의 전개도 순서에 맞게 깔끔한 문장을 구사할 수 있도록 하세요!

step 3 적용 학습

오늘 배운 전략을 문제에 적용해보는 시간입니다.

调查中表明你去国外度假。请讲一讲一次最难忘的度假经历
什么时候去的? 去哪儿了? 跟谁去的? 做了什么?

질문 조사에서 당신은 해외로 휴가를 간다고 하였습니다. 가장 잊기 힘든 휴가 경험을 얘기해주세요.
언제 갔습니까? 어디를 갔습니까? 누구와 갔습니까? 무엇을 했습니까?

브레인스토밍

주제와 관련된 단어들을 연상하여 구조에 맞게 나열한 후 짜임새 있는 문장을 만들어보세요.

문제 유형 분석

• **주제 범위**: 취미 & 관심사(여행)
• **주제**: 잊지 못할 휴가 경험
• **과제 설명**: 휴가 경험 설명 – 시간, 장소, 인물, 사건, 느낌, 교훈 설명

적용1 구도 만들기

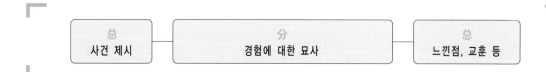

❶ **总** 사건
제시(시간,
장소, 인물 등)
- 사건을 언급 : 시간, 장소, 인물 등
  - 언제 : 작년
  - 어디서 : 몽골
  - 누구와 : 두 친구와 함께

❷ **分** 경험에 대한
묘사
- 구체적인 상황(사건)이나 대화, 심리 상태 등을 통해 자세히 묘사
  - 혼자서의 말타기 경험으로 매우 놀람

❸ **总** 느낌, 교훈 등
- 사건을 통해 얻은 교훈이나 느낌 등으로 마무리
  - 모든 일에 신중해야 함을 느낌

적용 2 기초 표현 다지기

总 ▸ 내가 경험했던 많은 일 중 한 가지가 생생하게 기억납니다.

在我经历的许多事情中，有一件事让我记忆犹新。

▸ 작년 여름 나는 두 명의 친구와 내몽고에서 5일을 지냈습니다.

去年夏天，我跟两个朋友到内蒙古待了五天。

分 ▸ 둘째 날, 우리는 안내인을 청해 우리를 데리고 말을 타러 갔습니다.

第二天，我们请一个向导带我们去骑马!

▸ 나는 함께 타는 것이 재미가 없어서 "아저씨, 혼자 타 봐도 되요?"라고 말했습니다.

我觉得一起骑没意思，就说："师傅，能不能让我一个人试试?"

▸ 그 말은 갑자기 날뛰기 시작했습니다.

那匹马突然疯狂地奔跑起来。

▸ 모두가 뛰어와 "고삐를 힘을 주어 당겨요"라고 말했습니다.

大家都冲过来对我说："快使劲抓紧缰绳。"

▸ 이렇게 하자 말이 겨우 멈췄습니다.

这样马才停下来。

总 ▸ 그때 나는 하나의 이치를 깨달았습니다.

那时我懂得了一个道理。

▸ 무슨 일이건 성실히 대하고 겸허하게 학습해야 하며, 수박 겉 핥기 식으로 일을 처리하면 안 된다는 것입니다.

不管做什么事情都必须认真对待，虚心学习，不能一知半解就盲目行事。

▸ 말타기 경험은 나로서는 평생 잊지 못할 일입니다.

骑马的经历对我来说还是终身难忘的。

답안 在我经历的许多事情中, 有一件事让我记忆犹新。

去年夏天, 我跟两个朋友到内蒙古待了五天。我们先坐飞机到北京然后换火车到内蒙古站。又换车开了三个多小时才到达目的地。当时我们住在一个中国朋友的亲戚家里。

第二天, 我们请一个向导带我们去骑马! 他给我安排了一个马主跟我一起骑。我觉得一起骑没意思, 就说:"师傅, 能不能让我一个人试试?" 他犹豫了一下儿, 说:"不过你得慢点儿骑。"然后我接过马鞭, 得意的骑在马背上。马主担心地对我说:"你一定要抓紧缰绳, 把脚蹬在……", 我不耐烦地接过话:"我知道了"。我抡起皮鞭"啪"地一声抽在马屁股上, 那匹马突然疯狂地奔跑起来, 这时我才意识到我要倒霉了。因为没骑过马, 我根本不知道怎么让这匹马停下来! 我大喊:"救命啊"大家都冲过来对我说:"快使劲抓紧缰绳", 这样马才停下来。当我被抱下来时, 已经满头是汗。

那时我懂得了一个道理:不管做什么事情都必须认真对待, 虚心学习, 不能一知半解就盲目行事。那五天的时间里我们还做了好多事, 但是骑马的经历对我来说还是终身难忘的。

내가 겪은 많은 일 중에서 한 가지 일이 생생하게 기억납니다.

작년 여름, 두 친구와 내몽고에 가서 5일을 지냈습니다. 우리는 먼저 비행기를 타고 북경에 내린 후에 다시 기차로 갈아타고 내몽고 역에 도착했습니다. 또 차를 갈아타고 떠나 3시간이 넘게 지나서야 우리의 목적지에 도착했습니다. 그 때 우리는 한 중국 친구의 친척집에 머물렀습니다.

둘째 날, 우리는 안내인에게 우리를 데리고 말을 타러 가기를 부탁했습니다. 그 사람은 우리에게 마주(馬主)와 내가 함께 말을 타도록 하였습니다. 나는 둘이 같이 말을 타는 것이 재미가 없어서 "아저씨, 저 혼자 타보면 안 될까요?"하고 물었는데 그가 조금 걱정되는 투로 말하길 "그런데 천천히 타셔야 해요"라고 말했고 저는 채찍을 건네받아 득의양양하게 말 등에 올라탔습니다. 말 주인이 걱정하며 저에게 말하길 "꼭 고삐를 꽉 잡고 있어야 해요. 발을 디디는 것은…" 나는 귀찮아하며 "알았어요."라고 대답했습니다. 나는 채찍을 휘두르며 '이랴' 소리와 함께 말 엉덩이를 때렸습니다. 갑자기 그 말이 미친 듯이 질주하기 시작했는데 저는 이때서야 '내게 안 좋은 일이 생기겠구나' 생각이 들었습니다. 나는 말을 타본 적이 없어서 도대체 어떻게 이 말을 멈추게 하는지 몰랐습니다. 내가 큰 소리로 '사람 살려'라고 소리치고 사람들이 따라 달려와서 "어서 말 고삐를 꽉 쥐세요"라고 말했고 그렇게 말은 멈춰 섰습니다. 당시 말에서 안겨 내려 왔을 때 이미 얼굴은 땀투성이였습니다. 그 때 나는 "어떤 일을 하든지간에 열심히 또 겸손히 배워야 하며 수박 겉 핥기 식으로 일을 처리하면 안 된다"라는 도리를 깨달았습니다.

그 5일 동안 우리는 아주 많을 일을 하였지만, 말을 탔던 경험은 나에게 아직도 평생 있지 못할 기억입니다.

해설 여행 경험을 설명하는 문장입니다. 특정한 사건을 들어 언제, 어디서, 누구와, 무엇을 했는지를 설명하고 결론 부분에 사건을 통한 교훈이나 느낌 등을 말합니다.

필수 어휘 ●●●

度假 dùjià	휴가를 보내다 ➥ 度假村 휴가촌
经历 jīnglì	겪다, 경험하다
待 dāi	머물다, 지내다 ➥ 동의어 : 呆
到达 dàodá	도착하다
向导 xiàngdǎo	길을 안내하다; 안내자
犹豫 yóuyù	주저하다, 망설이다 ➥ 毫不犹豫 조금도 주저하지 않다
马鞭 mǎbiān	말채찍
得意 déyì	의기양양하다 ➥ 得意洋洋的 득의양양하다 / 自鸣得意 우쭐해하다
皮鞭 píbiān	가죽채찍
突然 tūrán	갑작스럽다
疯狂 fēngkuáng	미치다, 실성하다, 광분하다
奔跑 bēnpǎo	빨리 뛰다, 분주히 싸다니다
倒霉 dǎoméi	재수없다, 운이 없다 ➥ 倒霉事 재수없는 일
使劲 shǐjìn	힘을 쓰다
抓紧 zhuājǐn	꽉 쥐다 (방법, 훈련) 다잡다, 꽉 틀어쥐다
懂得 dǒngde	(뜻, 방법 등) 이해하다
道理 dàoli	도리, 이치

虚心 xūxīn	허심하다, 겸허하다
盲目 mángmù	맹목적 ⟹ 盲目行事 맹목적으로 일을 하다
一知半解 yìzhībànjiě	깊이 있게 알지 못하다, 수박 겉 핥기

 先(首先)… 然后(再，又) / 동사 + 下来의 여러 가지 의미

✔ **先(首先)… 然后(再，又)** 먼저 ~하고 다음에 ~하다 시간의 전후 관계를 표현

1) 我们先去吃饭，然后再去看电影。 우리 먼저 밥을 먹고 그 다음에 영화를 보러 갑시다.

2) 先讨论一下，然后再决定。 먼저 토론을 하고, 그 다음에 결정합시다.

✔ **동사 + 下来의 여러 가지 의미**

1) (방향) 높은 곳에서 낮은 곳으로
   예 把树上的苹果摘下来。 나무에 있는 사과를 따다.

2) 과거에서 현재까지의 계속됨 혹은 처음부터 끝까지 계속됨
   예 古代流传下来的故事。 고대에서 전해져 내려온 이야기.

3) 동작의 완성 또는 결과
   예 风突然停了下来。 바람이 갑자기 멈췄다.

❖ 중요 표현
   1. 在我经历的许多事情中，有一件事让我记忆犹新。
   2. 我们先坐飞机到北京然后换火车到内蒙古站。
   3. 不管做什么事情都必须认真对待，虚心学习。

Go!Go! 고득점 비법

1. 특정한 사건(재미있는, 잊지 못할)을 구체적으로 묘사하라
   • 복잡하지 않은 특정한 사건을 들어 구체적으로 생동감 있게 묘사하는 것이 중요합니다.

2. 사건의 흐름에 주의하라
   • 사건은 발단과 과정, 결론의 순서에 맞게 설명해야만 좀 더 깔끔한 문장이 완성됩니다.

3. 대화나 심리법을 사용하라
   • 생동감 있는 표현을 바로 대화나 심리법을 이용하여 묘사하세요.
   • 대화나 행위, 심리 등을 구체적으로 표현해야 경험의 내용을 쉽고 재미있게 설명할 수 있습니다.

step 4 나만의 OPIc

아래 OPIc 질문에 알맞은 답안을 구성해보는 시간입니다.
오늘 배운 전략을 다시 한 번 생각해보고 순서에 맞게 적용하여 보세요.

请说一说在饭店住宿的一次经历，什么时候，在哪儿，跟谁，做了什么？

请说一些美丽的或者有趣的饭店。

호텔에서 숙박하였던 경험을 한 가지 말해보세요. 언제 숙박하였나요? 어디서 숙박하였나요?
누구와 숙박하였나요? 무슨 일로 숙박하였나요?
아름답거나 흥미로운 호텔에 대해서 말해보세요

브레인스토밍

시간

장소

총괄, 느낌

호텔 경험
饭店经历

인물

행위

특징

답변하기

자가 진단 테스트

- 주어진 과제를 기억했습니까?　　　　　　　　　　　　　　□ □
- 주제의 핵심을 파악했습니까?　　　　　　　　　　　　　　□ □
- 주제에 맞게 구성했습니까?　　　　　　　　　　　　　　　□ □
- 정확한 어휘와 어법을 사용했습니까?　　　　　　　　　　□ □
- 구성에 맞는 풍부한 내용으로 답변했습니까?　　　　　　□ □

예시 我很喜欢旅游, 记得大学的时候每次放假, 我都和我的大学同学一起去玩儿。我们住过的饭店也是五花八门, 什么样的都有。其中印象最深的当然是花园 洋房的异国饭店。

三年前, 我们快毕业了, 最后一次旅行, 我们前往了日本冲绳, 那里住的饭店给我们的印象很深。那是一间别墅改造的旅馆, 旁边就是海边, 此起彼伏的海浪声音非常悦耳。而二层的小房子也非常漂亮。我们兴奋地在屋里面看来看去, 发现天台上面准备了烤肉的工具, 原来就是为游客准备的。于是我们计划在这儿大吃一顿。然后分别行动, 三个女孩儿去附近的超市买吃的, 两个女孩儿在家里整理东西和准备需要的工具, 我们兴奋地进行着。那天天气非常好, 满天的星星, 我们聊着美好的未来, 吃着烤肉, 觉得非常幸福。

我们都不会忘记那天, 那个小饭店, 那些星星, 那些回忆!

나는 여행을 좋아합니다. 대학교 때 방학 때마다 대학 동창들과 놀러 가곤 했습니다. 나는 다양한 호텔에서 묵었습니다. 가장 인상 깊었던 곳은 당연히 현대식(서구식)의 이국적인 호텔입니다.

3년 전 졸업하기 전 마지막 여행으로 일본 오키나와로 여행을 갔습니다. 그곳에서 머물렀던 호텔이 인상 깊습니다. 그곳은 별장을 개조해 만든 여관입니다. 옆은 해변가인데 끊임 없는 파도 소리가 굉장히 듣기 좋습니다. 그리고 2층은 매우 예쁩니다. 우리는 흥분해서 이리저리를 구경하다가 옥상에 바비큐 기구가 있는 것을 발견했습니다. 알고 보니 여행객을 위한 것이었습니다. 그래서 우리를 실컷 먹어보자는 계획을 세우고 각자 행동에 옮겼습니다. 세 명은 근처 마켓에 가서 먹을 것을 사고 두 명은 짐을 정리하고 필요한 것을 준비하기로 했습니다. 우리는 들뜬 마음으로 준비했습니다. 그날은 날씨도 좋았고 하늘이 온통 별들로 가득했습니다. 우리는 미래에 대해 이야기하고 고기도 먹으면서 매우 행복했습니다. 우리는 그날을 잊지 못합니다. 그 작은 호텔, 그 별들, 그 기억들을 잊지 못합니다.

해설 여행 경험 관련 내용입니다. 인상 깊었던 장소를 말해달라는 내용인데 언제, 어디서, 누구와, 무엇을 했는지를 사건 진행 순서에 맞게 설명하는 것이 중요합니다.

또한, 장소의 특징들을 구체적이고 생동감 있게 묘사하는 것도 잊지 마세요!

어휘&표현 ● ● ●

五花八门 wǔhuābāmén	형형색색, 여러 가지	**洋房** yángfáng	서양식 집
日本冲绳 Rìběn Chōngshéng	일본 오키나와	**别墅** biéshù	별장
此起彼伏 cǐqǐbǐfú	여기저기서 일어나다	**悦耳** yuè'ěr	듣기 좋다
美好的未来 méihǎode wèilái	아름다운 미래	**回忆** huíyì	추억(하다)

오늘 배운 내용을 문제를 통해 확인해보는 시간입니다.

01 단어의 의미를 연결하세요.

1. 护照   a. 입국

2. 签证   b. 등록카드

3. 入境   c. 운송

4. 出境   d. 초과

5. 登记卡   e. 비자

6. 海关   f. 휴대용 짐

7. 关税   g. 세관

8. 托运   h. 관세

9. 手提行李   i. 출국

10. 超重   j. 여권

모범답안 1-j 护照 hùzhào 여권   2-e 签证 qiānzhèng 비자   3-a 入境 rùjìng 입국   4-i 出境 chūjìng 출국
5-b 登记卡 dēngjìkǎ 등록카드   6-g 海关 hǎiguān 세관   7-h 关税 guānshuì 관세   8-c 托运 tuōyùn 운송
9-f 手提行李 shǒutíxínglǐ 휴대용 짐   10-d 超重 chāozhòng 초과

02 다음은 호텔 관련 단어입니다. 각 단어의 뜻을 쓰세요.

(1) 住宿登记表 → _____

모범답안 ▌ 숙박카드 zhùsùdēngjìbiǎo

(2) 商务中心 → _____

모범답안 ▌ 비즈니스센터 shāngwùzhōngxīn

(3) 叫醒服务 → _____

모범답안 ▌ 모닝콜서비스 jiàoxǐngfúwù

(4) 餐饮服务 → _____

모범답안 ▌ 룸서비스 cānyǐnfúwù

(5) 请勿打扰 → _____

모범답안 ▌ 방해하지 마시오. qǐngwùdǎrǎo

다음 문장에 알맞은 말을 골라 빈칸에 채워 넣으세요.

| 根本 | 虚心学习 | 先…然后 | 终身难忘 | 无论…都 | 记忆犹新 | 一知半解 |

(1) 在我经历的许多事情中，有一件事让我 ＿＿＿＿＿＿＿＿＿＿＿＿。

모범답안 ▎ 记忆犹新 내가 겪었던 많은 일들 중 한 가지 일의 기억이 새롭다.

(2) 我们 ＿＿＿＿ 坐飞机到北京 ＿＿＿＿＿＿＿＿＿ 换火车到内蒙古站。

모범답안 ▎ 先, 然后 우리는 먼저 비행기를 타고 북경에 가서 기차로 바꾸어 타고 내몽골역까지 갔다.

(3) 我 ＿＿＿＿＿＿＿＿＿ 不知道怎么让这匹马停下来!

모범답안 ▎ 根本 나는 전혀 이 말을 어떻게 멈추어야 하는지를 몰랐다.

(4) 那时我懂得了一个道理: ＿＿＿＿＿ 做什么事情 ＿＿＿＿＿ 必须认真对待, ＿＿＿＿＿,
不能 ＿＿＿＿＿＿＿ 就盲目行事。

모범답안 ▎ 无论(不管, 不论), 都, 虚心学习, 一知半解 그때 나는 한 가지 이치를 깨달았다 : 무슨 일이건 성실히 임하고 겸허하게
학습해야 하며 수박 겉 핥기 식으로 일을 처리하면 안 된다는 것을.

(5) 骑马的经历对我来说还是 ＿＿＿＿＿＿＿＿＿＿ 的。

모범답안 ▎ 终身难忘 말타기 경험은 나로서는 평생 잊기 어려운 일이다.

step 6 학습 요약

아래 요약된 내용을 다시 한 번 숙지하세요.

1 여행 경험 관련 문장의 기본 구성 형태와 표현법 기억하기

· 总 − 分 − 总의 구성 형태를 잘 기억하고 구체적으로 묘사하는 표현법을 익히고 연습하세요.
· 관련 내용들을 찾아 기본 구성을 숙지하세요. 기본적인 내용들을 숙지하고 있어야 여러분의
  이야기를 스스로 만들 수 있습니다.

2 다양한 경험을 통한 이야깃거리 준비하기

· 여행 관련 문제는 '잊기 어려운', '특이한', '재미있는' 등의 어휘를 잘 기억하셔야 합니다. 여행
  과 관련해 출제될 만한 문제를 예상해보고 이야깃거리를 찾아 준비하세요.

3 학습한 답변을 참고하여 자신만의 답변 만들어보기

· 학습한 모범 답안을 참고하여 여러분만의 이야기를 만들어보세요.

OPIc 중국어에 대한 궁금증을 시원하게 풀어드립니다.

OPIc 시험을 준비할 때 가장 중요한 것은 무엇인가요?

OPIc은 인터뷰 형식의 시험이기 때문에 평소에 어휘를 학습하고 문장을 만들어보는 연습과 실생활에서 회화 연습을 많이 하는 것이 가장 기본적인 OPIc 준비 방법입니다. 효과적인 학습법으로, 스토리텔링을 통해 본인의 생각을 조리 있게 표현하는 능력을 키우시기 바랍니다.

평소 스토리텔링을 준비할 때 자기소개, 가족 관계, 직업, 거주지, 취미, 좋아하는 스포츠, 음식 등 여러분의 일상 생활과 관련된 내용부터 차근차근 준비해나가면 됩니다.

Lesson

13

취미 & 관심사 (2) 스포츠

주제 ▮ 야구 경기 / 수영

오늘의 학습 목표입니다. 학습을 시작하기 전에 목표를 숙지하세요.

`취미&관심사(2) 스포츠`에서는
경기 경험 문장 구성의 틀을 익히고 스포츠 관련 어휘를
학습합니다.

오늘의 목표 ●●●

01 스포츠 관련 문제 구성 익히기(경기 경험)

02 스포츠 관련 기본 어휘 파악하기

2 전략 설정

오늘의 학습 목표에 따른 전략입니다.

개요 ◐●●

경기 경험을 설명할 때는 문장의 기본 구조와 내용 구성이 중요하며 경기 관련 기본 어휘를 숙지해야 합니다.

구도 익히기 ◐●●

1 경기 시기, 대상 소개

- A 跟(和) B 比赛了 / A跟(和) B进行了 … 比赛

  A와 B가 경기를 했습니다 / A와 B가 …경기를 진행했습니다

  예 今天韩国队和中国队比赛。 오늘 한국팀과 중국팀이 경기합니다.
  今天韩国队和中国队进行了一场足球比赛。
  오늘 한국팀과 중국팀이 축구 경기를 했습니다.

2 경기장 소개

  예 在家附近的小公园 집 근처에 있는 작은 공원
  草地球场 잔디 구장
  体育馆 체육관   体育场(运动场) 운동장
  长方形的草地球场上 장방형의 잔디구장
  一个扇形球场 부채꼴의 구장

3 경기 결과

- 赢了 이기다 / 输了 지다 / 平了 비기다
- 略胜一筹 약간 우세하다 / 激烈的比赛 경기가 격렬하다

예 意大利队输给了美国队。 이태리 팀이 미국팀에게 졌습니다.

韩国队赢了日本队。 한국팀이 일본팀을 이겼습니다.

最后以韩国队略胜一筹而结束。 결국 한국팀이 약간의 차이로 이기고 끝났습니다.

4 느낌과 교훈

예 那场比赛给我的生活增添了宝贵的一笔。 그 경기는 내 생활에서 소중한 기억을 남겨주었다.

我永远记得那种感觉。 난 영원히 그 느낌을 기억할 겁니다.

体会到信任和鼓励。 나는 믿음과 격려를 깨달았습니다.

创造一个属于自己的奇迹。 저에게 기적을 만들어냈습니다.

> **비결** ➤ 1. 스포츠 관련 기본 어휘 익히기
> 2. 자신이 좋아하는 스포츠 종목의 달인 되기
>
> 스포츠 관련 문제에 대비할 때는 무엇보다도 관련 어휘(경기 소개, 규칙, 운동 장소, 학습 방법, 좋아하게 된 동기 등)와 표현법을 숙지해야 합니다. 여러분이 좋아하는 스포츠 종목을 선정해 관련 내용을 정리하여 반드시 숙지하세요.

5 기타 스포츠 관련 표현

(1) 경기 관련 기본 어휘

- **比赛** 시합, 경기 　**예** A 跟(和) B 比赛 A와 B가 경기하다
- **预赛** 예선 경기
- **决赛** 결승전
- **得分** 득점하다
- **队** 팀
- **队员** 팀원
- **赢** 이기다 　**예** A 赢 B A가 B를 이기다
- **输** 지다 　**예** A 输给 B A가 B에게 지다
- **平了** 비겼다
- **拉拉队** 응원단

(2) 운동하게 된 계기, 동기

- 身体虚弱 몸이 약하다
- 为了减肥 다이어트 하려고
- 学点儿团体精神 단체 정신을 좀 배우다
- 消除(缓解) 压力 스트레스를 해소하다
- 保持健康 건강을 유지하다

(3) 좋아하는 이유

- 刺激 자극적이다
- 激烈 격렬하다
- 很有活力 활력이 있다
- 冒险 모험적이다
- 喜欢奔跑的感觉 달리는 느낌이 좋다
- 喜欢进球的感觉 골을 넣었을 때의 느낌이 좋다
- 能锻炼身体 몸을 단련할 수 있다
- 充分体现团队精神 단체 정신을 충분히 발휘한다
- 非常适合全身部位活动 전신 활동에 적합하다
- 动力感强烈 활동력이 강하다
- 促进新陈代谢 신진대사를 활발히 해준다
- 增强心肺功能 심폐 기능을 높여준다
- 不会出大量的汗 땀이 많이 안 난다
- 平和 조용하다

오늘 배운 전략을 문제에 적용해보는 시간입니다.

调查中表明你喜欢打棒球。请介绍一下棒球场所和环境。什么时候？

在哪儿？跟谁？结果怎么样？

질문 조사에서 당신은 야구를 좋아한다고 하였습니다. 야구를 하는 환경을 소개해주세요. 언제 했습니까? 어디서 했습니까? 누구와 했습니까? 결과가 어땠습니까?

브레인스토밍

주제와 관련된 단어들을 연상하여 구조에 맞게 나열한 후 짜임새 있는 문장을 만들어보세요.

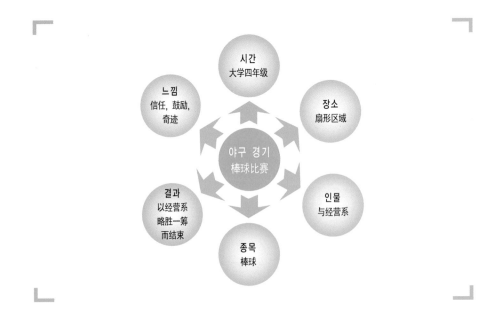

문제 유형 분석

- **주제 범위**: 스포츠 관련
- **주제**: 야구 경험
- **과제 설명**: 경기 경험 설명
  - 야구 경기장 소개(위치, 환경)및 경기 경험(시간, 장소, 인물, 내용, 결과 느낌) 소개

적용 1 구도 만들기

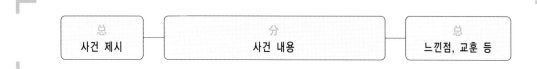

❶ **总** 사건 제시 • 시기, 장소 및 대상 소개
　　　　　　　　 − 2006년 여름 대학 4학년 때
　　　　　　　　 − 경영학과와 경기

❷ **分** 사건 내용 • 경기 환경과 경기 내용 등을 설명
　　　　　　　　 − 부채꼴의 운동장
　　　　　　　　 − 약간의 차이로 짐

❸ **总** 느낌이나 • 경기를 통한 느낌이나 교훈 등으로 마무리
　　　 교훈 등　　 − 팀원 간의 신뢰와 격려를 느낌
　　　　　　　　 − 자신만의 기적을 만들어냄

总 ▸ 2006년 여름 대학 막 4학년이 되었을 때 경영학과와 친선 야구 경기를 했습니다.
2006年夏天我刚上大学四年级，和经营系进行了一场棒球友谊赛。

分 ▸ 경기는 부채꼴 운동장에서 했는데 관리가 잘 되어 있어 매우 편안했습니다.
比赛场地是一个扇形区域。保护得非常完整，感觉非常舒服。

▸ 경기 때 모두가 최선을 다했으나 약간의 차이로 져 경기를 마쳤습니다.
比赛的时候，大家尽情的发挥，最后以经营系略胜一筹而结束。

▸ 조금 아쉽기는 해도 우리는 최선을 다했고 만족합니다. 유감스럽지 않았습니다.
虽然我们有点儿可惜，但我们已经尽了全力，很满足，没有遗憾。

总 ▸ 그 경기는 나의 대학 생활에 귀중한 한획을 그었습니다.
那场比赛给我的大学生活增添了宝贵的一笔。

▸ 경기에서 신뢰와 격려를 늘 느끼고 자신만의 하나의 기적을 만들어낼 수 있습니다.
在比赛中，能体会到信任和鼓励，能创造一个属于自己的奇迹。

적용 3 내용 더하기

답안 2006年夏天我刚上大学四年级，我们系和经营系进行了一场棒球友谊赛。因为没有特定的训练地的缘故，我们找了一个体育学校还特意请体育学院的院长给我们批准，在标准的棒球场展开了异常激烈精彩的比赛。

当时的比赛场地是一个扇形区域。保护得非常完整，感觉非常舒服。比赛的时候，大家尽情的发挥，最后以经营系略胜一筹而结束。虽然我们有点儿可惜，但我们已经尽了全力，很满足，没有遗憾。

那场比赛给我的大学生活增添了宝贵的一笔。我永远记得那种感觉：蔚蓝的天空下，放下生活中的压力，把自己交给队友。

在比赛中，你能体会到信任和鼓励。在奔跑的时候，在给队员加油的时候，在和大家一起讨论的时候，你能创造一个属于自己的奇迹。

내가 막 대학 4학년이 되던 2006년 여름, 우리 과와 경영학과가 야구 친선 경기를 하였습니다. 특정한 훈련 장소가 없었던 관계로 우리는 한 체육 대학을 찾아 학장님께 특별히 허가를 받고 표준화된 야구 경기장에서 매우 치열하면서도 멋진 경기를 하였습니다.

그 당시의 경기장은 부채꼴 구장이었습니다. 관리가 아주 잘 되어 있었고, 아주 편안한 느낌을 주었습니다. 경기를 진행할 때 모두가 최선을 다하였고 결국 경영학과가 근소한 차이로(약간의 우세로) 승리하였습니다. 비록 우린 조금 안타까웠지만 최선을 다했기 때문에 만족했고 후회도 없었습니다.

그 경기는 나의 대학 생활에 귀중한 한 가지를 더해 주었습니다. 나는 오랫동안 그 느낌을 기억할 것입니다. 푸르른 하늘 아래서 삶의 스트레스를 모두 버리고 자기 자신을 팀에 맡겨버렸던 느낌을 받았습니다.

경기 중에 당신은 믿음과 격려를 체험할 수 있습니다. 뛰어다닐 때, 팀원을 응원할 때, 함께 의논할 때, 당신도 자기 자신만의 기적을 만들 수 있습니다.

해설 스포츠 관련 내용 중 야구에 대한 문제로, 야구장 환경과 경기에 관한 에피소드를 말하라고 요구하고 있습니다. 답변에서는 직접 참여한 경기를 중심으로 경기장 모습과 경기 내용을 설명하고 경기를 통한 교훈이나 느낌으로 마무리합니다.

友谊赛 yǒuyìsài	친선경기
缘故 yuángù	연고, 원인, 이유 ➠ =原因
批准 pī zhǔn	(조약을) 비준하다 (하급기관의 건의, 요구를) 허가하다 ➠ 批准今年的预算 올해의 예산을 비준하다 ➠ 허가, 승인 申请批准 비준신청하다 　得到批准 비준을 얻다
激烈 jīliè	격렬하다 ➠ 激烈的比赛 격렬한 시합 　竞争很激烈 경쟁이 치열하다
精彩 jīngcǎi	(공연, 말, 글 등이) 뛰어나다, 근사하다 ➠ 节目精彩 프로그램이 훌륭하다 / 动作精彩 동작이 멋지다 　/ 显得精彩 멋지게 보이다
扇形 shànxíng	부채꼴, 선형
尽情 jìnqíng	하고 싶은 바를 다하다, 마음껏 하다
略胜一筹 lüèshèngyìchóu	약간 우세하다
全力 quánlì	전력, 모든 힘, 혼신의 힘 ➠ 竭尽全力 전력(최선)을 다하다
蔚蓝 wèirán	쪽빛, 짙은 남색 ➠ 蔚蓝的天空 쪽빛 하늘
鼓励 gǔlì	격려하다
奇迹 qíjì	기적

tip!tip! 场의 의미 / 体会 & 体验

✔ **场이 양사로 쓰일 때**

1) 제2성 : 일의 경과, 자연 현상, 횟수

> 예 下了一场大雨。 한 차례 많은 비가 내렸다.
>
> 哭了一场。 한바탕 크게 울었다.

2) 제3성 : 문예, 오락, 체육 등의 활동

> 예 一场电影 1회 영화
>
> 三场球赛 세 차례 시합
>
> 第二场 제 2장
>
> 这(上、下) 场比赛 이번(지난 번, 다음 번) 시합
>
> 上半场 전반전 / 下半场 후반전

✔ **体会 & 体验**

1) 体会 - 체득, 이해 - 체험하여 터득하다

결정, 정책, 다른 사람의 생각이나 감정 등에 쓰임

> 예 体会到了别人的思想感情。 다른 사람의 생각감정을 이해하다.
>
> 体会很多、也很深。 많은 그리고 깊은 이해를 하다.

2) 体验 - 체험(하다) - 몸으로 직접 경험함

> 예 体验生活 생활을 체험하다
>
> 亲身体验 몸소 체험하다

✿ **중요 표현**

1. 因为没有特定的训练地的缘故。

2. 最后以经营系略胜一筹而结束。

3. 在比赛中，你能体会到信任和鼓励。

Go!Go! 고득점 비법

1. 종목 관련 기본 어휘를 익혀라

• 먼저 스포츠 관련 기본 어휘를 익히세요. 스포츠명, 경기 규칙, 주요 동작 등 기본 어휘와 표현법들을 학습하세요.

2. 스포츠의 달인이 되라

• 기본적인 표현도 중요하지만, OPIc 중국어에서는 경기 경험이나 좋아하게 된 동기, 훈련 방법 등을 묻는 문제도 출제되므로 자신이 좋아하는 스포츠와 관련된 내용을 다양하게 숙지하여야 합니다.

아래 OPIc 질문에 알맞은 답안을 구성해보는 시간입니다.
오늘 배운 전략을 다시 한 번 생각해보고 순서에 맞게 적용하여 보세요.

调查中表明你喜欢去游泳。什么时候去? 去哪儿? 怎么学的?

조사에서 당신은 수영하러 가는 것을 좋아한다고 했습니다. 언제 가나요?
어디로 가나요? 어떻게 배웠나요?

브레인스토밍

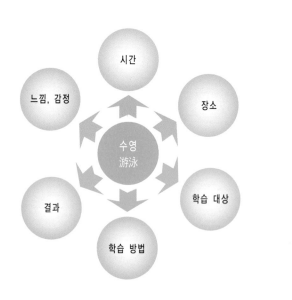

답변하기

자가 진단 테스트

- 주어진 과제를 기억했습니까? ☐ ☐
- 주제의 핵심을 파악했습니까? ☐ ☐
- 주제에 맞게 구성했습니까? ☐ ☐
- 정확한 어휘와 어법을 사용했습니까? ☐ ☐
- 구성에 맞는 풍부한 내용으로 답변했습니까? ☐ ☐

예시 我非常喜欢游泳，每周二和周四一下班就去公司附近的游泳馆。

其实以前我第一次学游泳的时候，不知道怎么用手用脚，怎么练习也不会游。我的妹妹是游泳选手，所以我让她教我。她说：“游泳最重要的是平衡”，然后她游给我看。我跟着她慢慢儿地练习。可是后来发现还是游得不怎么样。虽然简单的动作学会了，不过换气很难。我喝了很多水，而且耳朵里也进了很多水。

最后我还是坚持下来了。经过一段时间的练习，终于学会了换气。

现在游得还不错。游泳不但对身体有好处，而且可以减少工作中的压力，让心情变好。

나는 수영하는 것을 매우 좋아합니다. 매주 화요일과 목요일에 퇴근 후 회사 근처의 수영장에 갑니다. 사실 처음 수영을 배울 때에는 손발을 어떻게 사용해야 하는지도 모르고 어떻게 해도 헤엄칠 수 없었습니다. 나의 여동생이 수영선수여서 가르쳐 달라고 했습니다. 그녀는 “수영은 균형이 가장 중요해”라고 말하고 나에게 보여주었습니다. 나는 천천히 연습했고 점차 좋아졌습니다. 그 후 비록 간단한 동작은 할 수 있었지만 호흡이 어려웠습니다. 물도 많이 먹고 귀에도 물이 많이 들어갔습니다. 일정 기간을 연습한 후 드디어 호흡 조절을 할 수 있게 되었습니다.

지금은 수영을 잘 합니다. 수영은 건강에도 좋을 뿐만 아니라 업무 스트레스를 줄여주고 기분을 좋게 해 줍니다.

해설 스포츠 종목 중 수영에 관련된 문제입니다. 수영을 배우게 된 계기나 동기 등을 말하고 학습 과정(학습 대상, 학습 장소, 방법 등)을 설명하고 수영을 통해 배운 점이나 교훈, 느낌 등으로 마무리해주면 좋습니다.

其实 qíshí	사실은	平衡 pínghéng.	평형, 균형
换气 huànqì	(수영) 호흡하다	坚持下来 jiānchí xiàlai	지속해 나가다 (과거에서 현재)
对身体有好处 duì shēntǐ yǒu hǎochù	몸에 좋은 점이 있다	减少工作中的压力 jiǎnshǎo gōngzuòzhōng de yālì	업무 중의 스트레스를 줄이다
让心情变好 ràng xīnqíng biànhǎo	기분을 좋게 하다 (변화시키다)		

New
OPIC

오늘 배운 내용을 문제를 통해 확인해보는 시간입니다.

01 다음은 운동 종목을 의미하는 단어입니다. 맞는 것끼리 연결하세요.

1. 棒球   a. gāoěrfūqiú

2. 乒乓球   b. táiqiú

3. 篮球   c. yǔmáoqiú

4. 排球   d. bàngqiú

5. 网球   e. yóuyǒng

6. 羽毛球   f. yújiā

7. 高尔夫球   g. lánqiú

8. 台球   h. pīngpāngqiú

9. 保龄球   i. páiqiú

10. 瑜伽   j. wǎngqiú

11. 游泳   k. bǎolíngqiú

모범답안 ┃ 1-d 棒球 bàngqiú 야구   2-h 乒乓球 pīngpāngqiú 탁구   3-g 篮球 lánqiú 농구   4-i 排球 páiqiú 배구

5-j 网球 wǎngqiú 테니스   6-c 羽毛球 yǔmáoqiú 배드민턴   7-a 高尔夫球 gāoěrfūqiú 골프

8-b 台球 táiqiú 당구   9-k 保龄球 bǎolíngqiú 볼링   10-f 瑜伽 yújiā 요가   11-2 游泳 yóuyǒng 수영

02

다음 빈칸에 알맞은 단어를 쓰세요.

(1) 我们系和经营系 ＿＿＿＿＿＿＿＿＿＿ 了一场棒球友谊赛。(진행하다)

모범답안 | 进行 우리 과와 경영학과가 친선 야구 경기를 했습니다.

(2) 我们已经进了全力, 很 ＿＿＿＿＿＿＿＿＿＿, 没有遗憾。(만족하다)

모범답안 | 满足 우리는 최선을 다했고 만족하며 유감스럽지 않습니다.

(3) 在比赛中, 能 ＿＿＿＿＿＿＿＿＿＿ 到信任与鼓励。(깨닫다, 체득하다)

모범답안 | 体会 시합에서 믿음과 격려를 이해하게(깨닫게) 되었습니다.

(4) ＿＿＿＿＿＿＿＿＿＿ 一个属于自己的奇迹。(창조하다)

모범답안 | 创造 자신만의 기적을 창조해냅니다.

다음 빈칸에 알맞은 단어를 쓰세요.

棒球是一种团体 ＿＿구기＿＿ 运动, 比赛人数最少为9人。棒球球员分为攻, 守两方, 利
用球, 棒和手套, 在一个扇形的 ＿＿구장＿＿ 进行比赛。
比赛中, 两队轮流攻守：当进攻球员成功跑回 ＿＿홈＿＿, 就可 ＿얻다＿ 1分。
＿9회＿ 中得分较高的一队胜出。

＿＿＿＿＿＿＿＿＿＿＿＿＿＿＿＿＿＿＿＿＿＿＿＿＿＿＿＿＿＿＿＿＿＿＿＿

＿＿＿＿＿＿＿＿＿＿＿＿＿＿＿＿＿＿＿＿＿＿＿＿＿＿＿＿＿＿＿＿＿＿＿＿

＿＿＿＿＿＿＿＿＿＿＿＿＿＿＿＿＿＿＿＿＿＿＿＿＿＿＿＿＿＿＿＿＿＿＿＿

＿＿＿＿＿＿＿＿＿＿＿＿＿＿＿＿＿＿＿＿＿＿＿＿＿＿＿＿＿＿＿＿＿＿＿＿

모범답안 | (1) 球类 (2) 球场 (3) 本垒 (4) 得 (5) 九局
　　※ 야구는 단체 구기 종목의 운동으로 인원이 최소 9명이다. 선수들은 공격과 수비로 나누고 공, 배트, 글러브를
　　이용해서 부채꼴의 구장에서 경기를 진행한다. 경기 중에는 두 팀에 번갈아 가며 공격과 수비를 하고 공격수가 먼저
　　홈으로 돌아오면 1점을 얻는다. 9회 중 득점이 많은 팀이 승리한다.
　　• 야구에서 '일루, 이루, 삼루'는 중국어로 一垒(lěi), 二垒, 三垒라고 합니다.
　　• '얻다, 획득하다'라는 의미의 得는 dé라고 읽습니다.
　　• 局는 바둑, 장기, 경기 등의 승부의 한 '판'을 세는 양사입니다.

step 6 학습 요약

아래 요약된 내용을 다시 한 번 숙지하세요.

1 스포츠 관련 기본 어휘 익히기

• 스포츠 관련 기본 어휘들을 숙지하세요.
• 종목 이름, 경기 장소, 경기 규칙 등과 관련된 기본 어휘들을 학습하세요.

2 학습한 답변을 참고하여 자신만의 답변 만들기

• 모법 답변을 참고하여 여러분이 좋아하는 스포츠 종목과 관련된 예상 답변을 만들어보세요.

OPIc 중국어에 대한 궁금증을 시원하게 풀어드립니다.

OPIc 중국어 시험을 처음 준비하는데 무엇을 먼저 해야 할까요?

지피지기면 백전백승이라는 말이 있습니다. 상대에 대해 잘 알면, 이기지 못할 상대가 없다는 말입니다.

OPIc 중국어도 마찬가지입니다. OPIc 중국어 시험에서 원하는 등급의 점수를 받으려면, 먼저 OPIc 중국어 시험은 어떠한 유형으로 출제가 되는지 유형을 파악해보는 것이 중요합니다.

출제 유형을 파악했다면, 각각의 유형별로 어떻게 공부해야 할지, 어떠한 답안이 확실히 높은 점수를 받을 수 있을지에 대해 전략을 세우고 공략할 수 있어야 합니다.

OPIc 중국어 시험을 공부하기 전, 이러한 준비 과정을 거친 후 학습을 시작하시는 것이 좋습니다.

Lesson

14

취미 & 관심사 (3) 음식

주제┃음식 / 식당

오늘의 학습 목표입니다. 학습을 시작하기 전에 목표를 숙지하세요.

'취미&관심사(3) 음식'에서는
음식 소개, 즉 음식의 종류와 조리법 등을 소개하는
문장의 기본 틀과 표현법을 학습합니다.

오늘의 목표 ●●●

01 음식 관련 문제 이해하기(좋아하는 음식 소개)

02 음식 관련 기본 어휘와 표현 익히기

step 2 전략 설정

오늘의 학습 목표에 따른 전략입니다.

개요 ●●●

음식 관련 문제에 대비하기 위해서는 먼저 조리법과 음식의 맛을 설명하는 기본 어휘와 내용 전개 방식 등을 익혀두어야 합니다.

구도 익히기 ●●●

1 음식의 종류 – 간단한 음식 소개

> 예 西红柿炒鸡蛋是我最爱吃的菜。 토마토 계란 볶음은 내가 가장 좋아하는 음식이다.
>
> 我喜欢吃的东西有很多, 比萨饼可是我的最爱。
> 내가 좋아하는 것들은 많지만, 피자는 내가 제일 좋아하는 것이다.
>
> 我喜欢各个国家的美食, 可是我最喜欢的还是火锅了。
> 나는 여러 나라의 맛있는 음식들을 좋아합니다. 그래도 내가 가장 좋아하는 것은 샤브샤브이다.

2 특징 설명

(1) 좋아하는 이유(맛, 외형, 영양 등)

• 맛

> 예 这个菜的味道非常好。 이 요리는 맛이 아주 좋습니다.
>
> 又酸又甜的。真好吃! 시고 달다. 정말 맛있어요!
>
> 看起来很香。 굉장히 맛있어 보인다.

• 외형

> 예 它不仅形状好看, 而且颜色也十分鲜艳。 그것은 모양이 예쁘고 색깔 역시 산뜻합니다.
>
> 圆圆红艳艳的,像小朋友灿烂的笑脸。
> 둥글둥글하고, 새빨간 것이 마치 어린아이의 웃는 얼굴 같습니다.

• 영양

예 不仅美味，而且营养丰富。 맛있을 뿐만 아니라, 영양도 풍부합니다.

它含有维生素B和维生素C，不含任何激素、化学成份，绝对是绿色食品。

그것은 바타민B와 C를 함유하고 있고 호르몬이나 화학성분은 함유되어 있지 않아.

완전한 웰빙 식품입니다.

在补养的同时，又不必担心发胖。 영양을 보충하는 것과 동시에 살이 찔 염려가 없습니다.

那香甜的滋味，让你回味无穷。 향기롭고 단 맛이어서 끝 맛이 오래 갑니다.

(2) 조리법 소개

• 조리법에 대해 소개하고자 할 때는 적합한 관련사를 사용하여 순서에 맞게 설명합니다.

• 조리법 관련 표현

切 qiē 썰다 / 熟 shú 익히다 / 热 rè 데우다 / 烤 kǎo 굽다 / 煮 zhǔ 끓이다, 삶다

炒 chǎo 볶다 / 蒸 zhēng 찌다 / 炸 zhá 튀기다 / 煎 jiǎn 부치다

打碎 dǎsuì 깨다 / 加点儿 jiādiǎnr ~추가하다 / 放点儿 fàngdiǎnr ~넣다

放在 … 里 fàngzài … lǐ ~에 넣다 / 放到 … 里 fàngdào … lǐ ~로 넣다

把 … 倒进去 bǎ…dàojìnqu …을 붓다(쏟다)

• 조리 순서 소개

首先 … 然后 … / 第一 …, 第二 … 등의 관련사 이용

3 총괄 - 음식에 대한 느낌, 감정 등으로 마무리

예 这就是我最喜欢的菜。 이것이 바로 내가 가장 좋아하는 요리이다.

是不是很有食欲呢? 매우 식욕이 생기지 않나요?

下次有机会来我家尝尝吧! 다음에 기회가 되면 우리 집에 와서 맛보세요!

비결
1. 좋아하는 음식의 특징 파악하기
2. 좋아하는 음식의 조리법 익히기
3. 조리법을 소개할 때 동작의 연속성에 주의하기

좋아하는 음식을 소개할 때는 음식의 종류와 특징(외형, 맛 등)을 잘 파악해야 합니다. 만약 조리법을 알고 있다면 간단히 소개함으로써 청자의 흥미를 유발시키고 생생한 느낌을 전달할 수 있습니다. 또한 조리법을 설명할 때는 동작의 연속성을 표현하는 데 적합한 관련사의 사용에 유의하세요!

step 3 적용 학습

오늘 배운 전략을 문제에 적용해보는 시간입니다.

你喜欢哪种饮食？你会做吗？怎么做？说说你最喜欢的饮食。

질문 당신은 어떤 종류의 음식을 좋아합니까? 만들 줄 압니까? 어떻게 만드나요? 당신이 가장 좋아하는
음식을 말해보세요.

브레인스토밍

주제와 관련된 단어들을 연상하여 구조에 맞게 나열한 후 짜임새 있는 문장을 만들어 보세요.

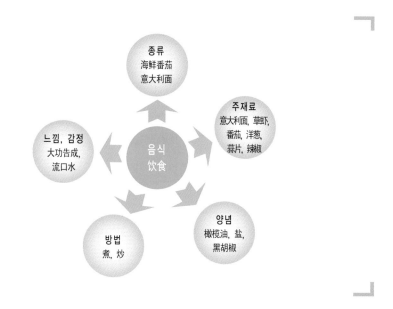

문제 유형 분석

• **주제 범위**: 음식 관련
• **주제**: 음식 소개
• **과제 설명**: 좋아하는 음식 소개 – 좋아하는 음식의 종류와 간단한 조리법 소개

적용 1 구도 만들기

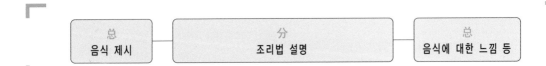

❶ 總 음식 제시
- 좋아하는 음식의 종류나 이름 소개
  - 종류 : 스파게티를 좋아함
  - 이름 : 해산물 토마토 스파게티를 가장 좋아함

❷ 分 조리법 설명
- 주재료 및 조리법 등을 설명
  - 해산물 토마토 스파게티의 주재료와 조리법 설명
  - 재료 : 쌀새우, 토마토, 양파, 마늘편, 고추, 소금, 올리브. 흑후추
  - 조리법 : 면을 삶아놓은 후 재료를 볶다가 면을 함께 볶음

❸ 總 음식에 대한 느낌 등
- 음식의 맛이나 느낌 등으로 마무리
  - 군침이 돌지 않는가?(반어법을 통한 청자의 흥미 유발)

적용 2 기초 표현 다지기

总 ▸ 저는 여러 나라의 음식을 좋아하지만, 그래도 제가 가장 좋아하는 것은 스파게티입니다.
我喜欢各个国家的美食，可是我最喜欢的还是意大利面了。

▸ 그 중 해산물 토마토 스파게티가 가장 좋아하는 것(맛)중 하나입니다.
其中，海鲜番茄意大利面是我最喜欢的口味之一。

分 ▸ 필요한 주재료는 스파게티면, 작은 새우 토마토, 양파, 다진 마늘, 고추입니다.
需要的原料是：意大利面，草虾，番茄，洋葱，蒜片，辣椒。

▸ 필요한 양념은 올리브유, 소금, 흑(黑)후추입니다.
要准备的调料是：橄榄油，盐，黑胡椒。

▸ 끓는 물에 스파게티면을 넣고 7분간 삶아 꺼냅니다.
在沸水中将适量的意大利面煮7分钟左右，捞出来。

▸ 새우랑 양파, 마늘편, 고추, 토마토를 함께 볶아줍니다.
把草虾，洋葱，蒜片，辣椒，番茄放到锅里一起炒。

▸ 볶아 익으면 스파게티면을 넣고 계속 볶아줍니다.
炒熟后，再把意面倒进去继续炒。

总 ▸ 완성되었습니다. 군침이 돌지 않나요?
这样就大功告成啦！是不是流口水呢？

취미 & 관심사 (3) 음식　**285**

답안 我喜欢各个国家的美食，可是我最喜欢的还是意大利面了。比如：原味儿意面，海鲜意面，奶油意面等等。其中， 海鲜番茄意大利面是我最喜欢的口味之一。所以我特意向一位厨师学习了它的做法。需要的原料是：意大利面，草虾，番茄，洋葱，蒜片，辣椒，要准备的调料是：橄榄油，盐，黑胡椒。下面就是具体的做法。

首先，在沸水中将适量的意大利面煮7分钟左右，捞出来，淋一点儿橄榄油，放在旁边备用；然后，加热平底锅，放点儿橄榄油，把草虾，洋葱，蒜片，辣椒，番茄放到锅里一起炒。炒熟后，再把意面倒进去继续炒。这时你可以放点儿盐和黑胡椒。

这样就大功告成啦！是不是流口水呢？

저는 여러 나라의 음식을 좋아하지만, 그래도 제가 가장 좋아하는 것은 스파게티입니다. 예를 들먼 오리지널 스파게티, 해산물 스파게티, 크림 스파게티 등입니다. 그 중에서 해산물 토마토 스파게티가 제가 제일 좋아하는 것입니다.

그래서 저는 특별히 요리사 한 분께 그 스파게티 제조법을 배우기도 했는데, 필요한 주재료는 스파게티, 작은 새우, 토마토, 양파, 마늘편, 고추이고 양념은 올리브유, 소금, 검은 후추입니다.

아래가 바로 구체적인 조리법입니다. 먼저, 적당량의 스파게티면을 끓는 물에 7분 정도 삶고 건져내어 올리브유를 조금 뿌려주고 옆 쪽에 놓아 준비를 해둡니다. 그리고 프라이팬을 가열하고 올리브유를 조금 두릅니다. 새우, 양파, 마늘편, 고추, 토마토 팬에 넣고 같이 볶습니다. 잘 볶은 후에, 다시 스파게티면을 넣고 계속 볶습니다. 이때 소금이나 후추를 넣으면 됩니다.

이러면 바로 완성된 겁니다(큰 성공을 의미함)! 군침 돌지 않나요?

해설 좋아하는 음식을 소개하는 문제입니다. 문제에 어떻게 만드는지를 질문했으므로 간단한 조리법을 소개하면서 음식의 맛을 상상해볼 수 있도록 하면 좋습니다. 반어법을 통해 청자로 하여금 음식에 대한 흥미를 유발시키면서 마무리 하는 것이 포인트입니다.

美食 měishí	맛있는 음식
比如 bǐrú	예를 들면 ➡ 比如说 예를 들어 말하면 / 比方说 비유하여 말하면 / 打个比方 예를 들면 / 例如 예를 들면
口味 kǒuwèi	맛, 구미 ➡ 合我的口味。 내 입맛에 맞다.
原料 yuánliào	주재료
草虾 cǎoxiā	쌀새우
调料 tiáoliào	양념
橄榄油 gǎnlǎnyóu	올리브유
盐 yán	소금
黑胡椒 hēihújiāo	흑후추
沸水 fèishuǐ	물을 끓이다
捞 lāo	(물속이나 액체 속에서) 잡다, 건지다 ➡ 捞出来 건져내다
淋 lín	(물) 뿌리다
加热 jiārè	가열하다
平底锅 píngdǐguō	프라이팬
大功告成 dàgōnggàochéng	큰 일이 이루어짐을 알리다

❖ 중요 표현

1. 其中, 海鲜番茄意大利面是我最喜欢的口味之一。
2. 我特意向一位厨师学习了它的做法。
3. 这样就大功告成啦!

Go!Go! 고득점 비법

1. 음식의 종류와 특징을 밝혀라
   - 좋아하는 음식의 종류와 특징을 잘 파악하여야 합니다.
   - 조리법과 관련된 문제가 나올 수 있으므로 좋아하는 음식의 간단한 조리법 정도는 숙지해야 합니다.

2. 나는야 요리사!
   - 조리법을 소개할 때는 간단한 재료를 말하고 생생한 조리법을 표현해 청자의 흥미를 유발시켜야 합니다.

3. 흥미를 유발시켜라
   - 문장을 마무리할 때 반어법 등을 이용하여 흥미를 고취시키는 것도 좋습니다.

step 4 나만의 OPIc

아래 OPIc 질문에 알맞은 답안을 구성해보는 시간입니다.
오늘 배운 전략을 다시 한 번 생각해보고 순서에 맞게 적용하여 보세요.

请介绍一下你喜欢去的饭馆。为什么喜欢去，有什么特点？

당신이 좋아하는 식당을 소개해주세요. 왜 좋아하나요? 어떤 특색이 있습니까?

브레인스토밍

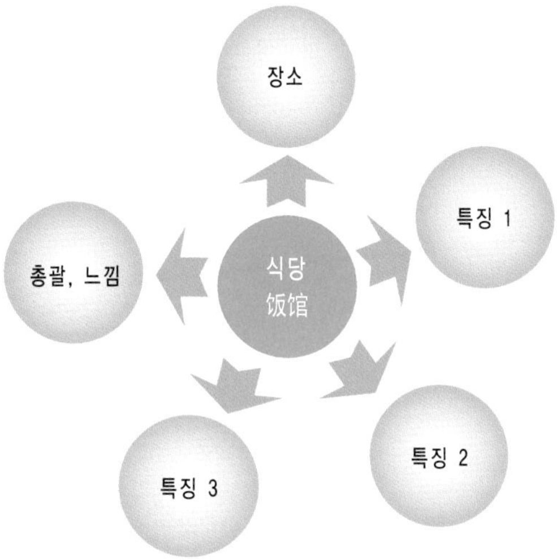

답변하기

자가 진단 테스트

• 주어진 과제를 기억했습니까?　　　　　　　　　　　　　　☐☐
• 주제의 핵심을 파악했습니까?　　　　　　　　　　　　　　☐☐
• 주제에 맞게 구성했습니까?　　　　　　　　　　　　　　　☐☐
• 정확한 어휘와 어법을 사용했습니까?　　　　　　　　　　　☐☐
• 구성에 맞는 풍부한 내용으로 답변했습니까?　　　　　　　☐☐

예시 我是一名公司职员, 要是下班早的话, 我常常和朋友们一起去饭馆儿吃饭, 喝酒, 互相说说生活和工作中的压力。那么选择一家好的饭馆就很重要,　所以我和朋友们常常去公司附近的西餐厅吃饭。我们都很喜欢吃烤牛排和意大利面。

这家西餐厅吃饭前会准备烤面包和特色的汤,　然后再上主菜和沙拉。如果是情人节或者圣诞节, 还会赠送葡萄酒。我还喜欢这家的环境和气氛, 虽然灯光比较暗, 但餐厅的设计很整洁, 大方, 让人感觉很浪漫。

我觉得那儿是和朋友吃饭的好地方。

나는 회사원입니다. 만약 일찍 퇴근하면 자주 친구들과 함께 밥을 먹고 술을 마시며 생활이나 업무상의 스트레스들을 이야기 합니다. 그럼 좋은 식당을 선택하는 것이 중요하지요. 그래서 나는 자주 친구들과 회사 근처의 서양식 레스토랑에 가서 밥을 먹습니다. 우리는 모두 그릴 비프스테이크와 스파게티를 좋아합니다. 이 레스토랑은 식사 전에 구운 빵과 특색 있는 스프를 준비해줍니다. 그런 다음 주메뉴와 샐러드가 나옵니다. 만약 발레타인 데이나 크리스마스 때라면 와인을 주기도 합니다. 나는 또 이곳의 환경과 분위기를 좋아합니다. 비록 조명이 좀 어둡기는 하지만 디자인이 깔끔하고 우아해서 낭만적인 느낌을 줍니다. 나는 그곳이 친구들과 식사하기 좋은 장소라고 생각합니다.

해설 자주 가는 식당에 대한 소개입니다. 얼마나 자주 가는지(빈도), 누구와 가는지, 자주 가는 이유와 특징(분위기, 음식의 맛, 서비스 태도 등)을 말해주면 좋습니다.

어휘&표현 ● ● ●

烤牛排 kǎoniúpái	그릴 비프스테이크	**沙拉** shālā	샐러드
情人节 qíngrénjié	밸런타인데이 白色情人节 화이트데이	**圣诞节** shèngdànjié	크리스마스
赠送 zèngsòng	증정하다	**葡萄酒** pútáojiǔ	와인
大方 dàfang	(스타일) 고상하다, 우아하다	**浪漫** làngmàn	낭만적이다

step 5 연습 활동

오늘 배운 내용을 문제를 통해 확인해보는 시간입니다.

01 다음 설명을 보고 무슨 요리인지 맞춰 보세요.

(1)

- 作为最常见的一种菜，特点是辣，韩国人通常和米饭一起食用。
- 随着发酵，能产生抗菌作用。
- 据说特别是当年世界各地发生 "非典"时，韩国很少有病例，因此被推断是因为韩国人经常食用的缘故。

모범답안 | 泡菜 pàocài 김치
- 자주 볼 수 있는 요리로 맵고 한국인들은 보통 밥과 함께 먹는다.
- 발효에 따라 항균작용이 발생한다.
- 듣건대 '사스'가 세계에서 발생했을 때 한국은 매우 적게 발병했고 이는 한국인이 김치를 먹기 때문인 것으로 추측하고 있다.

(2)

- 在韩国三伏天里首选的补品。
- 被认为具有恢复因炎热而过度消耗的元气之功效。
- 热量比较低，油不太多，不必担心发胖。

모범답안 | 渗鸡汤 shēnjītāng 삼계탕
- 한국에서 삼복에 선택하는 보양식이다.
- 더위로 지치고 소모된 원기를 회복하는 효과가 있다고 여겨진다.
- 열량이 높지 않고 기름이 적어 살찔 염려가 없다.

02 아래 빈칸에 알맞은 말을 채우세요.

首先, 在沸水中将适量的意大利面 ___삶다___ 7分钟左右, ___꺼내다___ 出来, 淋一点儿橄榄油, 放在旁边备用 ; 然后, ___가열하다___ 平底锅, ___좀 넣다___ 橄榄油, 把草虾, 洋葱, 蒜片, 辣椒, 番茄 ___~에 넣다___ 锅里一起 ___볶다___ 。___볶다___ 熟后, 再把意面 ___집어 넣다___ 继续炒。这时你可以 ___좀 넣다___ 盐和黑胡椒。这样就大功告成啦 ! 是不是流口水呢?

_____

_____

_____

모범답안 ▌煮 삶다 zhǔ   捞 꺼내다(면을 건지다) lāo   加热 가열하다 jiārè   放点儿 좀 넣다 fàngdiǎnr
放到 …에 넣다 fàngdào   炒熟 볶다 炒 chǎo   炒熟 볶다 炒 chǎo   倒进去 집어넣다(붓다, 쏟다) dàojìnqu
放点儿 좀 넣다 fàngdiǎnr

03 각각의 단어와 맞는 의미를 연결하세요.

1. 辣乎乎   a. 시큼하다
2. 香喷喷   b. 달콤하다
3. 甜丝丝   c. 짭짤하다
4. 酸溜溜   d. 매콤하다
5. 咸津津   e. 구수하다

모범답안 ▌1-d 辣乎乎 làhūhū 매콤하다   2-e 香喷喷 xiāng pēnpēn 구수하다   3-b 甜丝丝 tiánsīsī 달콤하다 = 甜蜜蜜
4-a 酸溜溜 suānliūliū 시큼하다   5-c 咸津津 xiánjīnjīn 짭짤하다

step 6 학습 요약

아래 요약된 내용을 다시 한 번 숙지하세요.

1 음식 관련 기본 어휘 익히기

- 음식의 맛이나 간단한 재료, 조리법 등의 기본 어휘와 표현법을 기억하세요.
- 그 외에 음식의 영양가나 특별한 효능 등도 기억해두면 좋습니다.

2 음식 관련 내용 익히기

- 여러분이 좋아하는 음식뿐만 아니라 자주 가는 식당, 우리나라를 대표하는 음식 등을 소개하는 내용도 숙지하세요.

3 학습한 답변을 참고하여 자신만의 답변 만들기

- 학습한 답변을 참고하여 여러분이 좋아하는 음식을 주제로 예상 답변을 만들어보세요.

OPIc 중국어에 대한 궁금증을 시원하게 풀어드립니다.

 중국어로 말을 하기가 더 어렵습니다. 한국어 문장을 중국어로 바꾸는 데 시간이 오래 걸리는데 어떻게 해야 할까요?

중국어로 말하고 싶은 표현은 중국어로 바로 작문하는 것이 더 좋습니다.

한국어 문장을 중국어로 표현하는 것은 한국어식 표현을 중국어로 바꾸는 것일 뿐이지, 중국어로 본인의 생각을 표현하는 것과는 다를 수 있습니다. 중국인과 한국인의 사고방식, 언어습관이 다르기 때문입니다. 한국어 문장을 중국어로 바꾸어 말하는 것에 익숙해지면, 중국인과의 의사소통에 어려움이 따르고, 본인의 생각을 중국어로 제대로 표현할 수 없게 됩니다.

따라서 완벽한 중국어식 표현으로 말할 수 있으려면, 한국어 문장을 중국어로 바꾸는 연습을 하지 말고, 어렵더라도 바로 중국어로 작문하는 연습을 하도록 합니다.

이 때, 어휘, 접속사, 성어 등의 표현을 잘 섞어 작문을 하면 좋습니다. 평소에 중국인들이 자주 쓰는 어휘, 접속사, 성어 등을 잘 학습해두세요.

Lesson

15

과학 기술 상품

주제 ▌ 과학 기술 상품 / 휴대폰 구입

오늘의 학습 목표입니다. 학습을 시작하기 전에 목표를 숙지하세요.

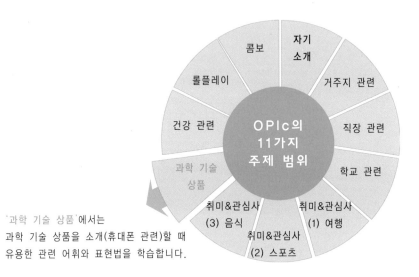

'과학 기술 상품'에서는
과학 기술 상품을 소개(휴대폰 관련)할 때
유용한 관련 어휘와 표현법을 학습합니다.

오늘의 목표 ●●●

01 과학 기술 상품 관련 문제 이해하기(자주 사용하는 상품 소개)

02 과학 기술 상품 관련 기본 어휘와 표현 익히기

step 2 전략 설정

오늘의 학습 목표에 따른 전략입니다.

개 요 ●●●

과학 기술 상품을 소개(사물의 특징 설명)하는 문제의 답변은 상품의 특징을 논리적으로 설명하는 것이 중요합니다.

구도 익히기 ●●●

1 문제 제기 – 자연스럽게 화제를 언급

– 답변 시작시 몇 마디의 말로 자연스럽게 화제를 이끌어냄
– 너무 긴 문장을 만들지 않도록 주의하기

• 随着社会的发展… : 사회가 발전함에 따라~

• 我认为… : 나는 ~라고 여깁니다(생각합니다)

• 最近… 很受欢迎。它的特点有如下 : 요즘 ~가(이) 매우 인기 있습니다. 특징은 아래와 같습니다

> **예** 最近平板电脑最受欢迎。它的特点有如下。
>
> 요즘 테블릿 PC가 가장 인기 있습니다. 특징은 아래와 같습니다.

2 특징 설명 – 장점을 위주로 설명

– 상품 소개의 이유와 장점 위주로 특징 설명

• 第一…, 第二…, 第三… : 첫째~, 둘째~, 셋째~

• 首先… 此外… : 먼저~ 그 외에도~

• 可以 …还(并) 可以… : ~가 가능하고 또 ~가 가능합니다

예 第一：携带方便… 第二：显示器可以随意旋转…

첫째：휴대가 편리합니다. … 둘째：모니터를 마음대로 회전할 수 있습니다…

3 총괄－본론의 내용을 정리하거나 견해 등 제시

• **我觉得…** : 나는 ~라고 생각합니다
• **我个人认为…** : 나는 개인적으로 ~라고 생각합니다

예 我觉得手机是在我们生活中必不可少的。

저는 휴대폰이 우리생활에 없어서는 안 된다고 생각합니다.

비결 ▶ 1. 주위에서 자주 사용되는 과학 기술 상품 관찰하기
2. 상품의 특징 파악하고 어휘 능력 갖추기

과학 기술 상품 관련 내용은 매우 광범위해서 답변할 내용을 정리하기가 쉽진 않지만, 주위에서 자주 사용되는 상품(컴퓨터, 휴대폰, 카메라 등)을 자세히 관찰하세요. 그 상품들의 특징과 장점들을 파악하고 문장으로 만들어보세요.

---

step 3 적용 학습

오늘 배운 전략을 문제에 적용해보는 시간입니다.

你们国家的人常用什么科技产品?电脑, 手机等, 最常用的科技产品是什么?

질문 당신 국가에서 어떤 과학 기술 상품을 자주 사용하나요? 컴퓨터나 휴대폰 등 가장 자주 사용하는 과학 기술 상품은 어떤 것입니까?

브레인스토밍

주제와 관련된 단어들을 연상하여 구조에 맞게 나열한 후 짜임새 있는 문장을 만들어보세요.

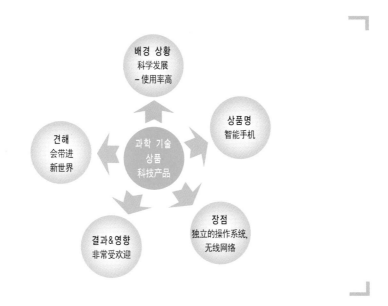

문제 유형 분석

- **주제 범위**: 과학 기술 상품 관련
- **주제**: 스마트폰 소개
- **과제 설명**: 자주 사용하는 스마트폰 소개 – 스마트폰의 특징(장점 위주) 소개 및 영향, 견해 제시

적용1 구도 만들기

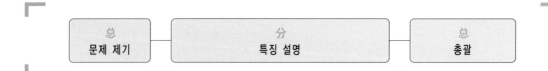

❶ 总 문제 제기 • 자연스럽게 화제를 이끌어냄
　　　　　　　　　– 과학의 발전에 따른 휴대폰 사용의 증가

❷ 分 특징 설명 • 기능의 장점 등을 위주로 설명
　　　　　　　　　– 휴대폰 중 스마트폰의 장점 설명
　　　　　　　　　– 장점 : 독립적 시스템, 무선 인터넷 접속의 편리함

❸ 总 총괄 • 내용 총괄 혹은 견해 등 제시
　　　　　　　　　– 휴대폰의 발전은 장래 우리의 생활을 새로운 세계로의 진입하게 할 것임

적용 2 기초 표현 다지기

总 ▸ 과학 기술이 발전함에 따라 사람들의 과학 기술 상품 사용률이 점점 높아집니다.

随着科学技术的发展，人们对科技产品的使用率越来越高。

▸ 휴대폰이 출현한 날로부터 그것은 가장자주 사용하는 과학 기술 상품의 하나입니다.

从手机出现的那天开始，它就是最常用的科技产品之一。

分 ▸ 최근 한국에서 가장 인기 있는 것은 스마트폰입니다.

最近韩国最受欢迎的是智能手机。

▸ 스마트폰은 개인 컴퓨터와 같습니다.

智能手机像个人电脑一样。

▸ 독립적 시스템을 갖추고 있습니다.

具有独立的操作系统。

▸ 이동 통신망을 통한 무선 인터넷 접속을 실현시킵니다.

通过移动通讯网络来实现无线网络接入。

▸ 많은 한국인들이 스마트폰의 출현을 매우 환영합니다.

许多韩国人都非常欢迎智能手机的出现。

总 ▸ 나는 이런 다기능 휴대폰의 출현이 장래 우리의 생활을 새로운 세계로 이끌어 갈 것이라고 생각합니다.

我个人认为这样多功能的手机在将来会把我们的生活带进一个新的世界。

답안 随着韩国科学技术的发展，人们对科技产品的使用率越来越高。现在科技产品已进入到我们的生活中，成了必不可少的日常用品。除了台式电脑、笔记本、mp3等，最热门的依旧是手机。

从手机出现的那天开始，它就是最常用的科技产品之一。不管是老人，还是小学生都有自己的手机。最近韩国最受欢迎的是智能手机。智能手机像个人电脑一样，具有独立的操作系统，可以由用户自行安装软件，游戏等第三方服务商提供的程序，通过此类程序来不断地对手机的功能进行拓展，并可以通过移动通讯网络来实现无线网络接入。人们通过智能手机什么都可以做，可以随时随地搜寻网络，不管是在地铁里还是咖啡厅都可以看想看的电视节目，随时跟别的国家的网友聊天儿……。所以许多韩国人都非常欢迎智能手机的出现。

我个人认为这样多功能的手机在将来会把我们的生活带进一个新的世界。

한국의 과학 기술이 발전함에 따라서 사람들의 과학 기술 상품 사용률이 날마다 높아지고 있습니다. 지금 과학 기술 상품은 이미 우리의 생활에 들어와 있고 없으면 안 되는 일상용품이 되었습니다. 데스크톱, 노트북, mp3 등 이외에도 가장 잘 팔리는 것은 바로 핸드폰입니다.

핸드폰이 출현한 그 날로 시작해서, 그것은 가장 많이 쓰이는 과학 기술 상품 중 하나가 되었습니다. 노인이든 초등학생이든 할 것 없이 모두 자기 핸드폰이 있습니다. 최근 한국에서 인기를 끄는 것은 스마트폰입니다. 스마트폰은 마치 개인 컴퓨터 같이 독립적인 조작 시스템을 갖추고 있고, 가입자는 스스로 소프트웨어나 게임 등 제3 서비스 제공자가 제공한 프로그램을 설치할 수 있으며 이런 프로그램을 통해서 끊임없이 핸드폰의 기능을 확장시키고 게다가 이동 통신망을 통하여 무선인터넷 접목을 실현시킬 수 있습니다. 사람들은 스마트폰을 통하여 무엇이든지 할 수 있게 되었고 언제 어디서든지 인터넷검색을 하며 지하철 안이든 카페 안이든 상관없이 보고 싶은 TV 프로그램을 볼 수 있게 되었고 언제든 다른 국가의 인터넷 친구와 대화도 할 수 있게 되었습니다.

그래서 아주 많은 한국 사람들이 스마트폰의 출현을 반기고 있습니다. 제 개인적으로 생각하기에는 이런 다기능의 핸드폰이 미래에 우리의 생활을 신(新)세계로 이끌어갈 것이라고 생각합니다.

해설 과학 기술 상품 중 나라에서 가장 많이 사용하는 과학 상품을 말하라는 문제입니다.

이 답변에서는 우리가 항상 손에서 놓지 않는 휴대폰, 특히 최근 인기가 있는 스마트폰의 특징에 대해 말하고 있습니다.

전문적인 내용이므로 상품의 특징을 나타낼 수 있는 기본 어휘를 잘 익혀두어야 하고, 마지막에 상품이 개인이나 사회에 미칠 수 있는 영향 등의 견해나 의견 등을 말하면 좋습니다.

필수 어휘 ● ● ●

使用率
shǐyònglǜ

사용률

越来越
yuèláiyuè

점점, 더욱 더
→ 越A越B A하면 할수록 B하다

必不可少
bìbùkěshǎo

없어서는 안 된다, 반드시 필요하다

热门
rèmén

인기 있는 것, 유행 하는 것
→ 热门话题 핫 이슈

智能
zhìnéng

지능

安装
ānzhuāng

설치하다, 장치하다
→ 安装机器 기계를 설치하다
安装新设备 설비를 설치하다

操作
cāozuò

조작(하다)

软件
ruǎnjiàn

소프트웨어
→ 硬件 하드웨어

通过
tōngguò

~을 통하다, ~을 거치다

搜寻
sōuxún

여기저기 찾다, 물으며 찾다, 검색하다

将来
jiānglái

장래, 미래

tip!tip! 除了 … 以外 / 通过**의 여러 가지 의미**

✔ **除了 … 以外 ~이외에도~, ~을 제외하고~**

1) 除了……以外의 뒷절에 还(也)가 올 경우 뒷절의 내용도 포함됨을 의미

> 예 我除了喜欢跳舞以外，还喜欢喝啤酒。 나는 춤추는 것을 이외에도, 맥주 마시는 것을 좋아한다.
>
> 除了他会说汉语以外，东建和美英也会说汉语。
>
> 그가 중국어를 말하는 것 이외에도, 동건이와 미영이도 중국어를 말할 줄 안다.

2) 除了……以外의 뒷절에 都가 올 경우 앞절의 내용을 제외한 나머지를 의미

> 예 除了他以外，我们都不会说英语。 그를 제외하고, 우리는 모두 영어를 말할 줄 모른다.

✔ **通过의 여러 가지 의미**

1) (장소, 시간, 동작 등을) 지나다, 거치다

> 예 火车通过汉江大桥了。 기차가 한강대교를 통과했다.

2) (의안 등이) 채택되다

> 예 一致通过…了政府工作报告。 정보 업무 보고를 만장일치로 통과했다.
>
> 这次考试她没通过。 이번 시험에서 그는 통과하지 못했다.

3) (동작의 매채, 수단 등)을 통하다

> 예 通过学习，加深了认识。 배움을 통해서 좀 더 깊이 알았다.
>
> 通过他的介绍，我认识了这位著名的作家。 그의 소개를 통해서 나는 이 저명한 작가분을 알았다.

❖ **중요 표현**

1. 从手机出现的那天开始，它就是最常用的科技产品之一。
2. 不管是老人还是小学生，都有自己的手机。
3. 最近韩国最受欢迎的是智能手机。

■ *Go!Go!* **고득점 비법**

1. 전문 어휘를 기억하라
   - 전문적인 내용인 만큼 상품 관련 전문 용어 등의 어휘를 암기하여 사용하세요.

2. 장점을 부각시켜라
   - 특징을 소개할 때는 장점 위주의 설명을 해주는 것이 중요합니다.

3. 상품이 줄 수 있는 영향 등을 부연 설명하라
   - 결론 부분에 상품이 우리 생활에 미칠 수 있는 영향 등의 설명이나 견해 등을 더해주면 깔끔한 마무리가 가능합니다.

step 4 나만의 OPIc

아래 OPIc 질문에 알맞은 답안을 구성해보는 시간입니다.
오늘 배운 전략을 다시 한 번 생각해보고 순서에 맞게 적용하여 보세요.

我将为你提供一个情景。请表演一下。你打算买一个手机。请给商店打电话询问一下。

당신에게 상황을 제공해 드리겠습니다. 역할극을 해주세요. 당신은 휴대폰을 구입하려고 합니다.
상점에 전화를 걸어 문의해보세요.

브레인스토밍

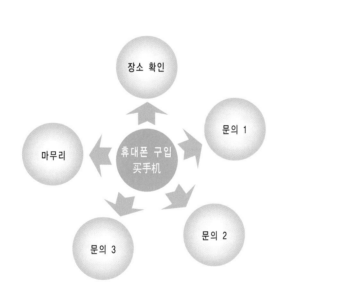

답변하기

예시 您好, 是手机专卖店吧? 我打算买一个手机, 可以询问一下儿吗? 听说最近有很多新的手机, 请您介绍一下最新款手机的功能, 好吗.?

那么, 请问你们那儿有X-395型号的全屏手机吗? 现在这款手机多少钱? 如果有会员卡, 可以打几折? 你们那儿都有什么颜色? 如果出现质量问题, 多少天可以退换?

麻烦你了, 要是明天有时间的话, 我会亲自去店里看看。谢谢您。

안녕하세요. 휴대폰 전문 매장인가요? 휴대폰을 하나 사려고 하는데요. 문의를 좀 드려도 될까요? 듣자 하니 요즘 새로운 휴대폰이 많이 있다고 하던데 최신 휴대폰의 기능을 소개해주시겠습니까? 그럼, 그곳에 X-395 풀 액정폰(터치폰)이 있나요? 얼마나 하나요? 회원 카드가 있으면 할인이 되나요? 어떤 색깔이 있나요? 만약 품질에 문제가 생길 경우 며칠 동안 교환이 가능한가요? 번거롭게 해드렸네요. 만약 내일 시간이 되면 제가 직접 가서 보겠습니다. 고맙습니다.

해설 롤플레이 문제입니다. 휴대폰 관련 문의 전화 내용입니다. 롤플레이 문제인 만큼 실제 상황처럼 연기하는 것이 중요하고, 휴대폰의 가격, 디자인, 품질, 기능 등을 물어볼 수 있습니다.

어휘&표현 ●●●●

专卖店 zhuānmàidiàn	전문점	**询问** xúnwèn	문의하다
功能 gōngnéng	기능, 작용, 효능	**全屏手机** quánpíng shǒujī	풀액정(풀터치) 휴대폰
会员卡 huìyuánkǎ	회원 카드	**质量问题** zhìliàng wèntí	품질 문제
退换 tuìhuàn	교환하다		

step **5 연습 활동**

오늘 배운 내용을 문제를 통해 확인해보는 시간입니다.

01 다음 문장에 공통으로 들어갈 격식을 쓰세요.

(1)

1) _____ 昨天 _____, 疼得非常厉害。(어제부터 매우 아프기 시작했다.)

2) _____ 上个月 _____ 工作。(지난 달부터 일하기 시작했다.)

3) _____ 明天 _____, 学习打高尔夫球。(내일부터 골프를 배울 것이다.)

→ _____

(2)

1) _____ 是老人, 还是小学生 _____ 有自己的手机。
   (노인이건 초등학생이건 모두 자신의 휴대폰을 가지고 있다.)

2) _____ 是谁, _____ 希望他当班长。(누구이건 모두 그가 반장이 되는 것을 희망한다.)

3) 日本货, _____ 好不好看, 他 _____ 要买。
   (일본 물건은 예쁘건 안 예쁘건 그는 모두 사려고 한다.)

→ _____

(3)

1) 我特别感谢您 _____ 妈妈 _____ 照顾我。
   (저는 당신이 엄마처럼 저를 돌봐주신 것에 감사드립니다.)

2) 他的汉语 _____ 中国人 _____ 好。(그의 중국어는 중국인처럼 잘한다.)

3) 她长得 _____ 日本人 _____ 可爱。(그녀는 일본인처럼 예쁘게 생겼다.)

→ _____

모범답안 1) 从…开始 -부터 시작해서 从 + 시간, 장소 + 开始
　　　　　 2) 不管… 都 '을 막론하고 모두'라는 의미의 형식은 '不管… 都'입니다.
　　　　　 3) 像…一样 '像…样'은 '마치 ~와 같이' 라는 의미입니다.

02 다음 문장을 어순에 맞게 배열하세요.

(1) 对　人们　高　科技　使用率　的　越来越　产品

모범답안 ▎人们对科技产品的使用率越来越高. 사람들의 과학 기술 상품 사용률이 점점 높아지고 있다.

(2) 韩国　欢迎　最近　是　最　的　智能手机　受

모범답안 ▎最近韩国最受欢迎的是智能手机. 최근 한국에서는 스마트폰이 가장 인기가 있다.

(3) 智能手机　通过　都　什么　可以　人们　做

모범답안 ▎人们通过智能手机什么都可以做. 사람들은 스마트폰을 통해 어떤 것도 할 수 있다.

(4) 将来　带进　把　新　我们　的　的　一个　世界　会　生活

모범답안 ▎将来会把我们的生活带进一个新的世界. 미래에 우리의 생활을 또 다른 새로운 세계로 이끌어 갈 것이다.

03 다음 단어를 이용하여 휴대폰을 설명하는 문장을 만들어보세요.

科技产品　想看　网友　智能　网络　安装　个人电脑　程序　搜寻　聊天　电视节目

(1) 언제, 어디에서든 인터넷 검색을 할 수 있다.

모범답안 ▎可以随时随地搜寻网络.

(2) 보고 싶은 TV 프로그램을 볼 수 있다.

모범답안 ▎可以看想看的电视节目.

(3) 다른 나라의 네티즌과 대화를 할 수 있다.

모범답안 ▎可以跟别的国家的网友聊天儿.

step 6 학습 요약

아래 요약된 내용을 다시 한 번 숙지하세요.

1 과학 기술 상품 관련 기본 어휘 익히기

- 여러분이나 주변 사람들이 자주 사용하는 상품을 위주로 특징이나 기능 등을 나타내는 기본 어휘를 파악하고 기억하세요.

2 과학 기술 상품 관련 내용 익히기

- 과거와 현재의 기술 상품의 변화와 발전에 대한 내용을 숙지하세요.

3 학습한 답변을 참고하여 자신만의 답변 만들어보기

- 학습한 답변을 여러 번 읽고 분석하여 여러분의 예상 답변을 만들어보세요.

OPIc 중국어에 대한 궁금증을 시원하게 풀어드립니다.

익숙하지 않은 주제의 문제가 나오면 당황해서 말을 잘 못합니다. 어떻게 준비해야 할까요?

충분한 연습만이 시험장에서 긴장하거나 당황하지 않고 말할 수 있게 되는 지름길입니다.

평소에 OPIc 중국어 시험에 출제되는 주제들을 분류해보고, 주제별로 등장할 수 있는 소재, 어휘 등을 정리하여 지속적으로 말하는 연습을 해야 합니다.

평소에 여러분의 취미, 직업, 관심 분야, 스포츠, 가족 등과 관련된 내용을 중국어로 작문해보고, 이를 반복해서 읽어보고 암기하는 것이 좋습니다.

또한 위의 주제들과 관련된 어휘도 반드시 익혀두세요. 사자 성어, 접속사 등을 잘 활용하면, 고득점을 받는 데 도움이 되므로, 평소에도 사자성어나 접속사를 충분히 활용하여 말하는 연습을 하도록 합니다.

Lesson

16

건강 관련

주제 ▮ 건강 / 건강 문제

오늘의 학습 목표입니다. 학습을 시작하기 전에 목표를 숙지하세요.

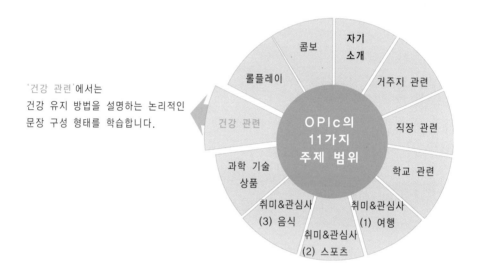

'건강 관련'에서는
건강 유지 방법을 설명하는 논리적인
문장 구성 형태를 학습합니다.

오늘의 목표 ●●●

01 건강 관련 문제 이해하기(건강 유지 방법 설명)

02 건강 유지 방법 설명을 논리적으로 설명하는 구성 파악하기

step 2 전략 설정

> 오늘의 학습 목표에 따른 전략입니다.

개 요 ●●●

> 건강 유지 방법 설명 등 논리적 구성을 원하는 문제는 답변시 무엇보다 순차적인 생각 구도를 만드는 것이 중요합니다.

구도 익히기 ●●●

1 문제 제시

문제를 간단히 언급하고 해야 하는 이유를 밝히며 글을 시작

- 关于…, 我是这样认为的 : ~에 관하여 나는 이렇게 생각합니다
- 我觉得有以下几个方法… : 나는 아래의 몇 가지 방법이 있다고 생각합니다

> **예** 我觉得爬山是保持健康的最好的方法之一。
>
> 나는 등산이 건강을 유지하는 가장 좋은 방법의 하나라고 생각합니다.

2 문제에 대한 분석이나 방법 등 설명

문제를 분석하고 방법을 순차적으로 제시

- 首先…, 其次…, 再次…, 最后… : 먼저~, 다음은~, 그 다음은~, 마지막으로~
- 第一…, 第二…, 第三… : 첫째~, 둘째~, 셋째~

> **예** 第一：可以锻炼身体… 第二：可以让自己得到放松…
>
> 첫째 : 신체를 단련할 수 있습니다… 둘째 : 스스로를 편안하게 만들어줍니다……

3 총괄

내용을 총괄하여 희망적인 방향으로 결론을 지어줌

- **总而言之**… : 총괄적으로 말하자면~
- **总之**… : 총괄적으로 말하자면~
- **我觉得**… : 나는 ~라고 생각합니다
- **我希望**… : 나는 ~하기를 희망합니다

예　总而言之，爬山是保持健康的最好的运动方法。

결론적으로, 등산은 건강을 유지하는 가장 좋은 운동 방법입니다.

1. 논리적인 구도가 가장 중요!
2. 당황하지 말고 순차적으로!

방법을 설명하는 문제는 논리적인 구도가 요구되는 유형이지만 구성에 익숙하지 않으면 당황하기 쉽습니다. 이런 경우, 질문을 잘 듣고 순차적인 생각 구도를 만드세요. 차근차근 근거로 제시할 만한 내용을 말하는 것도 잊지 마세요!

step 3 적용 학습

오늘 배운 전략을 문제에 적용해보는 시간입니다.

为了保持健康要做什么？你或者你周围的人怎么样？请说明你或者别人为了保持健康所做的事情。

질문 건강을 유지하기 위해서 무엇을 해야 할까요? 당신이나 혹은 당신 주위 사람들은 어떻습니까?
당신이나 다른 사람이 건강 유지를 위해 하는 일을 설명해보세요.

브레인스토밍

주제와 관련된 단어들을 연상하여 구조에 맞게 나열한 후 짜임새 있는 문장을 만들어보세요.

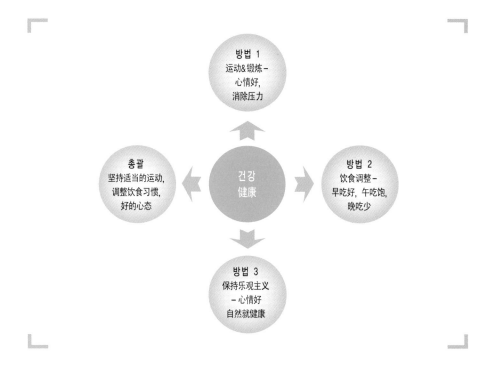

문제 유형 분석

• **주제 범위:** 건강 관련
• **주제:** 건강 유지 방법
• **과제 설명:** 건강 유지 방법 설명−건강을 유지하기 위한 여러 가지 방법 설명

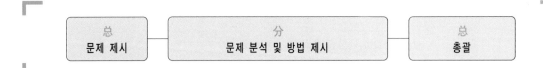

❶ 总 문제 제시 • 문제를 간단히 언급
  – 건강 유지를 위해 여러 가지 방법을 택함

❷ 分 문제 분석 • 문제를 분석하고 순차적으로 방법을 제시
  및 방법   – 세 가지의 방법 제시 : 운동, 음식 조절, 낙천주의
  제시   – 운동 : 기분이 좋아지고 스트레스 해소됨. 일거양득
  – 음식 조절 : 중국의 속담
      ➡ **早吃好, 午吃饱, 晚吃少**。자극적 음식 피하기, 편식 피하기.
  – 낙천주의 : 마음이 좋아지면 자연히 건강해짐

❸ 总 총괄 • 내용 총괄
  – 음식 조절 습관, 적당한 운동, 좋은 마음가짐이 필요함

적용 2 기초 표현 다지기

总 ▸ 우리는 건강을 유지하기 위해 많은 방법을 선택합니다.

我们为了保持健康会选择很多方法。

▸ 나는 아래 몇 가지 방법이 건강을 유지하는 기본적인 방법이라 생각합니다.

我觉得以下几个方法都是基本的保持健康的方法。

分 ▸ 첫째 : 건강유지를 위해 적당한 운동과 단련이 필요합니다.

第一：为了保持健康还是要有一定的运动以及锻炼。

운동할 때 기분이 좋아지고 스트레스가 해소됩니다.

每当运动的时候会心情人好，消除压力。

▸ 둘째; 건강유지를 위해 음식 조절 역시 필수불가결한 것입니다.

第二：为了保持健康，饮食的调整也是必不可少的。

속담에서 "아침은 잘 먹고, 점심은 배부르게 먹고, 저녁은 적게 먹어라"라고 말했다.

俗话说："早吃好，午吃饱，晚吃少。"

▸ 마지막으로 낙관주의를 고수하는 것입니다.

最后一个方法是：保持乐观主义。

기분이 좋아지면 자연히 건강해집니다.

心情好，自然就健康。

总 ▸ 총괄적으로 말해 건강을 유지하려면 적당한 운동, 음식 조절, 좋은 심리 상태가 필요합니다.

总而言之，保持健康需要坚持适当的运动，调整饮食习惯，还要有好的心态。

답안 我们为了保持健康会选择很多方法。不只是锻炼身体那么简单，还有其他很多方面的因素。我觉得以下几个方法都是基本的保持健康的方法。而且我也遵循这样的方式改变自己，调整自己，让自己时刻保持健康。

第一：为了保持健康还是要有一定的运动以及锻炼，这个很重要。 不管是什么运动，只要你坚持下来，就能感受到身体上微妙的变化，让你感受到运动的魔力。而且一旦是自己觉得感兴趣的运动，你会慢慢地喜欢，能够成为你生活中的一部分。每当运动的时候就会心情大好，自然而然的消除压力，一举两得。

第二：为了保持健康，饮食的调整也是必不可少的。因为工作的繁忙，不吃早餐的人越来越多，但是早餐是人一天能量的补充，是最重要的一餐，午餐要吃得好，晚餐要少吃一点。这就是俗话所说的："早吃好，午吃饱，晚吃少。"而且平时不要吃太刺激的东西，这样对胃有不好的影响。还有也不要偏食。身体需要各种各样的营养。

最后一个方法是：保持乐观主义。现代人由于受到很多各方面的压力而导致很多疾病。所以保持一个好的心情是让人生幸福的基本条件，心情好，自然就健康。

总而言之保持健康需要坚持适当的运动，调整饮食习惯，还要有好的心态。

우리는 건강유지를 위해서 여러 가지 방법을 선택할 수 있습니다. 체력 단련 같이 그런 단순 것 말고도 다른 여러 가지 요소들이 있습니다. 나는 아래의 몇 가지 방법들이 건강을 유지 하는 기본적인 방법이라 생각합니다. 나 역시 이런 방법을 따라 자신을 변화시키고 조절하여 항상 건강을 유지하도록 할 것입니다.

첫째 : 건강 유지를 위해 역시 일정한 운동과 단련이 중요합니다. 어떤 운동이든지 당신이 유지해 나간다면 곧 신체의 미묘한 변화를 느끼고 운동의 매력을 느끼게 될 것입니다. 게다가 일단 스스로 흥미를 느끼는 운동이라면 조금씩 좋아지게 되면서 당신 생활의 일부가 될 것입니다. 운동을 할 때마다 기분을 좋게 하고 자연히 스트레스를 없앨 수 있으니 일거양득입니다.

둘째 : 건강 유지를 위해 음식을 조절하는 것 역시 없어서는 안 될 것입니다.

일이 바쁘고 번거로워서 아침을 거르는 사람이 나날이 증가하고 있습니다. 하지만 아침은 인간의 하루 열량(에너지)을 보충하는 것으로 가장 중요한 한 끼입니다. 점심은 잘 먹어야 하고 저녁은 좀 적게 먹어야 합니다. 이것이 바로 속담에서 말하는 "아침은 잘 먹고 점심은 배불리 먹고 저녁은 조금 먹어라"입니다. 또한, 평소 너무 자극적인 음식은 피해야 합니다. 자극적인 음식을 먹는 것은 위에 좋지 않은 영향을 줍니다. 그리고 편식하지 말아야 합니다. 몸은 다양한 영양소를 필요로 합니다.

마지막 방법은 바로 긍정적으로 생각하는 것입니다. 현대인은 너무 많고 다양한 스트레스로 인해서 여러 질병에 걸리곤 합니다. 그러므로 좋은 기분을 유지하는 것은 인생을 행복하게 하는 기본 요건입니다. 기분이 좋으면 자연히 건강해집니다. 다시 말하면 건강을 유지하려면 적당하고 꾸준한 운동, 식습관 조절, 그리고 좋은 심리 상태가 필요합니다.

해설 건강을 유지하는 방법은 여러 가지가 있지만 몇 가지를 정해 순차적으로 방법을 설명하고 이에 대한 근거를 제시해주는 것이 중요합니다. 구체적인 근거를 제시하기 어렵다고 하더라도 반드시 근거가 될 만한 내용을 첨가해야 합니다.

필수 어휘 ○ ○ ●

保持
bǎochí
지키다, 유지하다
➡ 保持联系 연락을 유지하다
保持冷静 냉정을 유지하다

健康
jiànkāng
건강(하다)

方法
fāngfǎ
방법

因素
yīnsù
구성요소, 원인, 조건, 요소
➡ 基本因素 기본 요소
积极的因素 적극적 요소

遵循
zūnxún
따르다

调整
tiáozhěng
조정(조절)(하다)

时刻
shíkè
시간 / 시시각각, 언제나
➡ 难忘的时刻 잊기 어려운 시간 / 时刻注意 항상 주의하다
/ 时时刻刻 시시각각

微妙
wēimiào
미묘하다.
➡ 微妙的关系 미묘한 관계
微妙之言 미묘한 말

魔力
mólì
마력, 매력

坚持
jiānchí
(주장) 견지하다, 고수하다, 지속하다, 버티다
➡ 坚持住 지속하다 / 坚持得住 지속할 수 있다 / 坚持得下去
지속해 나갈 수 있다 / 坚持不下来 지속해오지 못하다

消除
xiāochú
(걱정, 장애) 제거하다, 없애버리다
➡ 消除障碍 장애를 없애다 / 消除误会 오해를 풀다 / 消除紧张
局势 긴장된 국면을 해소하다

压力
yālì
압력, 스트레스
➡ 工作压力 업무상 스트레스 / 经济压力 경제적 스트레스
➡ 缓解压力 / 消除压力 스트레스를 풀다

一举两得 yìjǔliǎngdé	일거양득
繁忙 fánmáng	번거롭고 바쁘다
刺激 cìjī	자극(하다)
偏食 piānshí	편식(하다)
乐观主义 lèguānzhǔyì	낙관주의 ➡ 悲观主义 비관주의
疾病 jíbìng	질병
总而言之 zǒngéryánzhī	총괄적으로 말하면 ➡ = 总之
心态 xīntài	심리 상태
早吃好, 午吃饱, 晚吃少。 zǎochī hǎo, wǔchī bǎo,wǎnchī shǎo	아침은 잘 먹고 점심은 배불리 먹고 저녁은 조금 먹어라.

tip!tip!　遵循 & 遵守

✔ 遵循 zūnxún **따르다**

이론, 방법, 원칙, 규율 등에 따른다는 의미

예 遵循老师的教导。선생님의 가르침을 따르다

✔ 遵守 zūnshǒu **준수하다, 지키다**

약속에 의한 규율, 제도, 준칙을 어기지 않고 지킨다는 의미

예 遵守交通规则。교통 규칙을 준수하다.

❖ 중요 표현

1. 为了保持健康会选择很多方法。
2. 不管是什么运动, 只要你坚持下来, 就能感受到身体上微妙的变化。
3. 早吃好, 午吃饱, 晚吃少。
4. 总而言之

Go!Go! 고득점 비법

1. 순차적인 구도를 먼저 익혀라

  · 여러 가지 논리를 제시할 때는 먼저 순차적인 구도를 만드는 것이 중요합니다.
  · 질문을 잘 듣고 질문 내용을 빨리 분석하고 근거를 빠른 시간에 만들어내야 합니다.

2. 정확한 근거를 제시하라

  · 근거를 제시할 때는 반드시 정확한 내용이 뒷받침되어야 합니다.
  · 장황한 문장보다는 깔끔하고 정확한 문장이 좋습니다.

아래 OPIc 질문에 알맞은 답안을 구성해보는 시간입니다.
오늘 배운 전략을 다시 한 번 생각해보고 순서에 맞게 적용하여 보세요.

如果发生健康问题怎么办?请说明你或别人发生健康问题的情况。健康问题会有什么影响?

만약 건강 문제가 발생하면 어떻게 해야 하나요? 당신 혹은 다른 사람이 건강 문제가 발생했을 때의
상황을 설명해주세요. 건강 문제는 어떤 영향이 있을까요?

브레인스토밍

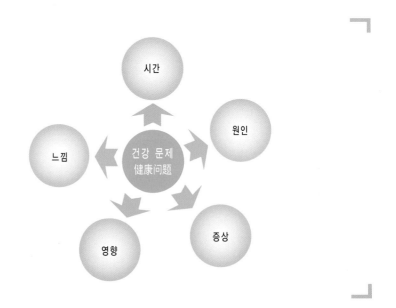

답변하기

자가 진단 테스트

- 주어진 과제를 기억했습니까?　　　　　　　　　　　　　□ □
- 주제의 핵심을 파악했습니까?　　　　　　　　　　　　　□ □
- 주제에 맞게 구성했습니까?　　　　　　　　　　　　　　□ □
- 정확한 어휘와 어법을 사용했습니까?　　　　　　　　　　□ □
- 구성에 맞는 풍부한 내용으로 답변했습니까?　　　　　　　□ □

예시　我刚进公司的时候, 很多事情都不太懂, 也处理不好, 有很大的压力。

新的办公室, 陌生的人们, 第一次工作, 对我来说都是问题。而且公司离我家比较远, 我每天都早早儿地起床, 不吃早饭就上班。每天下班以后累得要命, 一回家就睡觉。因此我有了一个坏习惯, 每天上班都没精神, 我为了打起精神就喝咖啡, 而且还喝两杯。这样过了五个月, 有一天上班的时候肚子突然疼得很厉害。我马上被送到了医院, 医生说我得了胃炎。天啊! 我身体一直很好, 从来没发生过健康问题。得了胃炎以后, 不但不想说话, 而且容易生气。我的生活受到了很大的影响, 休息一段时间以后我才回去上班。

从那以后, 我深刻地理解了健康的重要性。

내가 막 회사에 입사했을 때 많은 일들을 이해하지도 처리하지도 못했습니다. 굉장한 스트레스를 받았지요. 새로운 사무실, 낯선 사람들, 첫 직장, 나에게는 모두가 문제였습니다. 게다가 회사가 집에서 좀 멀어서 매일 일찍 일어나고 아침도 먹지 않고 출근했습니다. 매일 퇴근 후에는 너무 피곤해서 집에 오자마자 잠을 잤습니다. 그래서 나쁜 습관이 하나 생겼는데 매일 출근해서 정신을 차리려고 커피를 마시는 것입니다. 그것도 두 잔이나요. 5개월이 지난 어느 날 출근할 때 갑자기 배가 아파 병원으로 옮겨졌고 의사는 위염이라고 했습니다. 세상에나! 나는 줄곧 몸이 건강하고 여태껏 건강상 아무 문제가 없었습니다. 위염에 걸리자 말도 하기 싫고 쉽게 화를 내곤 했습니다. 생활에 많은 영향을 받았지요. 한동안 쉬고서야 출근을 다시 할 수 있게 되었습니다. 그때 이후로 나는 건강의 중요성을 깊이 이해하게 되었습니다.

해설　건강상 문제 발생에 관한 의견을 제시하라는 질문입니다. 아래의 순서에 맞게 구도를 만들어보세요.

❶ 질문과 관련된 사건이나 경험을 예로 들어 설명

❷ 문제가 발생한 이유와 문제 유형 및 결과 제시

❸ 그 사건이나 경험을 통한 깨달음, 감정 등으로 마무리

어휘&표현 ● ● ●

陌生 mòshēng	생소하다, 낯설다	**早早儿地起床** zǎozāor de qǐchuáng	일찌감치 일어나다
…得要命 de yàomìng	~해 죽을 지경이다 (정도가 심함을 나타냄)	**没精神** méi jīngshén	정신이 없다
打起精神 dǎqǐ jīngshén	정신을 차리다	**疼得很厉害** téngde hěn lìhai	매우 심하게 아프다 *…得很厉害 ~가 매우 심하다(정도가 심함을 나타냄)
胃炎 wèiyán	위염	**理解** lǐjiě	이해(하다)
健康的重要性 jiànkāng de zhòngyàoxìng	건강의 중요성		

step 5 연습 활동

오늘 배운 내용을 문제를 통해 확인해보는 시간입니다.

01 다음 빈칸에 알맞은 단어를 쓰세요.

(1) 第一：_____ 保持健康还是要有一定的运动。(~을 위하여)

모범답안 | 为了   첫째 : 건강을 유지하기 위하여 일정한 운동은 반드시 필요하다.

(2) 每当运动的时候就会心情大好，_____ 的消除压力，_____。(자연히, 일거양득)

모범답안 | 自然而然, 一举两得   매번 운동을 할 때마다 기분이 좋아지고 자연히 스트레스가 해소된다. 일거양득이다.

(3) 因为工作的繁忙, 不吃早餐的人 _____ 多.(점점 더)

모범답안 | 越来越   업무가 바빠서 아침을 거르는 사람들이 점점 많아진다.

(4) 这就是俗话所说的：_____。
    (아침은 잘 먹고, 점심은 배부르게 먹고, 저녁은 조금 먹는다.)

모범답안 | 早吃好, 午吃饱, 晚吃少
    이것이 바로 속담에서 말하는 "아침은 잘 먹고, 점심은 배부르게 먹고, 저녁은 조금 먹는다"이다.

(5) _____ 保持健康需要调整饮食习惯, 坚持适当的运动, 还要有好的心态。
    (총괄적으로 말하자면)

모범답안 | 总而言之 or 总之
    총괄적으로 말하자면 건강을 유지하기 위하여 음식조절을 하는 습관이 필요하며 적당한 운동을 지속하고 좋은
    마음가짐을 가져야 한다.

02

다음 단어의 병음과 뜻을 맞는 것끼리 연결하세요.

1. 糖尿病
2. 高血压
3. 肝炎
4. 癌症
5. 失眠症
6. 忧郁症
7. 职业病

a. shīmiánzhèng
b. áizhèng
c. yōuyùzhèng
d. zhíyèbìng
e. gānyán
f. tángniàobìng
g. gāoxuèyā

가. 암
나. 고혈압
다. 우울증
라. 당뇨병
마. 직업병
바. 간염
사. 불면증

모범답안 ▎ 1-f-라 糖尿病 tángniàobìng 당뇨병   2-e-나 高血压 gāoxuèyā 고혈압   3-e-바 肝炎 gānyán 간염
4-b-가 癌症 áizhèng 암   5-a-사 失眠症 shīmiánzhèng 불면증   6-c-다 忧郁症 yōuyùzhèng 우울증
7-d-마 职业病 zhíyèbìng 직업병
※ '-염'은 …炎, '-암'은 …癌라고 합니다. 간염 이외에도 '위염'은 胃炎 wèiyán '폐렴'은 肺炎 fèiyán이라고 합니다.

03

다음 감기 증상을 중국어로 써보세요.

(1) 열이 나다 → _____

모범답안 ▎ 发烧 fāshāo

(2) 콧물이 흐르다 → _____

모범답안 ▎ 流鼻涕 liúbítì

(3) 기침 하다 → _____

모범답안 ▎ 咳嗽 késou

(4) 목이 아프다 → _____

모범답안 ▎ 嗓子疼 sǎngziténg

(5) 재채기를 하다 → _____

모범답안 ▎ 打喷嚏 dǎpēntì

step 6 학습 요약

아래 요약된 내용을 다시 한 번 숙지하세요.

1 건강 유지 관련 내용의 기본 어휘 익히기

- 여러분만의 건강 유지법을 중국어 문장으로 옮겨보세요
- 건강과 관련된 기본 어휘(운동, 헬스클럽, 웰빙 등 관련 어휘)를 학습하고 기억하세요.

2 건강 관련 내용 익히기

- 건강에 관련된, 즉 운동, 헬스클럽, 건강 문제, 웰빙 생활 등의 관련 내용을 숙지하세요.

3 학습한 답변을 참고하여 자신만의 답변 만들어보기

- 학습한 답변을 참고하여 여러분의 건강 유지 방법 혹은 건강 문제에 관한 예상 답변을 만들어보세요.

step 7 OPIc 궁금증 해결

OPIc 중국어에 대한 궁금증을 시원하게 풀어드립니다.

중국어법을 이용하여 말을 하는 데 효과적인 방법을 알려주세요.

가장 먼저, 중국어 어순을 기본적으로 익히는 것이 중요합니다.

그리고 기본적인 중국어 어법을 공부해야합니다. 접속사, 조사, 보어, 전치사구 등을 꼼꼼히 공부하고, 이를 적용하는 적용하여 말해보는 연습을 합니다.

모방은 창조의 어머니라고 했습니다. 어법을 공부하고, 어법을 적용한 문장을 반복해서 읽어보고, 문장을 암기합니다. 그리고 다른 어휘들을 넣어 응용해서 말하는 연습을 해봅시다. 어려웠던 중국어 어법이 훨씬 쉽게 느껴지는 효과를 볼 수 있을 것입니다.

정리하자면, 첫째, 중국어 기본 어순을 익히고, 중국어의 기본 어법을 충실히 공부합니다. 둘째, 학습한 어법을 적용한 문장을 읽어보고 암기합니다. 셋째, 암기한 문장에 여러 어휘를 교체하여 문장의 표현 영역을 확대하는 연습을 해봅니다.

이렇게 하면, 중국어 어법을 이용하여 효과적으로 중국어를 말할 수 있게 됩니다.

Lesson

17

롤플레이

주제 ▌ 휴대폰 교환 / 약속

오늘의 학습 목표입니다. 학습을 시작하기 전에 목표를 숙지하세요.

'롤플레이'에서는
가정 상황하에서의 롤플레이,
즉 역할극의 형식과 형태를 학습합니다.

OPIc의
11가지
주제 범위

롤플레이

콤보

자기 소개

거주지 관련

직장 관련

학교 관련

취미&관심사 (1) 여행

취미&관심사 (2) 스포츠

취미&관심사 (3) 음식

과학 기술 상품

건강 관련

오늘의 목표 ● ● ●

01 롤플레이 형식 이해하기

02 롤플레이 답변 형태(전화를 통한 물건 교환 요구) 파악하기

step 2 전략 설정

오늘의 학습 목표에 따른 전략입니다.

개 요 ●●●

롤플레이는 가정 상황을 통해 문제를 해결하는 유형(물건 교환 요구)입니다. 전화를 이용한 답변 유형은 역할극이라는 것을 먼저 기억하여 생동감이 있고 자연스러운 어투로 답변해야 합니다.

구도 익히기 ●●●

1 장소 확인

전화를 건 장소(물건 구입 장소)를 확인하거나 자신을 소개

> 예 喂，是AK 通讯公司吗?我是昨天上午在你们店里买手机的人。
>
> 여보세요,AK텔레콤인가요? 저는 어제 오전에 당신 가게에서 휴대폰을 산 사람입니다.

2 전화 용건

(1) 물건에 대한(시기, 구입 장소, 디자인 등) 설명

> 예 我前天在那儿买了一台电脑。 제가 그제 그곳에서 컴퓨터를 한대 샀습니다.
>
> …这是我昨天买的。 ~이것은 내가 어제 산 것입니다.
>
> 上次我买了数码照相机。 지난번에 디지털 카메라를 샀는데요.

(2) 전화를 건 이유와 요구사항 설명

> 예 回去后发现有毛病。 돌아간 후에 문제가 있는 것을 발견했다.
>
> 没有我要的功能。 내가 원하는 기능이 없어요.
>
> 用了一次就坏了。 한 번 사용 후 망가졌어요.
>
> 有点儿大/小/紧。 조금 커요/작아요/껴요.
>
> 能不能换一下? 교환됩니까?

能换一个新的吗? 새 것으로 교환해 줄 수 있나요?

我想换一个。 교환하고 싶습니다.

如果换了以后还有问题, 我可以退换(退货)吗?
만약에 교환 후 또 문제가 있다면 환불 가능한가요?

3 마무리 – 문제 해결

예 就这么说定了。 그럼 이렇게 정합시다.

到时候见。 그 때 만나요.

那好的, 麻烦您了。 좋습니다, 번거롭게 해드렸네요.

비결 ▶
1. 가정 상황 인식하기
2. 기본적인 구도 익히기
3. 자연스러운 어투와 억양은 보너스!

일반 상황이 아닌 가정 상황으로 전화 통화를 하는 상황을 가정한 문제는 매우 흥미롭습니다.

그러나 답변시 두서없이 말하기보다는 기본적인 구도를 익혀두는 것이 중요합니다.

역할극, 즉 연기를 한다고 생각하고 자연스러운 어투와 상황에 따른 억양 구사에 주의하세요.

step 3 적용 학습

오늘 배운 전략을 문제에 적용해보는 시간입니다.

将为您提供一个情景，请表演一下。您买了一个移动电话，可是没有你要的功能。你要给商店打电话换。请给商店打电话。

질문 제가 당신에게 상황을 제공해 드리겠습니다. 역할극을 해주세요. 당신이 이동전화를 구입했는데, 당신이 원하는 기능이 없습니다. 당신은 상점에 전화해서 교환을 하려고 합니다. 상점에 전화해주세요.

브레인스토밍

주제와 관련된 단어들을 연상하여 구조에 맞게 나열한 후 짜임새 있는 문장을 만들어보세요.

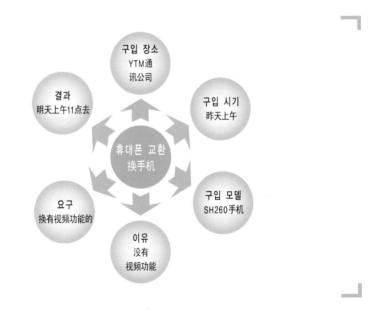

문제 유형 분석

• **주제 범위:** 휴대폰 관련 롤플레이
• **주제:** 휴대폰 교환
• **과제 설명:** 휴대폰 교환 요구 전화 – 휴대폰 교환 이유 설명하고 요구

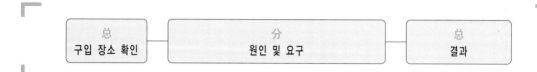

❶ 总 구입 장소 및 확인 ● 상품 구입 장소 확인과 구입 상품 언급
- 상점 : YTM 텔레콤 회사
- 구입 시기 : 어제 오전
- 휴대폰 종류 : SH260
- 이름 : 정지민

❷ 分 원인 및 요구 ● 원인과 요구를 자세하게 설명
- 외형과 기능에는 만족하지만 영상 전화 기능의 부재
- 상품 교환 요구

❸ 总 결과 ● 문제 해결 결과로 마무리
- 내일 오전 11시에 방문하기로 함

적용 2 기초 표현 다지기

总 ▸ 여보세요! 안녕하세요, YTM 텔레콤이지요.
喂!您好，是YTM通讯公司吧。

▸ 저는 어제 오전 당신들의 상점에서 SH260 휴대폰을 산 사람입니다.
我是昨天上午在你们店里买SH260那款手机的人。

分 ▸ 오늘 휴대폰을 열고 영상 통화를 하려고 준비할 때 이 기능을 찾지 못했습니다.
我今天打开手机准备打视频电话的时候，没有找到这个功能。

▸ 영상 통화 기능이 있는 것으로 교환 가능한지요?
能不能换有视频功能的?

总 ▸ 내일 오전 11시에 시간 있나요? 저는 가서 바꾸고 싶습니다.
您明天上午11点半有时间吗? 我想去换一下。

▸ 그럼 좋습니다. 귀찮게 해드렸네요. 내일 뵙지요.
那好的，麻烦您了。明天见。

답안 喂!您好，是YTM通讯公司吧，我是昨天上午在你们店里买SH260那款手机的人，您还记得我吧?我叫郑智民。昨天接待我的就是您吧。

现在我有一些事情想跟您确认一下儿。因为昨天听了您对手机类型的介绍，我决定买这款手机。其实这款手机非常适合我，外形很特别，而且功能非常齐全。但是我今天打开手机准备打视频电话的时候，没有找到这个功能，不知道是我没有找到，还是根本没有。昨天介绍的时候我以为有才买的，可能是昨天介绍的手机太多了，我记错了。所以我想问一下。如果是原来就没有这个功能，我想能不能换一下别的款式，就是有视频功能的。还有，如果换其他牌子的话，要不要再加钱，需要什么手续，合同里说要三天以内包换。

您明天上午11点半有时间吗?我想去换一下。那好的，麻烦您了。明天见。

여보세요, 안녕하세요, YTM 텔레콤이죠? 제가 어제 오전에 그쪽 상점에서 SH260모델의 핸드폰을 산 사람입니다, 저 기억하세요? 저는 정지민이라고 합니다. 어제 저랑 얘기하신 분이 그쪽 맞죠? 지금 제가 확인해야 할 일이 있습니다. 어제 제가 당신이 핸드폰 유형을 설명하는 것을 듣고 이 모델을 사기로 결정했었습니다. 사실 이 핸드폰은 제게 아주 적합합니다. 디자인도 특별하고 게다가 기능이 무척 많아요. 하지만 오늘 제가 영상 통화를 하려고 핸드폰을 열어 보니까 그 기능을 찾을 수가 없었어요. 궁금한 것은 제가 못 찾은 건지 아니면 원래 이런 기능이 없는 건지입니다. 어제 소개해주실 때 저는 그 기능이 있다고 생각해서 샀는데 아마도 어제 소개해주신 핸드폰이 너무 많아서 제가 헷갈린 것 같습니다. 그래서 여쭤보고 싶은 것이 있습니다. 만약 원래 이 기능이 없는 거라면 화상 통화 기능이 있는 다른 모델로 바꿀 수 있을까요? 그리고 다른 상표 것으로 바꾼다고 하면 돈을 더 내야 하나요? 어떤 수속을 밟아야 하나요? 계약서에는 3일 안에 교환 가능하다고 쓰여 있네요. 내일 오전 11시 30분에 시간 있으세요? 교환을 하러 갈까 합니다. 예, 좋아요. 번거롭게 해서 죄송합니다. 내일 뵙겠습니다.

해설 전화를 걸어 교환을 요구하는 문장입니다. 교환 요구에 대한 타당한 이유를 정확히 설명하세요. 가장 중요한 것은 롤플레이니 만큼 실제로 전화를 걸 때의 상황을 상상하면서 답변하는 것입니다.

필수 어휘 ● ● ● ●

款 kuǎn	양식, 스타일, 디자인 ⇒ 돈, 금액, 경비 - *存款* 저금, 예금 ⇒ *付款台* 계산대
记得 jìde	기억하고 있다
接待 jiēdài	접대(하다), 응접(하다) ⇒ *接待朋友* 친구를 접대하다 　*接待客人* 손님을 접대하다
确认 quèrèn	확인(하다)
其实 qíshí	사실은
适合 shìhé	적합하다, 알맞다 ⇒ *合适* héshì 적당하다 적합하다(뒤에 목적어를 가지고 올 수 없음) ⇒ *这双鞋很适合你穿。* 이 신발 한 켤레는 네가 신기에 알맞다. 　*这双鞋你穿很合适。* 이 신발 한 켤레는 네가 신기에 알맞다.
外形 wàixíng	외형
视频 shìpín	영상 신호 주파
手续 shǒuxù	수속, 절차 ⇒ *办手续* 수속을 밟다 / *入学手续* 입학 수속 　/ *入境手续* 입국 수속

✔ 对/对于 ~에 대하여

주의 사항

1) 사람과 사람간의 관계 혹은 동작 행위의 대상을 표현할 때 对于는 사용할 수 없음

  예 他真的对于你那么重要吗? (×) 그가 정말로 너한테 그렇게 중요해?

    老师对于我们特别关心。(×) 선생님이 우리에게 굉장히 관심을 가져주신다.

    你对于大家说说你的想法。(×) 당신이 모두에게 당신의 견해를 말해주세요.

2) 对를 가지는 전치사구는 조동사나 부사의 앞 뒤 모두 올 수 있지만
   对于를 가지는 전치사구는 조동사나 부사의 앞에만 올 수 있음

  예 他们都对于历史很感兴趣。(×) – 他们对于历史都很感兴趣。(O)

    그들은 모두 역사에 대해 흥미가 있다.

    我应该对于这起事故负责。(×) – 我对于这起事故应该负责。(O)

    나는 이 사고에 대해 마땅히 책임을 져야 한다.

✔ 对于/关于

1) 关于 ~에 관하여 – 동작 행위와 관련된 사물, 범위, 내용

  예 关于这个问题, 公司会尽快解决。 이 문제에 관하여, 회사는 빨리 해결해줄 것이다.

주의 사항

1) 술어가 有, 没有 이거나 목적어가 … 情况, … 问题, … 建议일 때 호환 가능

  예 对于他的情况, 我知道的一些… (O) …

    关于他的情况, 我知道的一些… (O) 그의 사정에 관하여 내가 알고 있는 약간의~

2) 对于가 부사로 쓰일경우에는 주어 앞뒤 모두 가능함.

  예 对于他的情况, 我了解一些 (O)

    我对于他的情况了解一些。(O) 나는 그의 상황에 대해 조금 이해한다.

    关于가 부사로 쓰일 경우에는 주어 앞에만 올수 있음

    我关于他的情况了解一些。(×)

    关于他的情况, 我了解一些。(O) 나는 그의 상황에 대해 조금 이해한다.

3) 对于는 사람을 가리키는 명사 목적어 가능

  예 对于韩国人, 春节是很重要的节日。(O)

    한국인에게 있어, 음력 설은 매우 중요한 명절이다.

    关于韩国人, 春节是很重要的节日。(×)

4) 글의 제목으로 쓰일 때 关于는 단독으로 가능하나 对于는 명사를 붙여야 함

  예 关于提高汉语水平 (O) 중국어 수준향상에 관하여

    对于提高汉语水平 (×)

    对于提高汉语水平的几点意见 (O) 중국어 수준 향상에 관한 몇 가지 의견

✔ 至于 ～에 관해서는 - 절이나 문장 앞에서 새로운 화제를 이끔

> 예 这仅仅是我个人的一点意见，至于这样做好不好，请大家考虑一下。
>
> 이것은 단지 나의 개인적인 의견입니다. 이렇게 하는 것이 좋은지 안 좋은지는 여러분이 고려해주세요.
>
> 有许多事情非得赶快去学，去做不可，否则就来不及了。至于另一些事情，可以等到退休以后再去做。
>
> 빨리 가서 배워야 하고 가서 해야만 하는 많은 일들이 있습니다. 그렇지 않으면 늦어버릴지 모릅니다. 그 외의 일들은 퇴직 할 때까지 기다렸다가 다시 할 수 있습니다.

tip!tip! 还是의 여러 가지 용법

1) 是 … 还是 … ～인지 아니면 ～인지

> 예 不知道是我没有找到，还是根本没有这个功能。
>
> 내가 못 찾은 것인지 아니면 원래 이 기능이 없는 것인지 모르겠습니다.
>
> 是坐火车去还是坐飞机去，要商量一下。
>
> 기차를 타고 갈지 아니면 비행기를 타고 갈지, 상의 좀 해봐야 합니다.

2) 不管(无论) … 还是 … 都 … ～든 ～든 상관없이 모두 ～하다

> 예 不管刮风还是下雨，她从不迟到，早退。
>
> 바람이 불든 비가 오든 상관없이 그녀는 지각하거나 조퇴하는 일이 없다.

3) 여전히 - 행위, 동작 상태 지속

> 예 这次还是他做向导。 이번에도 역시 그가 지도자를 한다.
>
> 明天咱们还是开会。 내일우리는 여전히 회의를 합니다.

4) 还是…吧/还是…好 아무래도 ～하자 / 아무래도 ～라는 것이 낫다 - 비교, 사고를 거쳐 선택을 나타냄

> 예 我看还是去北京吧，美国太远。
>
> 내가 볼 때 역시 북경에 가야겠어, 미국은 너무 멀어.
>
> 还是我去吧。你在家等我。 역시 내가 갈게. 너는 집에서 나를 기다려.
>
> 想来想去，还是我一个人去好。 이리저리 생각해봐도 역시 나 혼자 가는 게 낫겠어.
>
> 还是让他亲自面谈一下的好。 아무래도 그가 직접 면담하는 게 낫겠어.

✤ 중요 표현

1. 昨天听了您对手机类型的介绍。

2. 其实这款手机非常适合我，外形很特别，而且功能非常齐全。

3. 昨天介绍的时候我以为有才买的。

Go!Go! 고득점 비법

1. 실제 상황처럼 연기하라

- 역할극은 상황이 제시되는 만큼 당황하기 쉽습니다. 그러나 여러분이 드라마의 주인공이라고 생각해보세요.
- 주어진 상황을 실제상황처럼 생각하고 자연스럽게 대처해 나가야 합니다.
- 자연스러운 대화와 함께 내용 구성의 완전성에도 주의하세요.
- 자연스러운 어투 + 대화체 사용 + 구성의 완전성이 중요합니다.

2. 주어진 문제를 해결하라

- 대부분 상황이 주어지고 문제를 해결하는 유형 형태가 많습니다.
- 장황하게 두서없이 나열하다 보면 문제의 핵심을 파악하지 못하게 되므로 반드시 기본적인 구도를 잘 기억하셔야 합니다.

step 4 나만의 OPIc

아래 OPIc 질문에 알맞은 답안을 구성해보는 시간입니다.
오늘 배운 전략을 다시 한 번 생각해보고 순서에 맞게 적용해보세요.

我将为你提供一个情景。你本来打算跟客户见面。

可是突然要开会，所以要给客户打电话改见面的时间。请给客户打电话。

당신에게 상황을 설정해 드리겠습니다. 당신은 원래 고객과 만나기로 되어 있습니다. 그러나 갑자기 회의가 있어서 고객에게 전화를 해 만나는 시간을 바꾸려고 합니다. 고객에게 전화를 걸어 만나는 시간을 변경해주세요.

브레인스토밍

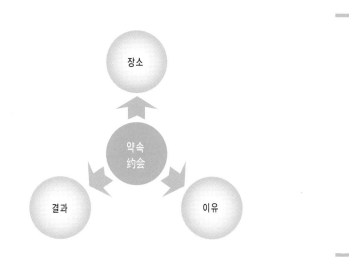

답변하기

자가 진단 테스트

• 주어진 과제를 기억했습니까?	☐	☐
• 주제의 핵심을 파악했습니까?	☐	☐
• 주제에 맞게 구성했습니까?	☐	☐
• 정확한 어휘와 어법을 사용했습니까?	☐	☐
• 구성에 맞는 풍부한 내용으로 답변했습니까?	☐	☐

예시 您好，我是ELL公司的赵主任。我知道我们已经约好了今天下午3点见面，但是我想跟你商量一下儿，我们的时间能不能推迟一个小时？很对不起!因为我们公司的老板突然要开会，我们4点见面可以吗？您百忙之中抽出时间和我见面，真的很抱歉。我真没想到忽然有急事要处理，如果您那个时间有事儿，那么什么时间方便我们再决定。希望您能理解。如果您决定了我们约定的时间，随时可以给我打电话或者发短信。再次真诚的跟你说一声对不起!

안녕하세요, 저는 ELL 회사의 조주임입니다. 오늘 오후 3시에 만나기로 약속을 하였지요. 그런데 상의드릴 일이 좀 있습니다. 1시간 정도 늦출 수 있을까요? 정말 죄송합니다. 오늘 회사 사장님이 갑자기 회의를 하시겠다고 해서요. 4시쯤 뵈어도 괜찮을까요? 바쁘신데도 시간을 내주셨는데 정말 죄송합니다. 만약 다른 일이 있으시면 편하실 때 다시 시간을 내주셔도 괜찮습니다. 이렇게 급하게 일이 생길 줄 몰랐습니다. 정말 죄송합니다. 양해 부탁드립니다. 약속 시간이 결정되면 언제든지 저에게 전화나 메시지를 주세요. 다시 한 번 진심으로 사과의 말씀을 드립니다.

해설 가정된 상황에서의 전화를 통한 문제 해결을 요구하는 유형입니다. 아래의 사항에 주의하세요.

❶ 대화문의 형식으로 실제 전화를 하는 것처럼 연기하기

❷ 약속 시간 변경 이유를 정확히 설명하기

❸ 사과하고 양해를 구하는 표현 사용하기

어휘&표현 ● ● ●

约好 yuēhǎo	약속했다	**推迟** tuīchí	미루다, 연기하다
老板 lǎobǎn	사장	**百忙之中** bǎimángzhīzhōng	바쁘신 중에도
抽出时间 chōuchū shíjiān	시간을 내다	**抱歉** bàoqiàn	미안해하다
处理 chǔlǐ	처리하다	**约定** yuēdìng	약속(하다)
发短信 fā duǎnxìn	문자메시지를 보내다	**真诚** zhēnchéng	진실하다, 성실하다

오늘 배운 내용을 문제를 통해 확인해보는 시간입니다.

01 다음 문장을 바르게 고치세요.

(1) 他真的对于你那么重要吗?

_____

모범답안 ▎ 他真的对你那么重要吗? 　그가 너에게 정말 그렇게 중요하단 말이니? / 사람과 사람 사이의 관계에는 서만 씁니다.

(2) 他们都对于历史很感兴趣。

_____

모범답안 ▎ 他们对于历史都很感兴趣。 　그들은 모두 역사에 흥미를 갖고 있다.
　　　　 / 서를 가지는 전치사구는 조동사나 부사의 앞뒤모두 올 수 있지만 서ㅣ는 앞에만 올 수 있습니다.

(3) 我关于他的情况了解一些。

_____

모범답안 ▎ 我对于他的情况了解一些。
　　　　 나는 그의 상황을 조금 이해한다. / 서ㅣ, … + 주어 (= 주어 + 서ㅣ…)

(4) 关于韩国人，春节是很重要的节日。

_____

모범답안 ▎ 对于韩国人，春节是很重要的节日。
　　　　 한국인에게 춘절(음력설)은 매우 중요한 명절이다. / 서ㅣ는 사람을 가리키는 명사 목적어가 가능하지만 大ㅣ는
　　　　 그렇지 않습니다.

02 다음 문장 중 맞으며 O, 틀리면 X를 하고 바르게 고치세요.

(1) 是坐火车去还是坐飞机去，要商量一下。

모범답안 ▎ O : 기차를 탈지 비행기를 탈지 상의해야 한다.

(2) 刮风还是下雨，不管她从不迟到，早退。

모범답안 ▎ X : 바람이 불건 비가 내리건 그녀는 여태껏 지각이나 조퇴를 하지 않았다.
　　　　　不管刮风还是下雨，她从不迟到，早退。
　　　　　'앞의 조건을 막론하고'라는 의미로 앞절에 …不管…还是…，-의 형태를 만듭니다.

(3) 现在我有一些事情想跟您确认一下儿。

모범답안 ▎ O : 지금 내가 당신에게 확인해야 할 일이 있습니다.

(4) 其实这款手机非常合适我。

모범답안 ▎ X : 사실 이 휴대폰은 나에게 매우 적합합니다.
　　　　　其实这款手机非常适合我
　　　　　适合는 뒤에 목적어가 올 수 있으나 合适 뒤에는 올 수 없습니다.

(5) 如果换其他牌子的话，要不要在加钱。

모범답안 ▎ O : 만약 다른 브랜드로 바꾼다면 추가 비용이 필요한가요?

다음 어휘의 의미로 맞는 것을 연결하세요.

1. 购物	a. 세일
2. 款式	b. 상품권
3. 质量	c. 하나를 사면 하나를 준다.
4. 打折	d. 카드로 계산하다
5. 讲价	e. 물건을 구입하다
6. 刷卡	f. 중고품
7. 购物券	g. 가격을 흥정하다
8. 付款台	h. 스타일
9. 二手货	i. 품질
10. 买一送一	j. 계산대

모범답안 | 1-e 购物 gòuwù 물건을 구입하다　2-h 款式 kuǎnshì 스타일 = 样式　3-i 质量 zhìliàng 품질

4-a 打折 dǎzhé 세일　5-g 讲价 jiǎngjià 가격을 흥정하다 = 砍价, 讨价还价

6-d 刷卡 shuākǎ 카드로 계산하다　7-b 购物券 gòuwùquàn 상품권　8-j 付款台 fùkuǎntái 계산대 = 结帐台

9-f 二手货 èrshǒuhuò -중고품　10-c 买一送一 mǎiyìsòngyì 하나를 사면 하나를 준다

step 6 학습 요약

아래 요약된 내용을 다시 한 번 숙지하세요.

1 롤플레이 문제의 기본 형식 기억하기

- 롤플레이, 즉 역할극은 조금 생소할 수는 있으나 매우 흥미로운 문제 유형입니다.
- 문제 유형을 잘 파악하고 기본적인 형식을 학습하세요.

2 다양한 주제의 롤플레이 내용 익히기

- 전화 걸기, 메시지 남기기 등의 다양한 주제를 통한 롤플레이를 연습하세요.

3 학습한 답변을 참고하여 자신만의 답변 만들기

- 학습한 모법 답변을 응용해 여러분의 이야기를 만들어보세요.

OPIc 중국어에 대한 궁금증을 시원하게 풀어드립니다.

 중국어 성조를 잘 사용하여 유창하게 말을 하고 싶은데, 시험장에서는 긴장이 되어서 잘 안 됩니다. 어떻게 해야 할까요?

성조나 발음이 문제라면, 녹음기를 이용하여 말하기 한 것을 녹음해보고, 본인의 성조와 발음을 확인해 보시기 바랍니다. 내가 말한 것을 귀로 듣고 흘려버리는 것은 순간적이라 발음이나 성조를 확인하기 어렵습니다. 반면 내가 말한 것을 녹음해보고 성조나 발음을 원어민의 음성과 비교해보면, 성조를 잘 지키고 있는지, 발음은 잘 하고 있는지를 스스로 확인하고 올바른 발음이나 성조로 교정할 수 있는 계기가 됩니다.

따라서 성조나 발음을 정확하게 구사하고 싶은 학습자, 성조나 발음에 문제가 있는 학습자라면, 연습 시 본인이 말한 것을 녹음하고, 원어민의 음성과 비교해보는 것을 권장합니다. 꾸준히 연습하면 성조나 발음을 확실히 교정하고, 시험장에서도 긴장하지 않고, 성조를 잘 사용하여 유창하게 말할 수 있게 됩니다.

Lesson

18

콤보

주제 ▌교통수단 / 교통수단 / 교통 / 헬스클럽

오늘의 학습 목표입니다. 학습을 시작하기 전에 목표를 숙지하세요.

'콤보'에서는 콤보 형태의 문제 형식을 이해하고
효과적인 답변 요령을 학습합니다.

오늘의 목표 ●●●

01 콤보 형식 이해하기(교통 관련)

02 콤보 형태의 답변 요령 익히기

step 2 전략 설정

> 오늘의 학습 목표에 따른 전략입니다.

개 요 ● ● ●

> 콤보 형태는 문제의 중복된 질문에 대비하여 당황하지 않고 깔끔한 문장을 만드는 것이 중요합니다.

구도 익히기 ● ● ●

1 핵심 주제 파악하기

- 문제의 주제가 어떤 것인지를 먼저 파악

- 주제와 관련된 어휘 떠올리기

  예 调查中表明你喜欢练瑜伽。什么时候去? 跟谁去? 要准备什么?

  조사에서 당신은 요가 하는 것을 좋아한다고 했습니다. 언제 갑니까? 누구와 갑니까? 무엇을 준비해야 하나요?

2 상황 파악하기

- 일반 상황(개인적 상황, 사회적 상황) 인지 가정 상황인지를 먼저 파악

- 개인적 상황

  예 你说你喜欢唱歌。喜欢唱什么歌? 为什么?

  당신은 노래하는 것을 좋아한다고 했습니다. 무슨 노래 부르는 것을 좋아하나요? 왜 그런가요?

- 사회적 상황

  예 你们国家的天气怎么样? 春、夏、秋、冬, 请讲一讲你们国家的四季。

  당신 국가의 날씨는 어떻습니까? 봄, 여름, 가울, 겨울, 당신 국가의 사계절을 말해주세요.

• 가정 상황

예 我将为你提供一个情景。你早上坐地铁去上班。可是地铁突然停了。你给公司打电话说明一下情况。

당신에게 상황을 제공해 드리겠습니다. 당신은 아침에 지하철을 타고 출근을 합니다. 그러나 지하철이 갑자기 멈추었습니다. 회사에 전화를 걸어 상황을 설명하세요.

3 대응 능력 발휘하기

• 문제의 내용이 중복되어 나오는 경우가 있습니다. 이때는 당황하지 않는 것이 가장 중요함
• 이미 답변한 질문의 내용을 중복해야 하는 상황이 나오더라도 질문을 잘 듣고 순서에 맞게 답변해야 함

예 문제1 你使用什么交通工具? 要多长时间?

당신은 어떤 교통수단을 이용하나요? 얼마나 걸립니까?

문제2 请说明你最近使用的交通工具。比如, 打车, 搭朋友的车等等。

당신이 요즘 이용하는 교통수단을 설명해주세요. 예를 들어 택시를 타거나 친구의 차를 타는 등.

비결 1. 순발력 발휘하기
2. 일관성 유지하기

콤보 형태는 한 주제를 가지고 다양한 형태의 질문이 주어집니다. 이때는 문제를 잘 듣고 질문의 형태를 빠르게 파악하는 것이 중요합니다.
질문의 형태와 핵심 주제를 파악한 후에는 일관성 있게 내용을 전개해 나가야 합니다.

step **3** 적용 학습

오늘 배운 전략을 문제에 적용해보는 시간입니다.

1.你上下班的时候用什么交通工具?为什么用那个交通工具?

질문 당신을 출근할 때 어떤 교통수단을 이용합니까? 왜 그것을 이용합니까?

브레인스토밍

주제와 관련된 단어들을 연상하여 구조에 맞게 나열한 후 짜임새 있는 문장을 만들어보세요.

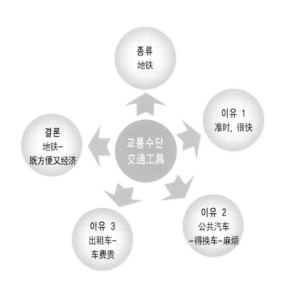

문제 유형 분석

- **주제 범위**: 교통 관련
- **주제**: 교통수단
- **과제 설명**: 자주 사용하는 교통수단 설명

적용 1 구도 만들기

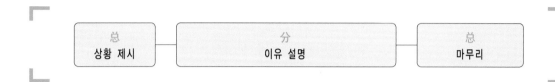

❶ 总 상황 제시 • 자주 사용하는 교통수단 언급
　　　　　　　　　　 − 출퇴근 시 지하철 이용

❷ 分 이유 설명 • 자주 사용하는 이유를 차례로 설명
　　　　　　　　　　 − 버스 : 환승해야 함
　　　　　　　　　　 − 택시 : 비쌈
　　　　　　　　　　 − 지하철 : 정확하고 빠름

❸ 总 마무리 • 견해나 느낌 등으로 마무리
　　　　　　　　　　 − 지하철이 편리하고 경제적임

적용 2 기초 표현 다지기

总 ▸ 나는 출퇴근할 때 지하철 타는 것을 좋아합니다.
　　　我上下班的时候喜欢坐地铁。

分 ▸ 지하철은 정확한데다 매우 빠릅니다.
　　　它不仅准时而且很快。

　 ▸ 버스를 타면 중간에 환승해야 해서 매우 번거롭습니다.
　　　坐公共汽车的话中间得换车，很麻烦。

　 ▸ 택시를 타면 차비가 비교적 비쌉니다.
　　　坐出租车，车费又比较贵。

总 ▸ 나는 여전히 지하철을 타는 것이 편리하고 경제적이라고 생각합니다.
　　　我觉得还是坐地铁既方便又经济。

적용 3 내용 더하기

답안 我上下班的时候喜欢坐地铁。它不仅准时而且很快。当然偶尔也坐公共汽车或者出租车。不过坐公共汽车的话中间得换车, 很麻烦。如果坐出租车, 车费又比较贵。所以我觉得还是坐地铁既方便又经济。

저는 출근할 때 지하철을 탑니다. 지하철은 시간이 정확할 뿐 아니라 매우 빠르기도 합니다. 물론 때때로 버스를 타거나 택시를 이용하기도 합니다. 하지만 버스를 타면 중간에 갈아타야 해서 번거롭습니다. 택시를 타면 교통비가 너무 비싼 편입니다. 그래서 저는 역시 지하철을 타는 것이 편리하고 경제적이라 생각합니다.

해설 개인적인 상황을 묻는 문제입니다. 핵심 주제가 '교통'이라는 것을 먼저 기억하고 본인이 자주 이용하는 교통수단을 설명한 후 그 이유와 장점 등을 함께 말해주면 좋습니다.

필수 어휘 ● ● ●

准时 zhǔnshí	정확한 시간, 정각 ➡ 准时出发 정시에 출발하다 准时到 정시에 도착하다
经济 jīngjì	(인력, 물자, 시간 등) 경제적이다

❖ 중요 표현
1. 它不仅准时而且很快。
2. 我觉得还是坐地铁既方便又经济。

2. 你所住的的城市里人们通常用什么样的交通工具?你呢?为什么?

질문 당신이 사는 도시에서 사람들은 보통 어떤 교통수단을 이용합니까? 당신은? 왜 이용합니까?

브레인스토밍

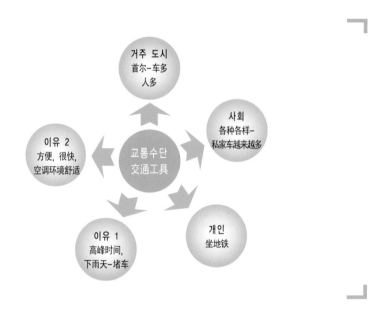

문제 유형 분석

- **주제 범위**: 교통 관련
- **주제**: 교통수단
- **과제 설명**: 자주 사용하는 교통수단 설명 – 거주 도시와 본인이 자주 사용하는 교통수단 설명

적용 1 구도 만들기

❶ 总 상황 제시 ● 주제와 관련된 상황제시 혹은 문제 언급
　　　　　　　　 – 서울에는 각양각색의 교통수단이 있음

❷ 分 상황 설명 ● 자세하고 구체적으로 설명
　　　　　　　　 – 사회 상황 : 생활 수준이 향상됨에 따라 자가용의 보급이 많아짐
　　　　　　　　 – 개인 상황 : 자가용이 있지만 지하철을 많이 이용함
　　　　　　　　 – 이유 : 편리하고 빠름

❸ 总 마무리 ● 견해나 느낌 등으로 마무리
　　　　　　　　 – 나의 자가용은 차고에서 자고 있을 것임

总 ▸ 다른 대도시와 마찬가지로 서울도 사람과 차가 많은 지역입니다.

和其他大城市一样，首尔也是车多人多的地方。

分 ▸ 사람들은 매일 각양각색의 교통수단을 이용합니다.

人们每天使用各种各样的交通工具。

▸ 생활 수준이 향상됨에 따라 자가용을 가진 집이 점점 많아집니다.

随着生活水平的提高，拥有私家车的人也越来越多。

▸ 나는 매일 지하철을 타고 출근합니다.

我每天要坐地铁去上班。

▸ 비록 차가 있지만 러시아워시간에는 통상 차가 매우 심하게 막힙니다.

虽然我也有车，但是高峰时间通常堵车堵得很厉害。

▸ 지하철은 기타 교통수단보다 편리하고 매우 빠릅니다.

地铁比其它交通工具方便，而且很快。

▸ 나는 이미 지하철 타는 것이 습관이 되었습니다.

我已经习惯坐地铁了。

总 ▸ 내 생각에 차고 안의 나의 차는 아마 매일 잠을 자고 있을 겁니다.

我想车库里我的车可能每天都在"睡觉"吧。

적용 3 내용 더하기

답안 和其他大城市一样，首尔也是车多人多的地方。人们每天使用各种各样的交通工具，比如：公共汽车、出租车、私家车、地铁、骑自行车甚至远一点的还要用高铁和火车等等。随着生活水平的提高，拥有私家车的人也越来越多，所以很多人就自然而然地选择自己开车出行。

住在首尔北部的我每天要坐地铁去上班。虽然我也有车，但是早上上班的高峰时间通常堵车堵得很厉害，特别是下雨天，所以我很少开车去上班。地铁比其它交通工具方便，而且很快，比其他交通工具至少快10分钟左右。当然早上地铁里有点儿挤，但是空调的环境比较舒适，所以我已经习惯坐地铁了。我想车库里我的车可能每天都在"睡觉"吧。

다른 대도시들과 같이 서울도 차도 많고 사람도 많은 곳입니다. 사람들은 매일 각양각색의 교통수단을 이용합니다. 예를 들면, 택시, 자가용, 전철, 자전거 심지어 조금 거리가 있는 경우에는 고속 전철이나 기차 등도 이용합니다. 생활 수준이 향상됨에 따라서 자가용을 가진 사람들 또한 나날이 늘어나고 하여 많은 사람들이 자연스럽게 자가 운전으로 외출을 합니다. 서울 북부에 사는 나는 매일 지하철을 타고 출근합니다. 비록 저도 차가 있지만 아침에 출근할 때, 러시아워엔 보통 차가 어마어마하게 밀리고 특히 비가 오는 날은 더욱 심합니다. 그래서 차를 몰고 출근하는 날이 매우 적습니다. 지하철은 다른 교통수단보다 편리하고 빠릅니다. 다른 교통수단과 비교해볼 때 최소한 10분 정도 적게 걸립니다. 물론 아침 시간에 지하철은 조금 붐비지만 에어컨 설비가 비교적 잘 되어 있어 비교적 편안합니다. 그래서 저는 이미 지하철 타는 것이 습관이 되어 있습니다. 아마 차고 속에 있는 저의 차는 매일 '잠'을 자고 있을 것입니다.

해설 사회적 상황을 묻는 질문입니다. 그런데 뒷부분에 개인적 상황도 함께 질문하고 있습니다. 1번 문제와 중복되지만 질문의 순서에 맞게 주된 내용을 먼저 말하고 개인 상황은 간략하게 정리해서 말하는 것이 좋습니다.

필수 어휘 ● ● ●

各种各样 gèzhǒnggèyàng	각양각색 → 各种各样的东西 각양각색의 물건 各种各样的菜 각양각색의 요리
拥有 yōngyǒu	(많은 토지, 인구, 재산) 보유(소유)하다
自然而然 zìránérrán	자연히, 저절로
通常 tōngcháng	통상, 일반, 보통

tip!tip! 通常 & 经常 &常常 & 往往

✔ **通常 : 형용사) 통상, 일반, 보통　명사) 일반적 상황, 평상시**

　예　这是通常的处理办法。 이것은 통상적인 처리 방법이다.

　　　通常都是八点钟上课。 통상 8시 정도에 수업을 한다.

✔ **经常 : 부사) 늘, 항상　형용사) 일상적이다.**

여러 번 발생 / 일관성 있음 / 형용사 용법 / 부사어를 만들 때 地 필요함 / 부정형 – 不经常

　예　你们应该经常保持联系。 당신들은 늘 연락을 유지해야 한다.

　　　这种事是经常的事。 이런 일은 일상적인 일이다.

✔ **常常 : 부사) 늘, 항상**

여러 번 발생 / 일관성이 떨어짐 / 형용 사용법 없음 / 부사어를 만들 때 地 필요 없음 / 부정형 – 不常 /
객관적 상황, 주관적 바람도 가능

　예　希望你以后常常来我家。 당신이 이후 우리 집에 지주 오기를 희망합니다.

✔ **往往 : 부사) 왕왕, 늘, 항상**

과거 규칙적으로 일어난 일에만 쓰임 / 주관적 바람에는 쓰이지 않음
미래 사용 안 됨 / 동작과 관련된 상황, 근거, 결과 등을 밝혀야 함

　예　他往往学习到深夜。 그는 늘 밤늦게까지 공부한다.

---

 tip!tip! 至少의 용법

✔ **至少 : 최소한, 적어도**

1) 至少 + 동사 + 수량사

　예　这个会至少要开三天。 이 회의는 적어도 3일을 열어야 한다.

　　　从这几到公司至少得走三十分钟。 여기서부터 회사까지는 적어도 30분을 걸어야 한다.

2) 至少 + 수량사

　예　他至少四岁了。 그는 최소한 네 살은 되었어요.

　　　这作衣服至少十五万。 이 옷은 최소한 15만 원이에요.

3) 至少 + 동사

　예　你虽然没有见过他，但至少听说过他的名字。
　　　당신은 비록 그를 만나본 적은 없지만, 적어도 그의 이름은 들어봤어요.

✿ **중요 표현**

1. 随着生活水平的提高，拥有私家车的人也越来越多。

2. 早上上班的高峰时间通常堵车堵得很厉害。

3. 你的车故障了，正好你的朋友也住在你家附近。你给他打电话说要搭乘他的车。

请给他打电话说明一下情况。

질문 당신의 차가 고장났는데 마침 당신의 친구가 근처에 살고 있습니다. 그에게 전화를 걸어서
그의 차를 타려고 합니다. 그에게 전화를 하여 설명해보세요.

브레인스토밍

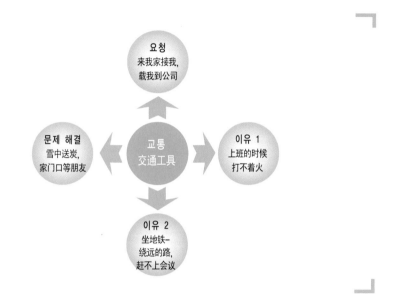

요청
来我家接我，
载我到公司

문제 해결
雪中送炭，
家门口等朋友

교통
交通工具

이유 1
上班的时候
打不着火

이유 2
坐地铁–
绕远的路，
赶不上会议

문제 유형 분석

• **주제 범위**: 교통 관련 롤플레이
• **주제**: 교통 문제
• **과제 설명**: 교통 문제 해결 – 본인의 차 고장 문제의 해결을 요청하는 전화하기

❶ 总 문제 제기 • 전화 요청
　　　　　　　　 – 친구 미영에게 전화를 걸어 집으로 와 차를 태워달라고 함

❷ 分 상황 설명 • 전화를 건 이유를 자세히 설명
　　　　　　　　 – 차가 시동이 걸리지 않음
　　　　　　　　 – 지하철을 타면 돌아가서 회의에 늦음

❸ 总 문제 해결 • 출근할 때 태워달라고 함
　　　　　　　　 – 집앞에서 기다리겠다고 말함

적용2 기초 표현 다지기

总 ▸ 여보세요? 미영이니? 나 지민이야.
　　(喂!) 你好, 是美英吗? 我是智民。

　　▸ 번거롭겠지만 나 좀 데리고 회사까지 태워줄 수 있겠니?
　　麻烦你能不能来我家接我, 然后载我到公司?

分 ▸ 내 차가 갑자기 고장이 나서 어떻게 해도 시동이 걸리지 않아서 말이야.
　　因为我的车忽然出了一点儿故障, 怎么也打不着火。

　　▸ 이때 지하철을 타면 너도 알다시피 멀리 돌아가서 절대로 회의 시간에 맞출 수 없어.
　　这个时候坐地铁, 你知道要绕很远的路, 根本赶不上会议。

总 ▸ 너 같은 좋은 친구가 집 근처에 살았기 망정이지 그렇지 않으면 정말 어떻게 해결해야 할지
　　몰랐을 거야.
　　幸亏有你这个好朋友住在我家附近, 要不然还真不知道怎么解决。

　　▸ 내가 지금 집앞에서 기다릴게. 좀 있다 만나!
　　我现在我家门口等你, 一会儿见!

적용3 내용 더하기

답안 (喂!) 你好，是美英吗？我是智民，这么早打扰你真不好意思。但我这里现在有点事情想拜托你，麻烦你十分钟以后能不能来我家接我，然后载我到公司？因为我的车忽然出了一点儿故障，怎么也打不着火。昨天晚上我还刚给我的车加满了油，而且安然无恙地开着它回家。上个月也做了一些基本的安全检查，什么问题也没有！早上我准备上班的时候，忽然就这样瘫痪了！真的是给我添乱，一会儿还有早会呢。这个时候坐地铁，你知道要绕很远的路，根本赶不上会议。所以请你尽快来，顺便带我一程！幸亏有你这个好朋友住在我家附近，要不然还真不知道怎么解决！赶快来雪中送炭啊！其实真不知要怎么感谢你才好！我现在在我家门口等你，一会儿见！

(여보세요!) 안녕, 미영이니? 나 지민이야. 아침 일찍 번거롭게 미안해. 근데 내가 일이 좀 생겨서 부탁 좀 하려고. 미안한데 10분 후에 우리 집으로 나 좀 데리러 와서 회사까지 태워다줄 수 있니? 차가 갑자기 고장이 좀 나서 말이야. 어떻게 해도 시동이 걸리지 않아. 어제 저녁에 기름도 가득 채웠고 편안히 집으로 타고 왔었어. 저번 달에 기본적인 점검도 해서 아무 문제도 없었다고! 근데 아침에 출근 준비를 할 때 갑자기 이렇게 멈춰버렸지 뭐야! 정말 나를 번거롭게 하는 거 같아. 곧 있으면 아침 회의인데. 지금 지하철을 타면 너도 알다시피 아주 멀리 돌아가야 하고 회의 시간에 맞추어 갈수 없을 것 같아. 그러니 빨리 와서 가는 길에 나도 좀 태워줘!

너처럼 좋은 친구가 우리 집 근처에 살아서 다행이지, 아니었으면 정말 어떻게 해야 할지 몰랐을 거야! 빨리 좀 와서 나 좀 태워줘! 진짜 너한테 어떻게 감사해야 할지 모르겠다! 나 지금 집앞에서 기다리고 있을테니 좀 이따 만나.

해설 롤플레이 문제입니다. 먼저 질문을 잘 듣고 주어진 상황을 파악하세요.
가정 상황이므로 연기를 한다고 생각하고 대화를 하듯이 말하는 것이 중요합니다.

打扰 dǎrǎo	(남의 일) 방해하다, 폐를 끼치다
拜托 bàituō	부탁드리다
载 zài	싣다, 적재하다 ➡ 载人 사람을 싣다 / 载货 물건을 싣다
故障 gùzhàng	(기계)고장 ➡ 出故障 고장이 나다
加油 jiāyóu	급유하다, 기름을 넣다 ➡ 给车加点儿油。주유 좀 하다.
安然无恙 ānránwúyàng	무사하다, 평온하다
瘫痪 tānhuàn	(기구, 활동) 정지(되다), 마비(되다) ➡ 全公司几乎瘫痪了。회사전체가 거의 마비되었다.
添乱 tiānluàn	폐를 끼치다, 번거롭게 하다 ➡ = 添麻烦
赶不上 gǎnbushàng	따라가지 못하다, 시간에 대지 못하다 ➡ 赶不上这班火车了。이번 기차를 타지 못했다.
幸亏 xìngkuī	다행히, 운 좋게
雪中送炭 xuězhōngsòngtàn	눈 속에서 탄을 보내다. 다른 사람이 급할 때 도와주다.

tip!tip! 幸亏: 다행히도, 운 좋게

1) 幸亏…, 才…. 다행히 ~해서 간신히 ~했다.

> 예 你幸亏走了这条路，才没遇到他。
>
> 당신 다행히도 이 길로 가서, 그를 만나지 않았습니다.

2) 幸亏…, 要不…. 다행히 ~했기에 망정이지, 그렇지 않으면 ~했다.

> 예 幸亏你提醒了我，要不我就忘了带钱。
>
> 다행이 네가 나를 일깨웠기에 망정이지 그렇지 않으면 돈 가져오는 것을 잊을 뻔 했다.

※ 幸好 - 구어에 많이 쓰임

※ 多亏 - 덕분에 라는 의미를 포함. 감사의 의미를 내포함.

❖ 중요 표현

1. 幸亏有你这个好朋友住在我家附近，要不然还真不知道怎么解决！
2. 其实真不知要怎么感谢你才好。

Go!Go! 고득점 비법

1. 귀를 쫑끗!

　• 귀를 쫑끗 세우고 질문을 잘 들어보세요. 개인적인 얘기를 하라는 건지 사회적 상황을 말하라는
　　건지 질문의 내용을 잘 파악하는 것이 중요합니다.

2. 일관된 자세로 표현하라

　• 답변할 때 당황하면 일관된 내용을 구사할 수 없습니다. 항상 일관된 내용과 구성 형태에 주의하세요!

3. 순발력 있게 대응하라

　• 문제를 듣고 답을 하였는데 다음 문제도 비슷하거나 중복된 질문 형태가 나오면 당황하기 쉽습니다.
　• 질문의 내용이 주제에서 벗어나는 실수를 하지 않도록 문제를 잘 듣고 정확한 답변을 할 수 있는
　　순발력을 발휘해야 합니다.

콤보　**365**

NEW OPIC 중국어첫걸음 ●● Lesson 18

아래 OPIc 질문에 알맞은 답안을 구성해보는 시간입니다.
오늘 배운 전략을 다시 한 번 생각해보고 순서에 맞게 적용해보세요.

1-1. 调查中表明你喜欢去健身房锻炼。什么时候去？要准备什么？
조사에서 당신은 헬스클럽에 가서 헬스하는 것을 좋아한다고 했습니다. 언제 가나요?
무엇을 준비해야 하나요?

브레인스토밍

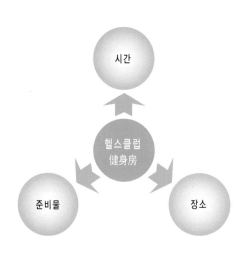

답변하기

예시 我很喜欢运动, 平时一有时间就去健身房锻炼。我每天下班后都会去公司附近的健身房锻炼。一般来说练一个小时以后再回家。因为上班的时候要穿正装, 所以运动的时候需要的运动服和洗浴用品都放在健身房的箱子里。而且运动的时候出很多汗, 消耗体力, 所以每次我会带一条毛巾和一瓶水。

나는 운동을 매우 좋아합니다. 평상시 시간만 되면 헬스장에 가서 몸을 단련하곤 합니다.
매일 퇴근 후 회사 근처의 헬스클럽에 가서 몸을 단련합니다. 보통 한 시간 반 정도 운동을 하고 집에 돌아갑니다. 출근할 때는 정장을 입어야 해서 운동복과 샤워 용품은 헬스클럽 보관함에 넣습니다. 그리고 운동할 때 땀이 많이 나고 체력 소모가 있어 매번 수건과 물을 한 병 가지고 갑니다.

해설 비교적 간단한 문제입니다. 문제에 충실하게 시간과 준비물을 차례대로 설명해주면 됩니다. 관련 기본 어휘를 꼭 익히세요!

어휘&표현 ● ● ●

运动 yùndòng	운동	平时 píngshí	보통 때, 평소
健身房 jiànshēnfáng	헬스클럽	锻炼 duànliàn	단련하다
正装 zhèngzhuāng	정장	运动服 yùndòngfú	운동복
洗浴用品 xǐyùyòngpǐn	목욕 용품	放在 ···里 fàngzài ···lǐ	~에 넣다
出很多汗 chū hěnduō hàn	많은 땀을 흘리다	消耗 xiāohào	(정신, 힘, 물자 등) 소비하다
毛巾 máojīn	수건		

1-2. 请讲一讲你去的健身房的环境。头几次怎么样?

당신이 가는 헬스클럽의 환경을 말해주세요. 처음 몇 번은 어땠나요?

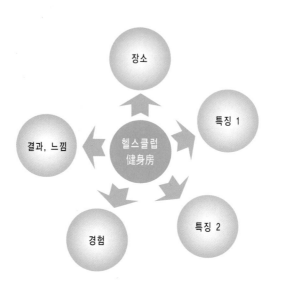

자가 진단 테스트

- 주어진 과제를 기억했습니까? □ □
- 주제의 핵심을 파악했습니까? □ □
- 주제에 맞게 구성했습니까? □ □
- 정확한 어휘와 어법을 사용했습니까? □ □
- 구성에 맞는 풍부한 내용으로 답변했습니까? □ □

예시 我平时常常去公司附近的健身房锻炼， 因为那里不但规模比较大而且环境很好。健身房都使用进口健身器材, 比如：跑步机, 有氧自行车, 踏步机等等。而且大大的练习室有很多课程, 还具有洗澡间, 桑拿房, 休息室等。

记得第一天去的时候看着别人锻炼, 自己跟傻子一样, 什么都不会, 看着别人做什么我就做什么。第二天按照教练的说明学会了一些简单的动作。后来每天都去锻炼, 坚持了半年。

现在我减了十公斤左右, 觉得身材变得更苗条了。而且还觉得身体变得更健康。身上有很多肌肉! 哈哈……

나는 평상시에 회사 근처의 헬스클럽에 가서 운동을 합니다. 그곳은 규모가 클 뿐만 아니라 환경도 좋기 때문입니다. 헬스클럽에서는 모두 수입 헬스 기구를 사용합니다. 예를 들어 러닝 머신, 유산소 자전거, 스테퍼 등이 있습니다. 게다가 큰 규모의 연습실에는 많은 프로그램이 있습니다. 또한 샤워실, 사우나실, 휴게실 등이 갖추어져 있습니다.

처음 헬스장에 갔던 날을 기억해보면 다른 사람이 헬스하는 것을 보면서 스스로는 바보처럼 아무것도 못했습니다. 그저 다른 사람이 하는 것을 그대로 따라 했습니다. 둘째 날에 트레이너의 설명에 따라 간단한 동작을 연습했습니다. 후에 나는 매일 헬스를 하며 반 년을 지속했습니다. 지금 나는 10kg 정도를 감량했고 몸매도 좋아졌습니다. 게다가 건강해진 것을 느꼈습니다. 몸에 근육이 생겼거든요. 하하!

해설 헬스클럽의 환경에 대해 말하는 문제입니다. 헬스클럽의 규모와 구비된 기구들, 부대 시설 등을 설명하고 처음 갔던 첫째 날, 둘째 날의 상황과 변화된 모습 등을 순서대로 설명해주면 됩니다.

规模 guīmò	규모	器材 qìcái	기구
跑步机 pǎobùjī	런닝머신	有氧自行车 yǒuyǎngzìxíngchē	유산소 자전거
踏步机 tàbùjī	스테퍼	桑拿 sāngná	사우나
傻子 shǎzi	바보	苗条 miáotiao	(여성의 몸매) 날씬하다
肌肉 jīròu	근육		

1-3. 你从什么时候开始对健身房感兴趣?

당신은 언제부터 헬스클럽에 흥미를 가지게 되었습니까?

브레인스토밍

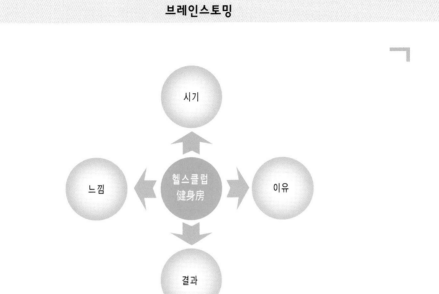

답변하기

예시 我是一名公司职员，一天到晚忙着工作。原来我的日常生活就是每天晚上7点钟下班，回家吃完晚饭，然后坐在沙发上看电视，看电视看累了就去睡觉。这样过了几个月身体有点不对劲儿。同事们都说我胖了很多，而且平时很容易累。我觉得我应该去健身房锻炼身体了，要不然我的身体会越来越糟。后来，我每个星期都去健身房锻炼。每次去练一个小时左右。半年以后，我减了10公斤。

现在我越来越喜欢去锻炼了。不但对身体好，而且心情也越来越好了。

나는 회사 직원입니다. 하루 종일 바쁘게 일을 합니다. 원래 나의 일상 생활은 저녁 7시면 퇴근을 하고 집에서 저녁을 먹은 후 소파에서 TV를 보다 지치면 잠을 자러 갑니다. 이렇게 몇 달이 지나자 몸이 조금 이상해졌습니다. 동료들이 나에게 살이 많이 쪘다고 하고 평상시 쉽게 피곤해졌습니다. 나는 헬스클럽에 가서 몸을 단련해야 한다고 생각했습니다. 그렇지 않으면 내 몸이 점점 엉망이 될 것입니다. 후에 나는 매주 헬스클럽에 가서 한 시간 정도 운동을 했습니다. 반 년 후 10kg이 줄었습니다. 지금 나는 점점 헬스하러 가는 것이 좋아집니다. 몸에 좋을 뿐만 아니라 기분도 점점 좋아집니다.

해설 이 문제는 헬스클럽에 흥미를 가지게 된 계기가 될 만한 사건을 들어 설명하는 것이 좋습니다. 사건 발생 시간과 내용을 설명하고 현재의 상황 설명을 결론 부분에 추가하면 좋습니다.

어휘&표현

不对劲儿 búduìjìnr	정상이 아니다, 심상치 않다	**胖了很多** pàngle hěnduō	많이 뚱뚱해졌다
형용사+**了很多**	많이 ～해졌다	**要不然** yàoburán	그렇지 않으면
糟 zāo	약하다, 잘못되다	**对身体好** duì shēntǐ hǎo	몸에 좋다

step 5 연습 활동

오늘 배운 내용을 문제를 통해 확인해보는 시간입니다.

01 다음 문장 중 맞으면 ○, 틀리면 X를 하고 바르게 고치세요.

(1) 这是通常的处理办法。

모범답안 ┃ ○ : 이것은 통상적인 처리 방법이다.

(2) 幸亏你提醒了我，才忘了带钱。

모범답안 ┃ X : 다행히 네가 나를 일깨워줬기에 망정이지 그렇지 않았으면 돈 가져 오는 것을 잊어버렸을 것이다.
　　　　　 '다행히 ~했기에 망정이지, 그렇지 않으면 ~했다'는 幸亏 …要不… 형식을 사용해 幸亏你提醒了我,
　　　　　 要不我就忘了带钱 로 고쳐야 합니다.

(3) 我去送你吧。

모범답안 ┃ X : 내가 당신을 배웅하지요.
　　　　　 '내가 가서 너를 배웅하겠다'는 뜻으로 배웅의 의미와 맞지 않으므로 손님이 가는 것을 배웅한다는 것은
　　　　　 我送你吧 라고 해야 합니다.

(4) 希望你以后往往来我家。

모범답안 ┃ X : 앞으로 자주 우리 집에 오기를 바랍니다.
　　　　　 希望你以后往往来我家(?)
　　　　　 往往은 미래 시제에 사용할 수 없으므로 希望你以后常常来我家。 라고 해야 합니다.

(5) 从这儿到公司至少得走三十分钟。

모범답안 ┃ ○ : 이곳에서 회사까지는 30분 걸어야 한다.

02 다음 단어와 의미가 맞는 것을 연결하세요.

1. 各种各样   a. 무사하다
2. 自然而然   b. 각양각색
3. 雪中送炭   c. 자연히
4. 安然无恙   d. 다른 사람이 급할 때 도와주다

모범답안 1-b 各种各样 gèzhǒnggèyàng 각양각색   2-c 自然而然 zìránérrán 자연히, 저절로
3-d 雪中送炭 xuězhōngsòngtàn 눈속에 탄을 보내다, 다름 사람이 급할 때 도와주다
4-a 安然无恙 ānránwúyàng 무사하다, 평온하다

03 다음 단어의 뜻을 쓰세요.

1. 公共汽车 _____

모범답안 1. 버스 gōnggòngqìchē = 公交车

2. 地铁 _____

모범답안 지하철 dìtiě 地下铁道의 줄임말

3. 出租车 _____

모범답안 택시 chūzūchē = 打车 = 打的(dī)

4. 私家车 _____

모범답안 자가용 차 sījiāchē

5. 搭乘 _____

모범답안 탑승하다 dāchéng

6. 停车 _____

모범답안 차를 세우다 tíngchē

7. 拥挤 _____

모범답안 붐비다 yōngjǐ

8. 高峰时间 _____

모범답안 러시아워 gāofēngshíjiān

9. 堵车 _____

모범답안 차가 막히다 dǔchē = 塞车

10. 让座 _____

모범답안 자리를 양보하다 ràngzuò

step 6 학습 요약

아래 요약된 내용을 다시 한 번 숙지하세요.

1 콤보 유형 숙지하기

- 콤보 문제 유형을 파악하고 답변 형태를 숙지하세요.
- 중복해서 나오는 문제 유형에도 당황하지 않고 유연하게 대처할 수 있는 능력을 키우세요.

2 학습한 답변을 참고해 자신만의 답변 만들기

- 학습한 유형을 분석하고 모범 답변을 참고하여 여러분의 예상 답변을 만들어보세요.
- 콤보 형태가 될 수 있는 여러 상황을 예측해보고 상황에 맞는 스토리를 만들어보세요.

OPIc 중국어에 대한 궁금증을 시원하게 풀어드립니다.

 OPIc 중국어 시험 준비를 위한 학습요령은 무엇인가요?

OPIc 시험은 말하기 능력 평가 시험입니다. 주어진 질문에 대해서 정확한 답변을 논리적으로 표현해야 합니다. 그러기 위해서는 여러분의 주위에서 발생할 수 있는 일상 생활과 관련된 내용을 꾸준히 연습하는 것이 중요합니다. 여러분의 하루 일과를 중국어로 말해보는 것부터 시작해보는 것은 어떨까요? 여러분의 회사 혹은 학교에서의 하루 생활은 어떤가요? 여러분의 기억에 남는 특별한 경험이나 인물이 있나요? 이렇게 여러분 주위의 인물이나 사건 등을 평소 주의 깊게 관찰하세요. 친구와 대화를 나누듯 조급해 하지 마시고 기초적인 표현부터 한 문장 한 문장씩 만들어 보세요. 단어에서 구로 구에서 문장으로 조금씩 확장 연습을 통해 여러분의 표현하고자 하는 내용을 정확한 구성으로 만드는 연습을 꾸준하게 하는 것이 중요한 학습 요령입니다.

Actual Test

请介绍一下你自己。
자기소개를 해주세요.

모범 답안

我来介绍一下自己。我叫李东建。今年三十一岁。个子不高不矮，中等身材。我在一家通讯公司的购买部工作，每天要跟客户见面。虽然工作偶尔会让我有一些压力，但是我很喜欢我的工作。

我是活泼开朗的人，喜欢跟人打交道。所以很多朋友都喜欢跟我在一起。当然我的客户也很喜欢跟我见面。我的爱好是听音乐。不管是古典音乐还是流行音乐都喜欢。我还喜欢买音乐CD，在房间里到处都是音乐CD，最近我又买了几张。现在我跟父母住在一起。他们是我生命中最宝贵的财富。

자기소개를 하겠습니다. 저는 이동건이라고 합니다. 올해 31살입니다. 키는 적당하고 중간 정도의 몸매를 가지고 있습니다. 저는 통신 회사의 구매팀에 근무합니다. 매일 고객과 만나야 합니다. 비록 일 때문에 가끔 스트레스를 받지만 저는 제 일을 좋아합니다.

저는 활발하고 명랑한 사람입니다. 사람들과 교류하는 것을 좋아합니다. 그래서 많은 친구들이 나와 함께 하는 것을 좋아합니다. 물론 고객들도 저와 만나는 것을 좋아합니다. 저의 취미는 음악을 듣는 것입니다. 클래식이건 유행 음악이건 상관없이 모두 좋아합니다. 저는 음악 CD 구입하는 것을 좋아합니다. 방안 여기저기가 음악 CD입니다. 최근 또 몇 장을 구입했습니다. 현재 저는 부모님과 함께 삽니다. 그들은 제 삶의 가장 중요한 보물입니다.

해설   자기소개입니다. 이름과 나이, 신체적 특징, 취미, 직업, 가족 관계들을 간단하게 소개해주면 됩니다.

어휘 & 표현

流行音乐 liúxíngyīnyuè 유행 음악   到处 dàochù 도처, 곳곳

Q 02 **请你介绍你家，每个成员的职责是什么？**
당신 집을 소개해주세요. 각 가족의 역할은 무엇입니까?

모범 답안

我家有四口人。爸爸，妈妈，妹妹和我。爸爸是公司职员，妈妈是家庭主妇。爸爸是我们家的"领导"，大事儿小事儿都是爸爸说了算。妈妈呢，性格特别温柔，是典型的贤妻良母。她每天都为我们全家的饮食起居操心。每天早上起床，桌子上都会摆好了她为我们准备的早餐。而晚上回家时，妈妈已做好了可口的饭菜等着我们。下班回家后我们一般都要说说单位或学校里有趣的事情，每当这时，爸爸妈妈总是笑眯眯地坐在沙发上倾听，幸福的笑着。下面我来介绍一下儿我们姐妹俩吧。我妹妹的性格与妈妈正好相反，她说话做事很快，一点儿也没有耐心。还有一年她就要大学毕业了。我是公司职员。虽然有时工作比较累，但是一看到家人就很幸福。我们的家就是这么一个既充满欢乐又洋溢着和睦气氛的家庭，我永远爱我的家人。

우리 집은 네 식구입니다. 아빠, 엄마, 여동생과 나입니다. 아빠는 회사원이시고 엄마는 가정주부이십니다.

아빠는 우리 집의 리더입니다. 큰 일이건 작은 일이건 모두 아버지가 말씀하시는 대로 합니다. 엄마는 성격이 굉장히 온화하십니다. 전형적인 현모양처이시지요. 엄마는 매일 우리 가족의 먹을 것과 일상 생활을 위해 마음을 쓰십니다.

매일 아침 일어나면 탁자 위에는 엄마기 우리를 위해 준비한 아침 식사가 차려져 있습니다. 그리고 저녁에는 맛있는 음식을 해놓고 우리를 기다리십니다. 퇴근 후 우리 가족들은 보통 회사나 학교에서 있었던 재미난 일들을 이야기합니다. 이때마다 아버지 어머니는 늘 미소를 띠고 소파에 앉아 주의 깊게 들으며 행복하게 웃고 계십니다.

이제 저와 여동생을 소개하겠습니다. 제 여동생은 저와 성격이 반대인데 말도 빠르고 인내심도 없습니다. 1년 후면 대학을 졸업합니다. 저는 회사원입니다. 비록 일이 조금 고되기는 하지만 우리 가족을 보면 행복해집니다. 우리 집은 이렇게 기쁨이 충만하고 화목한 분위기가 넘치는 가정입니다. 나는 영원히 나의 가족을 사랑합니다.

해설   가족 구성원을 소개하는 내용입니다. 먼저, 가족 구성원을 소개하고 나서 각 구성원의 역할을 자세히 설명해주세요. 마지막으로 가정의 분위기나 가족에 대한 감정 등을 말해주면 좋습니다.

어휘 & 표현

家庭主妇 jiātíngzhǔfù 가정주부
贤妻良母 xiánqīliángmǔ 현모양처
操心 cāoxīn 마음을 쓰다
倾听 qīngtīng 경청하다, 주의깊게 듣다
洋溢 yángyì 가득 넘치다, 충만하다

温柔 wēnróu 온화하다, 온유하다
饮食起居 yǐnshíqǐjū 의식주 생활
笑眯眯(的) xiàomīmī(de) 빙그레 웃는 모양
充满欢乐 chōngmǎnhuānlè 즐거움이 넘치다
和睦气氛 hémùqìfēn 화목한 분위기

03 请说一说小时候的一次经历，就是家人让你做，但是你却没做的事，是什么事，为什么没做，结果怎么样？

가족이 당신에게 하도록 했으나 하지 않았던 어릴 적 경험을 말해주세요. 어떤 일인가요? 왜 하지 않았나요? 결과가 어땠나요?

모범답안

我记得小时候，爸爸妈妈每天出去上班，我总是一个人呆在家里。因为寂寞，所以每天都去找邻居的小朋友玩儿。但是有一天，因为一些小事儿，我跟邻居小朋友吵了一架，就把她家的花盆故意摔碎了。回到家以后我很害怕，就跟妈妈说了这件事儿。妈妈很生气，但是没有打我骂我，而是耐心地教导我，第二天一定要去跟邻居阿姨说明真相，然后道歉！我随口答应了，但是第二天因为我没有勇气承认，所以没有去。晚上妈妈问我的时候，我支支吾吾没有说清楚。第三天，妈妈带我逛花市，买了一盆黄色的向日葵，我非常喜欢。但是回家的路上，妈妈带我去了邻居阿姨家，妈妈说明了来意，然后就让我把花送给她们，我当时心情很不好，那是我喜欢的啊！但是妈妈还是把它送给了阿姨，而且亲自向他们道歉了。

回家的路上妈妈说"如果我喜欢的花被人摔坏了是什么心情，其实别人也是一样，要多为别人想，不能那么自私，而且做错事一定要道歉，不能说谎。"从此以后我明白了很多道理，也更爱妈妈了。

내가 기억하기로 아빠, 엄마기 매일 출근을 하셔서 나는 늘 혼자 집에 있었습니다. 외로워서 매일 옆집 친구 집에 놀러 가곤 했습니다. 그런데 어느 날 작은 일 때문에 나와 옆집 친구가 싸움을 해서 나는 그 친구 집의 화분을 고의적으로 깨버렸습니다. 집으로 돌아올 때 나는 매우 무서웠습니다. 엄마는 매우 화가 나셨지만 나를 혼내지 않으셨고 오히려 참으시며 둘째 날 반드시 이웃집에 가서 아주머니에게 사실을 말하고 사과 드리라고 가르치셨습니다.

저는 얼떨결에 대답했습니다. 그러나 다음 날 저는 그 일을 인정할 용기가 나지 않아서 가지 않았습니다. 저녁에 엄마가 돌아와서 물으셨을 때 나는 우물거리며 정확히 대답하지 못했습니다. 셋째 날 엄마는 나를 데리고 꽃 시장에 가서 노란색 해바라기 화분을 샀습니다. 나는 매우 좋아했습니다. 집으로 오는 길에 엄마는 나를 데리고 이웃집 아주머니에게 가서 온 이유를 말하고 나로 하여금 화분을 드리게 했습니다. 당시 나는 기분이 매우 좋지 않았습니다. 그 해바라기는 내가 좋아하는 것인데… 그러나 엄마는 그 화분을 아주머니에게 드렸고 직접 사과를 했습니다.

집으로 돌아오는 길에 엄마는 말했습니다. 만약 "네가 좋아하는 화분을 누군가 깼다면 기분이 어떻겠니? 사실 다른 사람도 마찬가지란다. 다른 사람을 더 생각하고 이기적이어서는 안 된단다. 그리고 잘못한 일이 있다면 반드시 사과를 하고 거짓말 하지 말거라." 그 후로 저는 많은 이치를 깨닫게 되었습니다. 그리고 엄마를 더 사랑하게 되었습니다.

해설 어릴 적 경험을 서술하는 문제입니다. 경험을 나타내는 문장은 무엇보다도 생생한 재현이 중요합니다! 서론에서는 사건을 제기하고 본론에서 사건에 대해 묘사(대화법이나 심리 묘사를 통한 묘사법이 좋습니다.)하면서 자세히 설명을 했고, 결론에서 사건을 통한 깨달음 등을 말해주면 됩니다.

어휘 & 표현

寂寞 jìmò 적막하다, 쓸쓸하다 　　　　摔 shuāi 넘어지다, 떨어지다, 깨뜨리다 　　　　教导 jiàodǎo 가르치다, 지도하다

勇气 yǒngqì 용기 　　　　承认 chéngrèn 승인하다, 시인하다 　　　　支吾 zhīzwú(wu) 얼버무리다

向日葵 xiàngrìkuí 해바라기 　　　　阿姨 āyí 아주머니 　　　　道歉 dàoqiàn 사과하다

说谎 shuōhuǎng 거짓말하다 　　　　随口答应 suíkǒudāying 얼떨결에(아무 생각 없이) 대답하다[승낙하다]

Q 04 你周末的时候干什么？看电视？还是睡觉？情说一说你的周末生活。

당신의 주말은 어떤가요? TV를 보나요? 아니면 잠을 자나요? 당신의 주말 생활을 말해주세요.

모범답안

我们公司实行双休日， 所以周末的时候可以好好的休息。比起单休日和无休日的同事们来说，我已经很幸福了不是吗？

其实工作时间长了, 就会觉得工作越来越辛苦, 有时候不想上班。所以在周末要好好儿的计划一下儿。周末像是我的第二空间, 在这个空间里面我做着不同的事情, 遇到不同的人们, 享受着不同的地位, 身份跟成绩。我的周末安排得很充实。有时间的话我会好好地研究我喜爱的中医, 哲学史或者是心理学, 如果不想看书就去学习爵士舞, 打网球, 学习法语等等。我想因为我的周末很快乐, 而且可以做自己想做的事, 所以我的心情变得很好。平时的工作也越来越顺利, 大概这就是周末生活带给我的改变, 让我积极的面对生活, 用乐观的态度工作。

우리 회사는 주5일 근무제를 실행합니다. 그래서 주말에는 푹 쉴 수 있습니다. 하루만 쉬거나 쉬지 않는 친구들에 비하면 저는 이미 행복한 사람 아닌가요? 사실 일을 오래 하다 보면 점점 고생스럽고 어떤 때는 출근하기 싫을 때도 있습니다. 그래서 주말에는 좀 더 풍부한 생활을 하기 위해 계획을 잘 세워야 합니다. 주말은 나에게 제2의 공간과 같습니다. 이 공간에서 다른 일을 하고 다른 사람을 만나고 다른 위치와 신분, 성취감을 맛봅니다. 그래서 나의 주말을 굉장히 충실하게 계획합니다. 시간이 있다면 제가 좋아하는 중의학이나 철학 혹은 심리학을 연구하기도 하고 책을 보고 싶지 않으면 재즈댄스, 테니스, 프랑스어 등을 배웁니다. 저의 주말은 매우 즐겁고 제가 하고 싶은 것을 하기 때문에 기분이 매우 좋아진다고 생각합니다. 평상시의 업무도 매우 순조롭습니다. 대략 이런 것들이 주말생활이 저에게 가져다 준 변화입니다. 내가 적극적으로 생활하고 낙관적인 태도로 일하게 해줍니다.

해설 하루 일과를 설명하는 것입니다. 서론에서 주말을 잘 보내야 하는 이유를 설명하고 본론에서는 구체적인 주말 생활을 설명합니다. 결론에서는 주말 생활이 평소 생활에 어떤 영향을 미치는지 등을 설명하면 좋습니다.

어휘 & 표현

双休日 shuāngxiūrì 이틀 연휴(주5일 근무제에서의 연휴)　第二空间 dìèrkōngjiān 제2의 공간
充实 chōngshí 충실하다, 풍부하다　研究 yánjiū 연구(하다)
爵士舞 juéshìwǔ 재즈댄스　积极 jījí 적극적이다
面对 miànduì 마주보다, 직면하다　乐观的态度 lèguān de tàidu 낙관적 태도

Q 05 你有没有参加学习班的经历。请介绍一下。

당신은 학원에 다닌 경험이 있나요. 소개해주세요.

모범답안

最近在韩国学汉语的人越来越多。许多公司招聘职员时，都要求会说汉语。所以我找了一个汉语补习班去上课。开始学汉语的时候，发音很差，声调也不准，什么也不懂。可是在老师的帮助下，我每天练习发音和声调。上课时老师指出我发的不对的音并告诉我纠正的方法,下课后我一定要把学过的内容都复习好。

过了一段时间，我的发音和声调就有了明显的进步。我的口语水平也有了较大的进步。

我觉得虽然学外语是挺难的,但是从中能得到成功的喜悦。我还会继续努力学习汉语的。

요즘 한국에는 중국어를 배우는 사람이 점점 많아지고 있습니다. 많은 회사가 직원을 채용할 때 중국어를 요구합니다. 그래서 저는 중국어 학원을 찾아 수업을 들었습니다. 학습할 때 발음도 엉망이고 성조도 정확하지 않았으며 아무것도 이해할 수 없었습니다. 그러나 선생님의 도움을 받으며 매일 발음과 성조를 연습했습니다. 수업 시간에 선생님은 잘못된 발음을 지적하고 교정방법을 알려주셨고 수업 후 저는 반드시 배웠던 내용을 복습했습니다.

어느 정도 시간이 지나자 제 발음과 성조는 눈에 띄게 좋아졌고 말하기 실력도 어느 정도의 발전이 있었습니다.

비록 외국어는 배우기 매우 어렵지만 그 속에서 성공의 기쁨을 느낄 수 있다고 생각합니다.

저는 계속해서 열심히 중국어를 공부할 겁니다.

해설 특정 경험을 묻는 문제입니다. 학원에서의 학습 경험을 말하면 되는데 학습 과목, 수업 내용, 학원을 다니면서 어려웠던 점과 극복 방법, 결과 등을 차례로 말해주면 됩니다.

어휘 & 표현

发音很差 fāyīnhěnchà 발음이 매우 뒤떨어지다

在…的帮助下 zài …de bāngzhùxià …의 도움하에

纠正 jiūzhèng (방법, 행동 등을) 교정하다, 바로잡다

声调不准 shēngdiào bùzhǔn 성조가 정확하지 않다

指出 zhǐchū 지적하다, 가리키다

明显 míngxiǎn 뚜렷하다, 분명히 드러나다

Q 06 你有没有不得不缺课？请你讲一讲缺课时的情况，为什么，结果怎么样？

당신은 결석을 한 경험이 있나요? 결석한 상황을 말해주세요. 왜인가요? 결과가 어땠나요?

我 是一个比较准时的人。所以从小学到现在一次也没有缺过课。而且我一直健康的很，也从来没有因为生病而缺课的经历。可是上个星期，却发生了意外。

那天早上我跟平时一样早上8点出门，然后走到地铁站等地铁。可是我等了好久地铁却没有来。人们都很纳闷到底是因为什么原因？忽然听广播说上个车站有一辆车发生了故障。下一辆至少还要等二十分钟，但是我却等不了了。再晚一点儿我就要迟到了。

我急急忙忙地从地铁站里出来，打算做公共汽车，车站就在地铁站的对面。因为着急我忘了看红绿灯就直接跑过去，突然，我被一辆车撞倒了……醒过来的时候我在医院里的急诊室里，还好伤得不那么严重。但是我的腿骨折了。听医生说要住一个月的院。我给老师打电话说明了具体的情况。因为休息一个月，所以上课的内容只能让同学来教我。哎！我怎么这么着急呢？不管时间多急都应该遵守交通规则呀！

从那以后我就有了一个好习惯。就是每天早早儿地出来，即使遇到意外也不会再着急慌张了！

저는 비교적 시간을 잘 지키는 사람입니다. 그래서 초등학교 때부터 한 번도 결석을 한 적이 없습니다. 게다가 아주 건강해서 몸이 아파 결석한 적도 한 번도 없습니다. 그런데 지난 주 의외의 일이 발생했습니다.

그날 아침 저는 평상시처럼 8시에 나와서 지하철역에서 지하철을 기다리고 있었습니다. 그런데 한참을 기다려도 전철이 오지 않았습니다. 사람들은 도대체 왜 안 오는지 답답해하고 있었는데 갑자기 방송에서 전 정거장에서 사고가 발생해 적어도 20분을 기다려야 한다고 했습니다. 저는 기다릴 수 없었습니다. 조금 더 늦으면 지각하기 때문이죠.

저는 급하게 지하철역에서 나와 버스를 타려고 했습니다. 버스 정류장은 지하철역 맞은편(건너편)에 있습니다. 저는 너무 조급해 신호등 보는 것을 잊고 뛰어 건너가다 차에 부딪치고 말았습니다. … 깨어났을 때는 병원 응급실이었습니다. 다행히 심하게 다치지는 않았지만 다리가 골절상을 입었습니다. 저는 선생님께 전화해 구체적 상황을 설명했습니다. 한 달을 쉬어야 해서 수업 내용은 같은 반 친구에게 가서 가르쳐달라고 했습니다. 왜 그리 급했을까요? 무슨 일이 있어도 교통규칙은 지켜야 하는데 말이죠. 그 후로 저는 좋은 습관이 하나 생겼는데 바로 매일매일 일찍 나오고 설령 어떤 예상 밖의 일이 생겨도 허둥대지 않을 것입니다.

해설 학교에 결석을 하게 됐던 경험을 이야기하는 문제입니다. 한 사건을 들어 그 사건이 발생한 장소, 시간 등 구체적으로 사건을 설명하고 사건으로 인한 결과를 말해 줍니다. 마지막으로 사건을 통한 이해나 깨달음 등을 말해주면 좋습니다.

어휘 & 표현

缺课 quēkè 결석하다　　从来没…过 cóngláiméi ~guo 이때까지 ~해본 적이 없다　　却 què 도리어, 오히려
发生 fāshēng 발생하다, 생기다　　意外 yìwài 의외이다. 예상 밖이다　　纳闷 nàmèn 답답하다
到底 dàodǐ 도대체 (의문문에 쓰임), 마침내　　迟到 chídào 지각하다　　急诊室 jízhěnshì 응급실
腿 tuǐ 다리　　交通规则 jiāotōngguīzé 교통 규칙　　着急 zháojí 조급해하다
急急忙忙 jíjímángmáng 급하다, 바쁘다　　慌张 huāngzhāng 당황하다, 안절부절 못하다
撞倒 zhuàngdǎo 부딪쳐 넘어지다(넘어뜨리다)　　严重 yánzhòng (문제)심각하다, (병세)위독하다

07 **你常常给谁打电话？多长时间打一次？说些什么？**

당신은 누구에게 자주 전화를 거나요? 얼마 만에 한 번 거나요? 무엇을 말합니까?

**모범
답안**

我平时工作比较忙，所以业余时间很想好好儿休息一下儿，但要是没那么忙得话，一有时间就想给好朋友发个短信，或者打个电话聊聊天儿。我最好的朋友是我的大学同学，我们互相了解，但是却在不同的城市上班。如果我有什么烦恼或者开心的事儿，我就打电话跟她说说。因为平时我们都比较忙，所以每个星期大概只打一两次电话，一般周末的时候我们会互相聊一聊我们工作和生活。有时候工作上有一些压力不能和父母说，因为害怕他们担心我。这时候她就会劝我，让我的心情变好。而有时候有高兴的事儿，也要跟她打电话，很想让她分享我的快乐。希望我们以后常常见面，那时候就不用总打长途电话了。

평상시 일이 바쁜 편이라 업무 외 시간에는 푹 쉬려고 합니다. 만약 그렇게 바쁘지 않다면 시간이 날 때 친구에게 메시지를 하거나 전화를 걸어 수다를 떱니다. 나의 가장 친한 친구는 대학 동창인데 서로 친하기는 하지만 서로 다른 도시에서 근무하고 있습니다. 그래서 무슨 고민이 있거나 즐거운 일이 있을 때면 그녀에게 전화를 걸어 말하고는 합니다. 평소에는 바쁘니 일주일에 한두 번 정도 전화를 합니다. 주말에는 전화를 걸어 일이나 생활상의 일들을 이야기합니다. 어떤 때는 부모님이 걱정하실까 봐 말씀 드릴 수 없는 업무상의 스트레스 등을 이야기하는데 그녀는 나에게 충고도 해주고 내 마음을 좋게 해 줍니다. 그리고 기쁜 일이 있을 때도 그녀에게 전화를 걸어 그녀와 기쁨을 나누곤 합니다. 우리가 앞으로 자주 만나기를 바라고 그러면 장거리 전화는 필요 없겠지요.

해설 비교적 간단한 문제입니다. 전화를 하는 대상과 빈도수 전화 내용 등을 설명하면 됩니다.

어휘 & 표현

业余时间 yèyúshíjiān 여가 시간

劝 quàn 권하다, 충고하다

长途电话 chángtúdiànhuà 장거리 전화

害怕 hàipà 두려워하다, 무서워하다

分享 fēnxiǎng (행복, 기쁨 등) 함께 나누다(누리다)

Q 08

你的国家的人喜欢去旅游吗？喜欢去国内旅游还是国外旅游？

당신 국가의 사람들은 여행을 좋아하나요? 국내 여행을 좋아합니까? 국외 여행을 좋아합니까?

모범답안

随着社会的发展，人们生活水平的提高，大家不但追求物质生活的享受，更追求高质量的精神生活。

周末的时候有很多人趁着周末驾车到离家不远的郊区去游玩儿。去山明水秀的山区或风景宜人的海滨放松散心，并品尝当地的特色小吃。

如果自由时间比较多，假期比较长的话，人们就去国外旅游。有些人去游览名胜古迹或民俗地区，体会当地的民俗文化。还有些人去现代化的大都市，感受现代文明的巧夺天工，顺便可以疯狂地购物。

无论是国内还是国外都是非常有意义的，都会开阔我们的视野，丰富我们的人生经历，能够让我们更加积极地面对每一天的生活。

사회가 발전하고 사람들의 생활수준이 향상됨에 따라 모두가 물질적 생활의 향유를 추구할 뿐만 아니라 높은 수준의 정신적 생활을 더욱 추구합니다.

주말이면 사람들은 차를 타고 집에서 멀지 않은 교외로 여행을 갑니다. 산 좋고 물 맑은 경치가 아름다운 해변가에서 기분을 전환합니다. 또한 현지의 특산품을 맛보기도 합니다.

만약 자유 시간이 많고 휴식 기간이 길다면 해외로 여행을 갑니다. 어떤 사람들은 명승 고적지에 가 현지 민속 문화를 체험하기도 합니다. 또 어떤 사람들은 현대화된 대도시로 가 현대 문명의 기술을 느끼기도 하고 그 김에 미친 듯이 쇼핑을 하기도 합니다.

국내이건 국외이건 모두 의미가 있습니다. 모두 시야를 넓힐 것이며 우리의 인생 경험을 풍부하게 해줄 뿐 아니라 우리로 하여금 매일의 생활에 적극적으로 대처하게 해줍니다.

해설 해당 국가의 여행 방식에 대한 질문입니다. 문제를 언급하고 방식에 대한 설명을 자세하게 설명합니다. 마지막으로 내용에 대한 총괄이나 견해 등을 제시해 마무리하면 됩니다.

어휘 & 표현

山明水秀 shānmíngshuǐxiù 산 좋고 물 맑다

品尝 pǐncháng 맛보다

风景宜人 fēngjǐngyìrén 경치가 마음에 들다

巧夺天工 qiǎoduótiāngōng 인공적인 것이 천연적인 것보다 낫다.

Q **09** 请介绍一下你国家的旅游景点。在哪儿？有什么特点？

당신 국가의 여행 관광지를 소개해주세요. 어디인가요? 어떤 특징이 있습니까?

모범 답안 如果说我们国家哪个地方的风景最让人难忘，那一定是济州岛。

济州岛位于韩国南端，异国色彩的自然景色和多种特色景点吸引了很多国内外游客，而且全年温暖的气候也很适合旅游。这座岛以汉拿山为中心，四面都是海，多种奇石，还有瀑布等等。汉拿山有多种特色的动植物，山中四季分明，一天中同时可以看到春夏秋冬四个季节，让人感受奇妙的季节变化。

而且在岛上到处可以见到各种各样的岩石雕像，韩国人叫它"多尔哈鲁帮"。石像其实是用黑色的岩石雕刻成的人像，过去人们把它当成保护家乡的守护神。

济州岛南边有特色的观光游乐区。那里不但有各种美丽的自然风光，而且还为游客准备了各种娱乐项目，如：打高尔夫球、钓鱼、划船、游泳、潜水、打猎等等。让游客度过难忘的美好时光。

济州岛不但是韩国最大的岛，而且也是最受欢迎的岛。如果有时间，一定要来韩国感受一下儿济州岛的魅力。

우리나라의 여행지를 소개하라면 그것은 제주도입니다.

제주도는 한국의 남단에 있는데 이국적인 자연 환경과 여러 가지 특색 있는 여행지가 국내외 여행객들을 사로잡고 있습니다. 한라산을 중심으로 사면이 바다이고 기이한 석굴이나 폭포 등이 있습니다. 한라산은 여러 종류의 특색 있는 동식물이 있습니다. 사계절이 뚜렷해서 하루에 봄, 여름, 가을, 겨울을 모두 볼 수 있습니다. 매우 미묘한 계절의 변화를 느낄 수 있습니다.

또한 섬에는 여러 가지 석상이 있는데 한국인은 이것을 돌하르방이라고 합니다. 석상은 검은색 돌을 조각해 만든 사람의 형상을 하고 있습니다. 과거 사람들은 이것을 마을을 지키는 수호신이라 했습니다.

제주도 남단에는 특색 있는 관광단지가 있습니다. 여러 가지 아름다운 자연 풍경뿐만 아니라 여행객들을 위해 골프, 낚시, 잠수, 사냥 등의 오락 프로그램을 준비해 여행객들이 좋은 시간을 보내도록 하고 있습니다.

제주도는 한국에서 가장 큰 섬일 뿐 아니라 가장 인기 있는 섬입니다. 만약 시간이 있다면 반드시 한국에 와서 제주도의 매력을 느껴보세요.

해설 여행지를 소개하는 내용입니다. 여행지의 위치와 특징을 들어 설명합니다. 제주도의 위치, 풍경, 기후 등의 특징을 설명했습니다. 한라산과 제주 남단 관광지를 소개한 내용입니다.

어휘 & 표현

济州岛 Jìzhōudǎo 제주도　　　　　　　　　　　异国色彩 yìguósècǎi 이국적 색채

吸引 xīyǐn 흡입하다, 끌다, 매료시키다　　　　温暖 wēnnuǎn 따뜻하다, 따뜻하게 하다

汉拿山 Hànnáshān 한라산　　　　　　　　　瀑布 pùbù 폭포

动植物 dòngzhíwù 동식물　　　　　　　　　四季分明 sìjìfēnmíng 사계절이 뚜렷하다

奇妙 qímiào (흥미를 갖게 하는 사물)신기하다　　岩石雕像 yánshídiāoxiàng 석상

多尔哈鲁帮 Duōěrhālǔbāng 돌하르방　　　雕刻 diāokè 조각(하다)

守护神 shǒuhùshén 수호신　　　　　　　　娱乐项目 yúlèxiàngmù 오락 프로그램

潜水 qiánshuǐ 잠수하다

Q 10 调查中表明你是公司职员。那么你们公司叫什么？在哪儿？做什么工作？请你介绍一下你们的公司。

조사에서 당신은 회사원이라고 말하였습니다. 그러면 당신의 회사 이름은 무엇입니까? 어디에 있습니까? 무슨 일을 하십니까? 당신의 회사에 대해서 소개해보세요.

 모범답안

我 在钟路的一家学院工作，我们学院叫DB。DB公司成立于2001年，现在已经发展成了一家专业的外语学院。

不仅有很多语言培训课程，还有特色的文化兴趣班等等，而且现在正在计划教育研究，图书杂志出版，DB在线教育等几个方面的发展。

我们按照教育至上，以人为本的教育方式，在韩国有很好的口碑，现在我们公司正在准备一个新的计划，就是准备在美国上市，我相信在我们的努力之下，DB一定会有更好的发展。

저는 종로의 한 학원에서 근무합니다. 우리 학원은 DB라고 합니다. 회사는 2001년에 창립되었고 현재 이미 외국어 전문 학원으로 발전하였습니다.

학원에는 여러 언어 과정이 있을 뿐만 아니라 특색 있는 문화 취미반 등이 있습니다. 게다가 현재 교육 연구와 도서 출판, 온라인 강의 등 여러 방면의 발전을 계획하고 있습니다.

우리는 교육 최고를 지향하며 인간 제일의 교육 방식으로 한국에서 좋은 대중적 이미지를 가지고 있습니다. 현재 우리 회사는 새로운 프로젝트를 준비하고 있는데 바로 미국에 진출하는 것입니다. 우리의 노력으로 DB가 더욱 더 발전할 것이라고 믿습니다.

해설 회사 소개입니다. 회사명, 업종, 업무 내용을 소개하는 것 이외에도 회사의 발전 방향을 설명해주어 좋은 이미지를 부각시키는 것도 하나의 좋은 답변 방법입니다.

어휘 & 표현

专业 zhuānyè 전공, 전문적인 업무
在线教育 zàixiànjiàoyù 온라인교육
上市 shàngshì 출시(出市)되다.

培训 péixùn 훈련, 양성하다
以人为本 yǐrénwéiběn 사람을 근본으로 삼다
不仅…而且 bùjǐn ~éuqiě …일뿐만 아니라 ~이기도 하다 = 不但 … 而且

Q 11 调查中表明你去海外出差。请讲一讲你的出差过程。

조사에서 당신은 해외로 출장을 간다고 했습니다. 당신의 출장 과정을 말해주세요.

모범답안

因为工作的原因，我经常会去出差。平时去机场我坐巴士，偶尔也坐地铁或者出租车。不过坐地铁得换两三次车，太麻烦了。如果坐出租车，要花很多钱。而机场巴士不仅方便快捷而且比较便宜。

到机场以后就去柜台，把机票，身份证等交给工作人员换登机牌。如果有行李，就在那里托运。办完登机手续，然后过安检大厅。通过安检后，在登机口旁边的候机厅等待上飞机。其实在候机厅里有很多免税店，我会买一些礼物，送给我的家人和朋友。然后在登机口附近休息，准备工作上需要的材料和计划，给客户打打电话确认工作事项等等。在广播通知登机以后，我就会拿登机牌排队上飞机。上飞机以后会接着工作。看看资料或者写点儿报告什么的。如果时间比较长，我就休息一会儿。飞机到达后我先办入境手续，然后取行李。出了机场以后一般公司的人会来接我，把我送到饭店。如果没有时间接的话，我就会坐出租车去预定的饭店。

업무상의 이유로 저는 자주 출장을 갑니다. 평소에 공항에 갈 때는 공항 버스를 이용합니다. 가끔 지하철이나 택시를 타기도 하는데 지하철은 두세 번 갈아타야 하고 택시는 많은 돈을 써야 합니다. 공항 버스는 편리할 뿐만 아니라 싼 편입니다.

공항에 도착해 카운터로 가서 비행기 표와 신분증 등을 직원에게 보여주고 티켓을 받습니다. 만약 짐이 있다면 짐을 부칩니다. 탑승 수속을 마치고 안전 검사대를 지납니다. 안전 검사를 통과한 후 게이트 옆의 로비에서 비행기를 기다립니다. 사실 대기실 안에는 많은 면세점이 있어 저는 가족이나 친구에게 줄 선물을 삽니다. 그 다음 게이트 입구에서 비행기를 기다리며 휴식을 취합니다. 이때 고객에게 전화를 걸어 업무 사항에 대해 확인을 하는 등 업무에 필요한 자료와 계획들을 준비합니다. 비행기 탑승 안내가 나오면 게이트에 가서 줄을 서서 탑승합니다. 비행기에 탑승 후에 계속 일을 합니다. 자료를 보거나 보고서를 쓰는 등. 만약 탑승 시간이 길다면 잠깐 휴식을 취합니다. 비행기가 도착하면 입국 수속을 밟고 짐을 찾습니다. 공항에서 나오면 보통 회사 직원이 마중을 나오고 나를 호텔로 데리고 갑니다. 만약 마중 나올 시간이 없을 때에는 내가 직접 택시를 타고 예약된 호텔에 갑니다.

해설 출장 과정을 서술하는 문제입니다. 과정을 설명하는 문장은 시간순서에 따라 설명하는 것이 중요합니다. 집에서 출발해서 공항에 도착하기까지, 공항에서 도착지까지의 탑승 과정이나 활동 내용 등을 설명하면 됩니다.

어휘 & 표현

巴士 bāshì 버스

身份证 shēnfènzhèng 신분증

托运 tuōyùn 탁송하다.

免税店 miǎnshuìdiàn 면세점

广播 guǎngbō 방송하다, (라디오 혹은 텔레비전) 방송

入境手续 rùjìngshǒuxù 입국 수속

快捷 kuàijié 재빠르다, 민첩하다

登机牌 dēngjīpái (비행기)탑승카드

安检 ānjiǎn 보안 검사

事项 shìxiàng 사항

通知 tōngzhī 통지하다, 알리다

Q 12 我在ELL公司工作，问我3~4个问题了解一下我的工作和公司。
저는 ELL회사에서 일합니다. 나에게 회사와 업무에 관해 3~4가지 질문을 해주세요.

모범 답안

你好，我是赵秘书。我知道你现在在ELL公司工作很多年了，最近我们的公司打算和ELL公司合作，所以我想了解一下儿你们公司的情况。请问你们公司是什么时候成立的？有没有分公司呢？总公司大概有多少人？你们公司主要经营什么业务？你现在在哪个部门工作？主要负责什么业务？我觉得如果我们以后合作的话，常常有机会见面，我想我们会成为好朋友吧。希望我们合作愉快！

안녕하세요. 저는 조비서라고 합니다. 당신이 현재 ELL회사에서 다년간 근무한 것을 알고 있습니다. 요즘 우리 회사에서는 ELL회사와 협력하려고 하는데요. 그래서 저는 당신 회사의 상황을 알고 싶습니다. 당신 회사는 언제 창립되었습니까? 지사가 있나요? 본사에는 대략 몇 명의 직원이 있나요? 당신 회사의 주요 경영 업무는 어떤 것입니까? 현재 당신은 어느 부서에서 근무하나요? 당신의 담당 업무는 무엇입니까? 만약 우리가 이후에 협력을 하게 된다면 자주 만날 기회가 있을 겁니다. 저는 우리가 좋은 친구가 될 수 있을 거라 생각합니다. 우리의 협력이 즐겁기를 희망합니다.

해설 가정 상황에서 질문을 통한 상황 이해가 중요합니다. 협력사의 입장에서 질문을 하는 가정 상황을 설정하였습니다. 주제와 관련된 질문을 대화체의 문장으로 질문하는 것이 좋습니다. 회사의 위치, 창립일, 직원 수, 주요 업무와 담당 부서 등을 말하면 좋습니다.

어휘 & 표현

合作 hézuò 합작(하다), 협력(하다)
大概 dàgài 대략, 대강(의)
业务 yèwù 업무, 실무

秘书 mìshū 비서
负责 fùzé 책임이 있다, 책임을 지다

MEMO

중국어 대비 멀티캠퍼스 Best 온라인 과정

TSC 전략 과정

단시간 레벨 UP!을 위한 유형별 공략법과 막판 핵심 족집게 전략을 제시하는
국내 최고의 TSC 대비 과정

한달에 끝내는 TSC 첫걸음 3급공략   초단기 TSC 4급공략   초단기 TSC 4급공략 실전테스트   [막판뒤집기] TSC 3급 Pass   [막판뒤집기] TSC 4급 Pass

비즈니스 중국어 회화 과정

삼성 해외 주재원 집중과정 교재 기반, 진정한 중국通이 되기 위한
중국어 실무 과정

직장에서 당장 써먹는 중국어 회화(上)   직장에서 당장 써먹는 중국어 회화(下)

OPIc중국어 전략과정

OPIc 평가 주관사 멀티캠퍼스에서 개발한 국내 유일무이한 OPIc 중국어 대비 과정

New OPIc 중국어 첫걸음   OPIc 중국어의 정석! IM공략   OPIc 중국어의 정석! IH공략

新BCT 전략과정

새롭게 바뀐 BCT 문제 유형 분석을 통한 시험 완벽 대비 및 비즈니스 중국어
회화 능력을 향상할 수 있는 과정

초단기 新BCT Speaking 공략   초단기 新BCT Speaking 실전테스트   新BCT 첫걸음 A형 공략   新BCT 첫걸음 B형 공략

OPIc 대비 멀티캠퍼스 Best 온라인 과정

OPIc 등급공략과정
빅데이터 분석 및 최신 출제 트렌드 완벽 커버로 단기 OPIc 등급 취득 완성 과정

트렌드, 히스토리
100% 오픽을 해체하다.

데이터와 트렌드로
쉽게 취득하는 OPIc IL

데이터와 트렌드로 쉽게
취득하는 OPIc IM

데이터와 트렌드로 쉽게
취득하는 OPIc IH Step 1, 2

데이터와 트렌드로 쉽게
취득하는 OPIc AL Step 1, 2

OPIc 막판뒤집기과정
시험장 가기 전에 꼭 봐야 하는 OPIc 전문강사의 생생한 전문 특강 과정

[막판뒤집기] OPIc IM Pass

[막판뒤집기] OPIc IH Pass

OPIc 전략과정
한국인의 말하기 취약점 분석 기반의 OPIc 전략과정

한국인의 말하기
특징 분석 IL공략

한국인의 말하기
특징 분석 IM공략

한국인의 말하기
특징 분석 IH공략

한국인의 말하기
특징 분석 AL공략

OPIc 등급공략과정
OPIc 주관사 멀티캠퍼스에서 제시하는 레벨별 맞춤 공략 과정

New OPIc 첫걸음

New OPIc SOS Start

New OPIc SOS IM공략

New OPIc의 정석! IH공략